# Relativismo, Universalismo
# e Justiça Distributiva

# Relativismo, Universalismo e Justiça Distributiva

UM ESTUDO SOBRE MICHAEL WALZER E JOHN RAWLS

2018

Marcello Ciotola

**RELATIVISMO, UNIVERSALISMO E JUSTIÇA DISTRIBUTIVA**
UM ESTUDO SOBRE MICHAEL WALZER E JOHN RAWLS
© Almedina, 2018

AUTOR: Marcello Ciotola
DIAGRAMAÇÃO: Almedina
DESIGN DE CAPA: FBA
ISBN: 978-858-49-3262-7

Dados Internacionais de Catalogação na Publicação (CIP)
(Câmara Brasileira do Livro, SP, Brasil)

Ciotola, Marcello
Relativismo, universalismo e justiça
distributiva : um estudo sobre Michael Walzer
e John Rawls / Marcello Ciotola. -- São Paulo :
Almedina, 2018.

Bibliografia.
ISBN 978-85-8493-262-7

1. Direito - Filosofia 2. Estudo comparativo
3. Justiça - Teoria 4. Rawls, John, 1921-2002
5. Walzer, Michael, 1935 I. Título.

18-22615                              CDU-340.12

Índices para catálogo sistemático:

1. Filosofia do direito 340.12

Iolanda Rodrigues Biode - Bibliotecária - CRB-8/10014

Este livro segue as regras do novo Acordo Ortográfico da Língua Portuguesa (1990).

Todos os direitos reservados. Nenhuma parte deste livro, protegido por copyright, pode ser reproduzida, armazenada ou transmitida de alguma forma ou por algum meio, seja eletrônico ou mecânico, inclusive fotocópia, gravação ou qualquer sistema de armazenagem de informações, sem a permissão expressa e por escrito da editora.

Dezembro, 2018

EDITORA: Almedina Brasil
Rua José Maria Lisboa, 860, Conj.131 e 132, Jardim Paulista | 01423-001 São Paulo | Brasil
editora@almedina.com.br
www.almedina.com.br

Para Maria Luiza e Teresa.
Para meus pais, Gennaro e Maria Olympia.
Para minha avó Violeta, *in memoriam*.

# AGRADECIMENTOS

Como diria Michael Walzer, os agradecimentos são uma questão de justiça distributiva. Ubiratan de Macedo, de quem me considero modesto discípulo, presenteou-me com generoso prefácio para este livro. Desfrutar de sua amizade e de seus ensinamentos foi para mim de suprema importância afetiva e intelectual. A Vicente Barretto, sou grato pelo inestimável apoio acadêmico e aprendizado constante, assim como pela prestigiosa e fraterna amizade. Tive a honra de conhecer Antonio Paim nas reuniões do Círculo de Estudos do Liberalismo. Agradeço-lhe o bom convívio, o muito que aprendi, e a cortesia de ter me disponibilizado os originais de seu maravilhoso Tratado de Ética.

Sempre considerei José Ribas Vieira, com seu amor pelos livros e sua dedicação aos alunos, um modelo de professor. Sou grato a ele pela leitura atenta do texto, assim como pela amizade que me dedica. A José Maria Gómez, meu agradecimento pelas relevantes observações metodológicas, que muito contribuíram para o desenvolvimento do texto. A Gisele Cittadino, que me motivou a estudar o debate entre liberais e comunitários, sou profundamente grato pela orientação da tese de doutorado que originou o presente livro.

Augusto Zimmermann, com seu companheirismo, propiciou meu encontro com Ubiratan de Macedo e minha participação nas reuniões do Círculo de Estudos do Liberalismo. Sou-lhe eternamente grato por isto. A Ana Lúcia de Lyra Tavares, agradeço a gentileza constante, a amizade duradoura, e os inúmeros incentivos acadêmicos. A Antonio Cavalcanti Maia, sou grato pelo valioso diálogo filosófico ao longo dos anos.

Aos meus alunos Camila Kneitz, Daniela Vieira, Gustavo França, Juliana Ludmer, Mariana Pareto, Raphael Camisão, Sarai Suarez, Stephanie Blattler, Thais Miranda e Borges, e Tiago Martinez, meu agradecimento pela minuciosa leitura dos originais. A Anna Maria de Castro Santos, sou grato pela revisão do texto. Gostaria ainda de agradecer a Karen Abuin, da Almedina, pelo impecável suporte editorial.

# PREFÁCIO

Marcello Ciotola nos introduz com esta tese doutoral (aprovada com distinção em memorável sessão na PUC-Rio) no âmago da controvérsia dominante no pensamento contemporâneo. A oposição entre uma visão universalista e uma relativista particularista quanto à justiça e aos demais valores, tema sempre presente na história da filosofia e que assumiu novas dimensões em nossos dias. O século XIX assistiu a eclosão de todos os tipos de relativismos. Já o século XX inicia-se com a publicação das *Investigações Lógicas* de Edmund Husserl e logo a seguir do *O Formalismo na Ética e a Ética Material dos Valores* de Max Scheler, ambas obras de refutação ampla do relativismo, desde o teórico até o ético, favorecendo um absolutismo dos valores. Durante o século XX encontramos em Hans Kelsen, e mais recentemente em Richard Rorty, o prolongamento da visão relativista do século anterior. Mas essa coexistência entre ambos os enfoques foi abalada com as considerações levantadas primeiro por Karl Jaspers e com maior amplitude por Hans Jonas no seu *Princípio Responsabilidade,* ao chamar atenção para os efeitos da ação humana num mundo que cria a bomba atômica e agride a natureza gerando a crise ecológica. O perigo da extinção da espécie e do seu habitat coloca em prioridade a questão da unidade e universalidade ética, como lembrou Karl-Otto Apel. Se é possível a um grupo humano, governo ou rede terrorista, explodir todo o planeta com um artefato atômico ou inviabilizá-lo à humanidade por um vírus letal, a questão de saber se a ética é uma, universal, racional, impondo responsabilidades iguais a todos, ou ao contrário, é plural e ligada à comunidade política ou religiosa local, assume uma magnitude sem precedentes. Inexistindo uma ética única impondo responsabilidade e solidariedade a todos os homens, a humanidade estará em perigo. Um régulo paroquial poderá, invocando valores de sua tradição e uma ética fundada na religião local, autorizar-se a experiências nucleares e biológicas capazes de causar danos maiores do que as bombas atômicas de Hiroshima e Nagasaki. E pode fazê-lo não só implementando programas militares megalomaníacos, como também num pacífico Chernobyl de produção de energia elétrica, ou de pesquisas agrícolas e veterinárias. Ou ainda autorizar mutilações femininas ou impedir o acesso da mulher ao trabalho e ao desenvolvimento humano em todos os setores e profissões em nome da mesma ética e concepção local de justiça.

No campo da teoria da justiça essa oposição, em nossos dias, assume forma exemplar e didática na obra de Rawls (1971) e nas *Esferas da Justiça* de Michael Walzer (1983). Marcello Ciotola reconstrói com elegância e minúcia este choque entre uma teoria da justiça liberal inspirada em Kant, ostentando princípios de validade universal, e uma outra que coloca a fonte da justiça nos significados compartilhados de uma comunidade histórica. Outras comunidades com outros significados em comum terão outra justiça, regras, bens e agentes diversos. Walzer conclui que a justiça é uma construção humana relativa a tempos e a locais diversos. Ciotola, apoiado em Dworkin, argumenta vitoriosamente contra essa destruição da ideia de justiça. Pois o que quer que se pense da justiça, ela vale objetiva entre os homens e grupos, e não apenas no interior de um grupo. Por isso mesmo que é discutida; sua subjetividade impediria divergências, e a objetividade é a condição possibilitante da discussão. Ciotola conclui lembrando que se pode considerar a teoria de Walzer como exemplo da falácia naturalista ao deduzir do "fato" dos significados coletivos de uma comunidade o "dever ser" da justiça. E continua: "Nossa crítica à teoria da igualdade complexa (Walzer) tem como contrapartida a defesa do modelo universalista rawlsiano. Concordamos com Adela Cortina quando esta afirma que da 'diversidade de conteúdos morais no tempo e no espaço não cabe extrair como consequência a validade do particularismo e do relativismo'. Por outro lado, é preciso ressaltar que o universalismo aqui defendido, além de não ser etnocêntrico, não mantém qualquer vínculo com a noção de absolutos morais".

Ciotola reivindica para a teoria de Rawls a possibilidade de crítica social, inerente à própria ideia de justiça. Uma posição comunitarista particularista encontra dificuldades em explicar a crítica social feita por membros da comunidade. Daí Walzer ter em vários livros (*Interpretation and Social Criticism, Company of Critics,* e *Thick and Thin*) procurado justificar a crítica social a partir de sua teoria. Enquanto que para Rawls essa função de crítica decorre naturalmente do caráter principial e supracomunitário da justiça.

Outro tema objeto de minucioso estudo por Marcello Ciotola é o da tolerância. Estuda os modelos institucionais da mesma em Walzer. O que não enseja dificuldade em uma posição particularista e contextualista. Quem defende uma posição relativista pode concordar com a coexistência de outras posições diversas da sua e válidas em outro contexto. Marcello mostra que numa posição universalista, que aparentemente enseja um dogmatismo intolerante, por intermédio do mecanismo do consenso sobreposto numa concepção política Rawls aceita a tolerância entre concepções razoáveis de justiça (é claro que as não razoáveis são excluídas). Tolerância limitada, mas tolerância assim mesmo. Interessante esta demonstração de que mesmo uma posição universalista pode aceitar a tolerância entre pessoas e grupos, dentro dos limites dos princípios de justiça adotados. Onde talvez uma maior discussão se imponha está na sua aceitação de uma universalidade excluindo os absolutos morais. Seria uma universalidade formal prevista por Kant, mas objeto de uma análise crítica por Max Scheler. Em todo o caso os absolutos morais analisados por John Finnis e por Servais Pinckaers O.P. mereceram uma adesão sem reticências por J. Paulo II nas encíclicas *Veritatis Splendor* e *Evangelium Vitae*, e em diversos trabalhos do então Cardeal Ratzinger. O problema não é apenas religioso, mas levantado, como se vê pela citação da *Evangelium Vitae* (§70) de 1995, e aplicado à conhecida tese de Hans Kelsen do relativismo como fundamento necessário da liberal democracia. "Não falta quem pense que tal relativismo seja uma condição da democracia, visto que só ele garantiria tolerância, respeito recíproco entre as pessoas e adesão às decisões da maioria, enquanto as normas morais, consideradas objetivas e vinculantes, conduziriam ao autoritarismo e à intolerância. Mas é exatamente a problemática conexa com o respeito da vida que mostra os equívocos e contradições, com terríveis resultados práticos, que se escondem nesta posição [...]. Quando uma maioria parlamentar ou social decreta a legitimidade da eliminação, mesmo sob certas condições, da vida humana ainda não nascida, porventura não assume uma decisão 'tirânica' contra o ser humano mais débil e indefeso? Justamente reage a consciência universal diante dos crimes contra a humanidade, de que o nosso século viveu tão tristes experiências. Porventura deixariam de ser crimes, se, em vez de terem sido cometidos por tiranos sem escrúpulos, fossem legitimados por consenso popular? Não se pode mitificar a democracia até fazer dela o substituto da moralidade ou a panaceia da imoralidade. Fundamentalmente, é um 'ordenamento' e, como tal, um instrumento, não um fim. O seu caráter 'moral' não é automático, mas depende da conformidade com a lei moral, à qual se deve submeter como qualquer outro comportamento humano: por outras palavras, depende da moralidade dos fins que persegue e dos meios que usa [...]. O valor da democracia vive ou morre nos valores que ela encarna e promove: [...] a dignidade de toda a pessoa humana, o respeito de seus direitos intangíveis e inalienáveis, bem como a assunção do 'bem comum' como fim e critério regulador da vida política". O absoluto moral implicado no valor da pessoa humana é que justifica a universalidade e não há numa universalidade formal um conteúdo material como o respeito à pessoa humana. Mas entramos aqui nas veredas sem fim da metafísica e este é o grande mérito da tese de Marcello Ciotola: nos dá o que pensar ao nos introduzir com maestria e precisão acadêmica no debate mais animado da contemporaneidade.

UBIRATAN BORGES DE MACEDO
*Ex-Professor de História da Filosofia Contemporânea no Departamento de Filosofia da Universidade Federal do Paraná.*

## SUMÁRIO

AGRADECIMENTOS ......... 7
PREFÁCIO ......... 9
SUMÁRIO ......... 13

INTRODUÇÃO ......... 15

1. EMPIRISMO E RACIONALISMO: METODOLOGIAS EM CONFRONTO ......... 25
1.1. Particularismo Metodológico, Pluralismo e Igualdade Complexa ......... 25
1.2. Retorno à Ética Normativa e Contratualismo ......... 49

2. PRINCÍPIOS DE JUSTIÇA DISTRIBUTIVA ......... 109
2.1. Esferas de Justiça e Princípios Internos de Distribuição ......... 109
2.2. Construtivismo Ético e Princípios Racional-Dedutivos de Distribuição ......... 149

3. MORALIDADE E TOLERÂNCIA ......... 195
3.1. As Duas Formas da Argumentação Moral e a Tolerância no Contexto de um Relativismo Atenuado ......... 195
3.2. Concepção Política de Justiça e Tolerância ......... 223

CONCLUSÃO ......... 239
REFERÊNCIAS ......... 255
ÍNDICE ......... 267

# Introdução

O marco inicial da controvérsia contemporânea entre liberais e comunitários foi a publicação, no ano de 1971, de *A Theory of Justice*, de John Rawls, obra que imediatamente suscitou – conforme as palavras de André Berten, Pablo da Silveira e Hervé Pourtois – um grande número de objeções, comentários e discussões.[1] Se do lado dos liberais podemos citar, além de Rawls, autores como Thomas Nagel, Thomas Scanlon e Ronald Dworkin, entre os comunitários é possível mencionar Alasdair MacIntyre, Michael Sandel, Charles Taylor e Michael Walzer.[2]

A compreensão do debate envolvendo liberais e comunitários é marcada por uma série de dificuldades, abordadas por André Berten, Pablo da Silveira e Hervé Pourtois.[3] Primeiramente, há o fato de sua

---

[1] Cf. André Berten, Pablo da Silveira e Hervé Pourtois, "Introduction Générale", in *Libéraux et Communautariens*, André Berten, Pablo da Silveira e Hervé Pourtois (Orgs.), Paris, PUF, 1997, p. 1. Para uma relação das principais obras que se seguiram ao texto de Rawls, ver p. 21 e 22.

[2] Ubiratan Borges de Macedo, a seu turno, entende que o debate "liberalismo x comunitarismo" é objeto de denominação imprópria, pois, a rigor, conta com liberais em ambos os lados. De acordo com o autor, o que se debate "é um confronto entre uma concepção de homem moderna, individualista, racionalista e universalista, versus antropologias sociais, históricas, hermenêuticas e contextualistas". Ubiratan Borges de Macedo, "A Ética do Futuro", in *A Presença da Moral na Cultura Brasileira. Ensaio de Ética e História das Idéias no Brasil*, Londrina, UEL, 2001, p. 28.

[3] Ver André Berten, Pablo da Silveira e Hervé Pourtois, "Introduction Générale", op. cit., p. 4 a 6. Apenas reproduzimos a análise dos três.

extensão temporal, pois se trata de um debate recorrente que vez por outra reaparece, e no qual as referências utilizadas são muito vastas, abrangendo pensadores como Jeremy Bentham, J. S. Mill, Aristóteles, Hegel, Kant, etc.[4] Em segundo lugar, não é sempre fácil demarcar as fronteiras entre os dois grupos, pois o debate não opõe doutrinas filosóficas claramente definidas. Por exemplo: quando se trata de explicar o papel das tradições locais na gênese da identidade moral, Michael Walzer está muito mais próximo de MacIntyre do que dos liberais; porém, quando critica a rejeição de MacIntyre à ideia dos direitos individuais, Walzer se posiciona ao lado dos liberais.[5] Por fim, é possível mencionar uma terceira dificuldade, referente ao fato de que as divergências teóricas nem sempre se refletem no terreno das posições políticas concretas. A título ilustrativo, podemos encontrar, em meio aos comunitaristas, tanto autores conservadores quanto democratas radicais.[6]

Essas dificuldades, entretanto, não impedem que se fale de liberais e de comunitários e que se reconheçam alguns caracteres próprios a cada um dos *teams*. Dessa forma, os liberais, herdeiros de Locke, Kant e Mill, partilham *"le même souci de la liberté de conscience, le même respect des droits de l'individu, et une méfiance commune vis-à-vis de la menace que peut constituer un État paternaliste"*.[7] Os comunitários, por sua vez, tendo raízes no aristotelismo, na tradição republicana renascentista, no romantismo alemão ou na hermenêutica contemporânea, partilham *"une égale méfiance envers la morale abstraite, une certaine sympathie envers l'éthique des vertus et une conception de la politique où il y a beaucoup de place pour l'histoire et les traditions"*.[8]

---

[4] Cf. André Berten, Pablo da Silveira e Hervé Pourtois, "Introduction Générale", op. cit., p. 4.
[5] Cf. André Berten, Pablo da Silveira e Hervé Pourtois, "Introduction Générale", op. cit., p. 4 e 5.
[6] Cf. André Berten, Pablo da Silveira e Hervé Pourtois, "Introduction Générale", op. cit., p. 5.
[7] André Berten, Pablo da Silveira e Hervé Pourtois, "Introduction Générale", op. cit., p. 6.
[8] André Berten, Pablo da Silveira e Hervé Pourtois, "Introduction Générale", op. cit., p. 6.

A controvérsia liberais *versus* comunitários – Kant e Hegel, outra vez[9] – está vinculada a algumas antinomias essenciais, como indivíduo x comunidade, direitos x virtudes, justo x bem, etc.[10] Will Kymlicka observa que, enquanto os filósofos liberais da atualidade pouco têm a dizer sobre o ideal de comunidade (pensemos, por exemplo, em Rawls, que, embora não refute o valor da comunidade, está preocupado verdadeiramente em oferecer uma interpretação dos conceitos de liberdade e de igualdade), a tese central dos autores comu-

---

[9] Referimo-nos aqui ao título de um ensaio de Carlos Santiago Nino (inserido em *El Constructivismo Ético*), no qual o professor argentino diagnostica: *"Luego que el liberalismo mantuvo el cuasi-monopolio del campo filosófico-político durante décadas – el que sólo se veía perturbado por controversias internas – él debe enfrentar nuevamente posturas que ahora se suelen llamar 'comunitarias'. El espectro de Hegel desafía una vez más al espíritu de Kant"*. Carlos Santiago Nino, *El Constructivismo Ético*, Madrid, Centro de Estudios Constitucionales, 1989, p. 137. Traçando um paralelo entre as críticas comunitaristas ao liberalismo contemporâneo e a crítica de Hegel ao liberalismo clássico, Will Kymlicka nos ensina: "Há, de fato, numerosas semelhanças entre as críticas comunitaristas ao liberalismo moderno e a crítica feita por Hegel à teoria liberal clássica [...]. Liberais clássicos como Locke e Kant tentaram identificar uma concepção universal das necessidades humanas ou da racionalidade humana e depois invocaram essa concepção a-histórica do ser humano para avaliar a organização social e política existente. Segundo Hegel, esse tipo de concepção – que ele chamava *Moralität* – é demasiado abstrata para ser de grande utilidade, mas também demasiado individualista, pois negligencia o fato de que os humanos se inserem, inevitavelmente, em práticas históricas e relações particulares. A outra óptica – que Hegel chamava *Sittlichkeit* – sublinha que o bem dos indivíduos – na verdade, sua identidade mesma e sua capacidade de ação moral – está estreitamente ligado às comunidades às quais pertencem, bem como aos papéis sociais e políticos particulares que nelas ocupam [...].
Muitos escritos comunitaristas da atualidade reproduzem esse contraste entre *Moralität* e *Sittlichkeit*. A exemplo de Hegel, os comunitaristas acusam os liberais modernos de adotarem um ponto de vista abstrato e individualista, e propõem uma perspectiva mais contextual e mais influenciada pela noção de comunidade. No entanto, se os grandes temas do debate entre liberais e comunitaristas são familiares, as questões e as perspectivas específicas são novas, refletindo preocupações claramente modernas quanto à natureza da comunidade nas democracias ocidentais do final do século XX." Will Kymlicka, "Comunitarismo", tradução de Paulo Neves, in *Dicionário de Ética e Filosofia Moral*, v. 1, Monique Canto-Sperber (Org.), São Leopoldo, Unisinos, 2003, p. 292.
[10] Ver André Berten, Pablo da Silveira e Hervé Pourtois, "Introduction Générale", op. cit., p. 6.

nitários é "precisamente a necessidade de preocupar-se com a comunidade da mesma forma que com a liberdade e a igualdade, até mesmo lhe dando a prioridade".[11] Na medida em que consideram que o valor da comunidade não é reconhecido como deveria pelas teorias liberais da justiça, assim como pela cultura pública das sociedades liberais, os novos comunitaristas, acrescenta Kymlicka, são unidos pela crença de que a filosofia política deveria dar mais atenção às práticas e às concepções partilhadas no interior de cada sociedade.[12] Ainda de acordo com o autor, embora concordem quanto à necessidade de modificar os princípios liberais tradicionais de justiça e de direitos, os comunitaristas divergem a respeito das modificações a serem feitas nos referidos princípios. Consequentemente, adverte Will Kymlicka, é possível distinguir variadas correntes no seio do pensamento comunitarista:

> Alguns comunitaristas pensam que a comunidade *substitui* a necessidade de princípios de justiça. Outros consideram que a justiça e a comunidade são perfeitamente compatíveis, mas acham que, para apreciar concretamente o valor da comunidade, precisamos modificar nossa concepção de justiça. Estes últimos pensadores dividem-se em dois campos. Um sustenta que a comunidade deve ser vista como a fonte dos princípios de justiça (a justiça deve fundar-se sobre as compreensões partilhadas da sociedade, e não sobre princípios universais e a-históricos); o outro afirma que a comunidade deveria desempenhar um papel cada vez maior no *conteúdo* dos princípios de justiça (a justiça deveria dar mais importância ao bem comum e menos aos direitos individuais).[13]

Chandran Kukathas e Philip Pettit assinalam que, se no entendimento dos liberais a boa sociedade é um quadro de direitos e liberdades (no interior do qual os indivíduos perseguem seus objetivos de modo individual ou em associação voluntária), não podendo, portanto, ser governada por fins comuns, os comunitaristas, ao contrário, defendem a existência de "uma sociedade governada por uma

[11] Will Kymlicka, "Comunitarismo", op. cit., p. 292.
[12] Cf. Will Kymlicka, "Comunitarismo", op. cit., p. 292 e 293.
[13] Will Kymlicka, "Comunitarismo", op. cit., p. 293.

preocupação com o bem comum, em que o bem da comunidade é proeminente".[14] Além disso, escrevem Kukathas e Pettit, se, por um lado, os liberais se esforçam para revelar princípios morais capazes de avaliar as instituições sociais e políticas de qualquer sociedade, por outro, os comunitários concebem a moralidade como algo que se enraíza nas práticas particulares das comunidades reais e, coerentes com esta perspectiva, negam a existência de princípios universais de moralidade ou de justiça.[15]

O enfoque comunitarista, de acordo com Carlos Santiago Nino, apresenta quatro aspectos: (a) os princípios de justiça e correção moral são derivados a partir de certa concepção do bem; (b) o elemento social é fundamental para a concepção do bem; (c) os direitos e as obrigações dos indivíduos são relativos às particularidades de suas relações com outros indivíduos, à sua posição social e às peculiaridades da sociedade; e (d) a crítica moral fica na dependência da prática moral de cada sociedade, tal como manifestada nas tradições, convenções e instituições sociais.[16] O autor entende, talvez com certo exagero, que, se em um primeiro momento o comunitarismo pode parecer atraente – na medida em que enfatiza uma visão realista do homem (em oposição ao atomismo liberal), assim como a vinculação entre valores e valorações sociais, a importância dos laços familiares e sociais como base de direitos e deveres especiais, etc. –, em um segundo momento pode revelar seu lado obscuro, uma vez que suas características, levadas às últimas consequências, podem ensejar uma visão totalitária da sociedade. Na interpretação de Santiago Nino:

> *La primacía de lo bueno sobre los derechos individuales permite justificar políticas perfeccionistas que intenten ideales de excelencia o de virtud personal aún cuando los individuos no lo perciban como tales y, por ende, no suscriban a ellos. En efecto, si los derechos son solo medios para satisfacer alguna concepción de lo bueno ¿por qué no prescindir de los derechos cuando ellos perturban tal satisfacción que puede ser alcan-*

---

[14] Chandran Kukathas e Philip Pettit, *Rawls: "Uma Teoria da Justiça" e os seus Críticos*, tradução de Maria Carvalho, Lisboa, Gradiva, 1995, p. 114. Ver também p. 113.
[15] Cf. Chandran Kukathas e Philip Pettit, *Rawls: "Uma Teoria da Justiça" e os seus Críticos*, op. cit., p. 111 e 115.
[16] Cf. Carlos Santiago Nino, *El Constructivismo Ético*, op. cit., p. 141.

*zada más eficazmente de otro modo? La idea de que el elemento social es prevalente en una concepción de lo bueno puede conducir a justificar sacrificios de los individuos como medio para promover o expandir el florecimiento de la sociedad o del estado concebido en términos holísticos. La exaltación de los vínculos particulares con grupos sociales como la familia o la Nación puede servir de fundamento a las actitudes tribalistas o nacionalistas que subyacen a buena parte de los conflictos que la humanidad debe enfrentar. Por último, la dependencia de la crítica respecto de la práctica moral puede dar lugar a un relativismo conservador que, por un lado, es inepto para resolver conflictos entre quienes apelan a tradiciones o prácticas diferentes y, por el otro lado, no permite la valoración de esas tradiciones o prácticas en el contexto de una sociedad, ya que la valoración presupondría esas prácticas y no es posible discriminar entre prácticas valiosas o disvaliosas sin contar con principios morales que sean independientes de ellas.*[17]

**Realizaremos nesta obra um estudo comparativo, no campo da teoria da justiça, envolvendo a teoria da igualdade complexa, de Michael Walzer, e a teoria da justiça como imparcialidade, de John Rawls. Trata-se, portanto, de um estudo comparativo de autores, com base na categoria da justiça distributiva.**[18] **Nosso objetivo é verificar se a teoria da igualdade complexa, com sua metodologia particularista**

---

[17] Carlos Santiago Nino, *El Constructivismo Ético*, op. cit., p. 141. Para um aprofundamento no complexo debate entre liberais e comunitários, ver Stephen Mulhall e Adam Swift, *Liberals and* Communitarians, 2ª ed., Oxford, Blackwell, 1996; e Justine Lacroix, *Communautarisme versus Libéralisme*, Bruxelles, Editions de L'Université de Bruxelles, 2002. Um exame detalhado desse debate, marcado por infindáveis nuanças e dificuldades, fugiria aos nossos propósitos. O panorama que acabamos de fornecer justifica-se pelo fato de que os dois autores estudados ao longo deste trabalho estão inseridos no referido debate.

[18] O conceito de justiça distributiva remonta a Aristóteles. No livro V de sua *Ética a Nicômacos*, lê-se: "Uma das espécies de justiça em sentido estrito e do que é justo na acepção que lhe corresponde, é a que se manifesta na distribuição de funções elevadas de governo, ou de dinheiro, ou das outras coisas que devem ser divididas entre os cidadãos que compartilham os benefícios outorgados pela constituição da cidade, pois em tais coisas uma pessoa pode ter uma participação desigual ou igual à de outra pessoa [...]". Mais adiante, o estagirita acrescenta que "aquilo que é distribuído às pessoas deve sê-lo 'de acordo com o mérito de cada uma'; de fato, todas as pessoas concordam em que o que é justo em termos de distribuição deve sê-lo de acordo com o mérito em certo sentido, embora nem todos indiquem a mesma espécie de mérito [...]". Aristóte-

e seus princípios internos de distribuição, possibilita, como apregoa Walzer, a crítica social, ou se esta, de outra forma, deve estar associada a uma moral universalista.

No primeiro capítulo, "Empirismo e racionalismo: metodologias em confronto", examinaremos a metodologia particularista de Michael Walzer e a metodologia racional-dedutiva de John Rawls. Como em todos os capítulos do livro, o primeiro item é dedicado a Walzer; e o segundo, a Rawls. No âmbito do presente capítulo, iniciamos o primeiro item (Particularismo metodológico, pluralismo e igualdade complexa) mencionando alguns dados referentes a Michael Walzer e à sua produção teórica. Em seguida, em que pesem algumas opiniões em contrário (pensemos em Rafael del Águila, para quem o autor de *Spheres of Justice* está situado em uma espécie teórica denominada "comunitarismo liberal"), justificamos nosso entendimento no sentido de que Walzer é um autêntico comunitarista. Veremos ainda que, de acordo com Walzer, a justiça deve ser abordada com base em uma metodologia particularista (neste sentido, contrapõe-se a Rawls, que se utiliza de uma metodologia abstrata e racional-dedutiva). O autor de *Spheres* deixa claro que, ao contrário da maioria dos filósofos, não busca um ponto de vista objetivo e universal porque acredita que a melhor maneira de fazer filosofia é interpretando para os concidadãos o mundo de significados que todos compartilham. Michael Walzer concebe a justiça distributiva como uma ideia extensa, visto que há uma multiplicidade não apenas de bens, mas também de procedimentos, agentes e critérios distributivos. Essa multiplicidade exige o estudo dos bens e das distribuições em diferentes épocas e lugares. Conforme acentuaremos, o relato da justiça walzeriano é pluralista não apenas porque diferentes culturas desenvolvem diferentes arranjos distributivos, mas também porque os arranjos, no interior de cada cultura, variam em função do bem a ser distribuído. Após enumerar as seis proposições que sintetizam a teoria dos bens proposta por Walzer, examinaremos as defi-

---

les, *Ética a Nicômacos*, 4ª ed., tradução de Mário da Gama Kury, Brasília, Universidade de Brasília, 2001, p. 95 e 96.

nições de predomínio e monopólio, mostrando que o autor condena o primeiro, mas admite o segundo. A diferenciação entre monopólio e predomínio nos conduzirá à distinção entre igualdade simples e igualdade complexa. Constataremos, uma vez descartado o regime da igualdade simples (que se torna inviável, em função de sua instabilidade), que Walzer defende o regime da igualdade complexa. Finalizaremos o tópico reproduzindo o princípio distributivo aberto.

O segundo item (Retorno à ética normativa e contratualismo) é iniciado com a apresentação de breves dados biográficos de John Rawls. Em um momento posterior, enfatizaremos a importância do referido autor (a partir dos testemunhos de Mariano Grondona, Nythamar de Oliveira, Samuel Freeman e Fernando Vallespín) e mostraremos o impacto causado pela publicação de *A Theory of Justice*, em razão não apenas das qualidades intrínsecas do livro, mas também do contexto histórico de seu aparecimento. Nosso próximo passo consistirá em inserir Rawls no âmbito da tradição liberal, ou, mais especificamente, na corrente dos liberais igualitários. Superada essa etapa, mostraremos que a publicação de *Uma Teoria da Justiça* significou um recomeço para a teoria política (já que a obra reconcilia o estudo do politicamente desejável com o estudo do institucionalmente exequível) e, em seguida, enfrentaremos a discussão mais longa e complexa do item, qual seja: o papel da teoria da justiça como imparcialidade (com suas questões de moralidade substancial) na retomada da ética normativa, após décadas de predomínio do discurso metaético (com sua abordagem centrada nos problemas relacionados à linguagem moral), visto que a filosofia analítica substituíra a ética normativa por uma metaética. Como veremos, Rawls defende um retorno à ética normativa com o paralelo abandono da ética analítica. O retorno à ética normativa, portanto, é uma questão essencial para a compreensão da teoria rawlsiana. Por fim, mostraremos que o professor de filosofia moral de Harvard propõe uma fundamentação contratualista para os princípios de justiça distributiva, isto é, recorre à teoria do contrato social para fundamentar racionalmente a ética.

O segundo capítulo do livro, "Princípios de justiça distributiva", volta-se, inicialmente, para o exame dos princípios internos de distribuição que caracterizam a igualdade complexa; e, posteriormente, para o exame dos dois princípios de justiça que decorrem do construtivismo ético rawlsiano. No primeiro item (Esferas de justiça e princípios internos de distribuição), nossa preocupação inicial será mostrar que, no entendimento de Michael Walzer, a livre-troca, o merecimento e a necessidade não servem como critérios gerais de distribuição. Em um segundo momento, enfocaremos o conceito de pertencimento ou qualidade de membro, uma vez que a comunidade política é o cenário da discussão relativa à justiça distributiva. Posteriormente (esclarecido que consideramos o pertencimento não como uma esfera propriamente dita, mas como um pressuposto para a discussão das esferas), analisaremos cada uma das esferas de justiça (com seus princípios internos de distribuição): segurança e previdência; dinheiro e mercadorias; cargos públicos; trabalho duro; tempo livre; educação; parentesco e amor; graça divina; consideração social; e poder político. Cabe esclarecer desde já que essa lista reflete apenas as principais categorias de bens distribuídos nas democracias liberais contemporâneas – e especialmente nos Estados Unidos –, ou seja, não tem qualquer pretensão de validade universal. Começaremos o segundo item (Construtivismo ético e princípios racional-dedutivos de distribuição) examinando o contraste entre o construtivismo político da justiça como imparcialidade e o intuicionismo racional, assim como entre aquele e o construtivismo moral kantiano. A próxima tarefa será dedicada à investigação da ideia da posição original. A seguir, enumeraremos e analisaremos os princípios de justiça escolhidos pelas partes para governar a estrutura básica da sociedade. Por fim, apontaremos a contraposição existente entre a teoria da justiça como imparcialidade e as doutrinas tradicionais do perfeccionismo e do utilitarismo.

Chegamos ao terceiro e último capítulo: "Moralidade e tolerância". O primeiro item (As duas formas da argumentação moral e a tolerância no contexto de um relativismo atenuado) abrangerá, por assim dizer, dois blocos temáticos. O primeiro deles será dedicado ao exame dos dois tipos (diferentes, porém, interrelacionados) de argumento moral: (a) o denso (*thick*) e particularista, que se relaciona com os valores dos indivíduos que compartilham a mesma história e cultura; e (b) o tênue (*thin*) e universalista, vinculado aos valores comuns compartilhados por todos os indivíduos, não importa a cultura na qual estejam inseridos. O segundo bloco temático confunde-se com a abordagem walzeriana a respeito da tolerância. Investigaremos não apenas os cinco regimes ou arranjos de tolerância enumerados por Walzer, como também os três casos complicados aos quais o autor se refere. No segundo item (Concepção política de justiça e tolerância), analisaremos, inicialmente, as características de uma concepção política de justiça. Em seguida, mostraremos que o liberalismo político rawlsiano não se confunde com o liberalismo abrangente, tal como encontrado, por exemplo, em Kant ou em Mill. A próxima etapa consistirá em esclarecer a ideia de um consenso sobreposto de doutrinas abrangentes e razoáveis. Embora Rawls, ao contrário de Walzer, não tenha dedicado um trabalho específico ao tema da tolerância, veremos que este se faz presente em vários pontos de sua obra, sendo importante mencionar o fato de que o liberalismo político aplica o princípio de tolerância em relação à própria filosofia. Para encerrar, explicitaremos o caráter universalista da teoria da justiça como imparcialidade. Este é, em síntese, o trajeto que pretendemos percorrer para verificar, como assinalado acima, se o relativismo walzeriano possibilita uma crítica social bem fundamentada, ou se, diferentemente, esta crítica deve estar vinculada a um modelo universalista de moralidade.

# 1. Empirismo e Racionalismo: Metodologias em Confronto

**1.1. Particularismo Metodológico, Pluralismo e Igualdade Complexa**

Michael Walzer (1935-) é um filósofo político norte-americano especializado no estudo da democracia, da justiça e do relativismo ético. Seu interesse maior, como observa Will Kymlicka em *The Oxford Companion to Philosophy*, está relacionado aos processos por meio dos quais cada comunidade política particular descobre sua concepção partilhada acerca da justiça e da boa sociedade. Embora acredite que tais processos e concepções sejam necessariamente específicos a cada comunidade, o que faz com que certo grau de relativismo cultural deva ser respeitado, Walzer também reconhece a existência de um código mínimo não relativista, que proíbe, em qualquer comunidade, a escravidão, o genocídio e a crueldade.[19]

A produção teórica de Michael Walzer pode ser dividida em duas fases (nesse sentido é possível falar em um primeiro e um segundo Walzer). A primeira fase, apesar de *Just and Unjust Wars* remontar ao ano de 1977, tem como paradigma a obra intitulada *Spheres of Justice: A Defense of Pluralism and Equality*, de 1983, e é caracterizada por um acentuado relativismo cultural. A segunda fase tem como marco a publicação, em 1994, do livro *Thick and Thin. Moral Argument at Home*

---

[19] Cf. Will Kymlicka, "Walzer, Michael", in *The Oxford Companion to Philosophy*, Ted Honderich (Org.), Oxford, Oxford University Press, 1995, p. 905.

*and Abroad*, e é caracterizada por um relativismo atenuado, explicitado pelo autor ao afirmar que seu objetivo é endossar a política da diferença e, ao mesmo tempo, descrever e defender certo tipo de universalismo[20]. É exatamente a defesa de certa forma de universalismo que faz com que exista um código moral mínimo, de acordo com o qual não se podem aceitar práticas como a escravidão, o genocídio e o tratamento cruel. Judith Shklar considera Michael Walzer, ao lado de John Rawls, o teórico político mais importante, mais original, e mais inteligente dos Estados Unidos. De acordo com suas palavras:

> *Walzer's range is also extraordinary. He has written about Puritan revolutionaries, political obedience and disobedience, just war theory, justice and equality, about interpretation, and in short about every significant place where personal moral experience and politics meet. In all these works there is beneath an admirable eclecticism a constant set of themes, above all the conviction that intellectuals are duty-bound to articulate the deepest beliefs and concerns of their fellow citizens, and that political theory is meant not to tell them what to do or how to think but to help them to a clearer notion of what they already know and would say if only they could find the right words. To that end he tells historically grounded just so stories and illuminates his general propositions with copious illustrations drawn from history, poetry, and his favorite political theorists, Hobbes, Marx, and Rousseau. All of this is done with infinite care, is beautifully written, and shows a genuine respect for the independence and dignity of his readers.*[21]

Michael Walzer tem sido descrito como um liberal, um comunitarista e um democrata radical. Para Will Kymlicka[22], a originalidade do pensamento de Walzer torna difícil classificá-lo. Em regra, é citado como um autor comunitário, ao lado de Michael Sandel, Charles Taylor e Alasdair MacIntyre. Rafael del Águila, no entanto, revela não estar seguro quanto a esse enquadramento, afirmando que, se Walzer é um comunitarista, o é de um tipo muito especial:

---

[20] Ver Michael Walzer, *Thick and Thin. Moral Argument at Home and Abroad*, Notre Dame, University of Notre Dame Press, 1994, p. X.
[21] Judith Shklar, *Political Thought and Political Thinkers*, Stanley Hoffmann (Org.), Chicago, The University of Chicago Press, 1998, p. 376.
[22] Cf. Will Kymlicka, "Walzer, Michael", op. cit., p. 905.

## 1. EMPIRISMO E RACIONALISMO: METODOLOGIAS EM CONFRONTO

> *Una idea intuitiva del comunitarismo nos hace prepararnos para encontrar en los escritos de alguien alineado con esa corriente referencias continuas a lo local y a lo concreto, pero también un cierto aire parroquial, un cierto ambiente a veces sofocante. Algo parecido a lo que se experimenta leyendo algunas páginas de MacIntyre. El toque de tranquilidad y confort, pero también de horizonte estrecho, de la descripción de una comunidad benedictina. Y nada de esto se produce en los escritos de Walzer.*[23]

Não se pode negar que a obra de Michael Walzer esteja repleta de referências a tradições concretas e a práticas locais, e que muitos de seus livros abordem exatamente tradições das quais somos herdeiros, como a tradição judaica. Contudo, Rafael del Águila nos lembra que uma das coisas mais surpreendentes, para aqueles que esperam encontrar no filósofo político norte-americano os traços básicos do pensamento comunitarista, consiste no fato de que na base de sua compreensão teórica se encontram o pluralismo e a diferenciação, ao invés da uniformidade. Para Águila, isto faz com que Walzer, ao lado de Will Kymlicka e Amy Gutmann, se situe melhor no âmbito da espécie teórica que denomina comunitarismo liberal, estando ainda o comunitarismo de Walzer dominado por fortes referências participativo-democráticas.[24]

Levando em conta a segunda fase da obra de Walzer, cujo marco, como vimos, é a publicação de *Thick and Thin: moral argument at home and abroad*, Rafael del Águila o descreve, por paradoxal que seja, como um comunitarista liberal, pluralista e universalista, pois *"al hilo de un análisis en el que la justicia se considera siempre desde lo concreto y con sentidos culturalmente determinados (lo que le ha valido repetidamente el calificativo de relativista), aflora una concepción de mínimos morales compartidos casi universalmente por todas las comunidades humanas"*.[25]

Em que pesem a relutância de Rafael del Águila e a intenção de Michael Walzer, expressa no prólogo *de Thick and Thin*, de defender certo tipo de universalismo, nossa posição é no sentido de enquadrar

---

[23] Rafael del Águila, "Estudio Introductorio", in *Moralidad en el ámbito local e internacional*, Michael Walzer, Madrid, Alianza, 1996, p. 11.
[24] Cf. Rafael del Águila, "Estudio Introductorio", op. cit., p. 12.
[25] Rafael del Águila, "Estudio Introductorio", op. cit., p. 13.

o autor norte-americano, como normalmente se faz, no rol dos comunitaristas. Encontramos respaldo para tal entendimento, a título ilustrativo, em Chandran Kukathas e Philip Pettit, em Gisele Cittadino e também em Carlos Santiago Nino. Kukathas e Pettit, na obra *Rawls:"Uma Teoria da Justiça" e os seus Críticos*, examinam a posição walzeriana acerca do liberalismo em um capítulo significativamente intitulado "A crítica comunitária", no qual afirmam que, para o autor de *Spheres of Justice*, aqueles que "se preocupam com questões de justiça não devem procurar no exterior princípios abstractos, mas antes olhar para dentro, para descobrirem as respostas implícitas nas práticas e tradições partilhadas".[26] Embora o referido livro de Kukathas e Pettit seja de 1990, portanto anterior a *Thick and Thin*, não consideramos que isto altere a visão de ambos em relação ao enquadramento de Walzer no rol dos comunitários. Para Gisele Cittadino, por sua vez, ao "afirmar que o processo histórico conforma as individualidades, Walzer firma o seu compromisso com a marca definitória do comunitarismo".[27] A autora lembra que é Charles Taylor, outro comunitarista, quem fornece a melhor descrição da maneira por meio da qual as identidades humanas são constituídas no interior da história. Carlos Santiago Nino observa que as tradições de nossa comunidade, de acordo com Alasdair MacIntyre, são fundamentais para definir aquilo que é bom em nossa vida. Em seguida, no que concerne a esse ponto, Nino aproxima Walzer do filósofo escocês:

> También Michael Walzer, en *Philosophy and Democracy*, juzga la inmersión en las particularidades de una comunidad, con sus propias tradiciones, convenciones y expectativas, como precondición necesaria para adoptar decisiones políticas; ataca la pretensión filosófica de limitar las conclusiones democráticas así alcanzadas por vía de apelación a derechos derivados de especulaciones acerca de lo que hombres abstractos decidirían en condiciones ideales. En *Spheres of Justice*, Walzer expone un punto de vista similar al de MacIntyre, en el sentido de que la moralidad está basada en algunos bienes básicos cuyo significado y alcance son definidos en cada comunidad. Cada clase

---

[26] Chandran Kukathas e Philip Pettit, *Rawls: "Uma Teoria da Justiça" e os seus Críticos*, op. cit., p. 133. Ressaltamos que o original em língua inglesa é de 1990.
[27] Gisele Cittadino, *Pluralismo, Direito e Justiça Distributiva*, Rio de Janeiro, Lumen Juris, 1999, p. 120.

*de bienes tiene su propio principio de distribución. Por lo que defiende lo que llama una "igualdad compleja", la cual se logra, no por aplicación de un principio de distribución a toda suerte de bienes – a la Rawls – , sino por la operación conjunta, en sus propias esferas, de todos los principios de distribución que son adecuados a los bienes que esa particular comunidad estima.*[28]

Durante o ano acadêmico de 1970-1971, Michael Walzer e Robert Nozick dividiram, na Universidade de Harvard, um curso sobre o tema "Capitalismo e Socialismo", que deu origem às obras *Anarquia, Estado e Utopia*, de Nozick, publicada em 1974, e *As Esferas da Justiça*, de Walzer, publicada em 1983. Embora o curso tenha sido em forma de debate, Walzer, em seu livro, não tentou contestar de modo detalhado as teses de Nozick, mas apenas se limitou a expor sua posição, o que não o impediu de reconhecer o muito que deve às discussões e aos desacordos travados com o filósofo libertário.[29]

Apesar de não compactuar com o aristotelismo de William Galston nem com o utilitarismo de Nicholas Rescher, Walzer afirma que seu ponto de vista acerca da justiça o aproxima mais destes dois filósofos contemporâneos do que de John Rawls. Em *A Justiça e o Bem Humano* (1980), Galston defende a ideia de que os bens sociais se dividem por diversas categorias, cada uma das quais ensejando um conjunto diferente de reivindicações, tese esta compartilhada por Walzer. Por sua vez, Rescher, em *Justiça Distributiva* (1966), se posiciona, assim como Walzer, a favor de uma abordagem pluralista e

---

[28] Carlos Santiago Nino, *Ética y Derechos Humanos*, Barcelona, Ariel, 1989, p. 138. O enquadramento de Walzer no rol dos comunitaristas não nos impede de reconhecer que o autor aceita parte considerável do legado liberal, afinal, defende a tolerância, não abre mão das liberdades conquistadas, concebe a política como uma arte da separação, etc. No que diz respeito ao último aspecto, Stephen Mulhall e Adam Swift nos lembram que a ideia geral de uma separação de esferas tem origem liberal: "*It is, after all, liberals who are keen to insist on the separation, and separability, of church and state, of the economic and the political, and, more generally, of private and public*". Vide Stephen Mulhall e Adam Swift, *Liberals and Communitarians*, op. cit., p. 155.

[29] Cf. Michael Walzer, *As Esferas da Justiça. Em Defesa do Pluralismo e da Igualdade*, tradução de Nuno Valadas, Lisboa, Presença, 1999, p. 19.

heterogênea da justiça.[30] No que concerne, por fim, a Rawls, Walzer admite que não é possível em nossa época abordar o tema da justiça distributiva sem admirar os resultados alcançados pelo professor de Filosofia Moral em Harvard. Nesse sentido, o autor parece ratificar a famosa sentença de Nozick: "Os filósofos políticos têm agora ou de trabalhar com a teoria de Rawls ou explicar por que não o fazem".[31] Contudo, embora confesse que o seu empreendimento não teria tomado a forma que efetivamente tomou sem o trabalho de John Rawls, Michael Walzer acentua que sua empreitada é muito diferente daquela realizada por Rawls e, por isso, ao longo do texto de As *Esferas da Justiça*, muitas vezes divergirá das posições defendidas em *Uma Teoria da Justiça*. De acordo com Judith Shklar, *Spheres of Justice*, o livro mais importante de Walzer, nos relata duas histórias:

> One is the story of what I will call normal distributive justice, that is, impartial fairness among equals in respect to the burdens and benefits of society. This is the story of our shared understandings, because the political community is one of common meanings and, to quote, "shared intuitions and sensibilities", we are told, so that common rules can and do apply. The second story is a pluralistic tale of many incommensurable values and experiences, and also of different and disparate spheres of evaluation and human experience which require, not identity, but a "complex equality", as Walzer calls it, recognizing that we do not distribute love in the same way as we distribute wages, and that we should not calculate the interest on a loan on the same scale as the costs of medical care.[32]

Opondo-se ao universalismo de John Rawls, com sua metodologia abstrata e racional-dedutiva, Michael Walzer sustenta que a justiça deve ser abordada com base em uma metodologia particularista. Em seu entendimento, se a justiça e a igualdade podem ser elaboradas idealmente, o mesmo não ocorre com a sociedade justa e igualitária. Sendo assim, Walzer não busca um ponto de vista objetivo e

---

[30] Ver Michel Walzer, *As Esferas da Justiça*, op. cit., p. 20.
[31] Robert Nozick, *Anarquia, Estado e Utopia*, tradução de Ruy Jungmann, Rio de Janeiro, Jorge Zahar, 1994, p. 202. Ver também Michael Walzer, *As Esferas da Justiça*, op. cit., p. 19 e 20.
[32] Judith Shklar, *Political Thought and Political Thinkers*, op. cit., p. 382.

universal, como a maioria dos filósofos. Se estes almejam um distanciamento do mundo social onde vivem, saindo da caverna e abandonando a cidade, a fim de iniciar a empreitada filosófica, Michael Walzer, ao contrário, se propõe a permanecer na caverna, na cidade e no solo. Sua maneira de fazer filosofia é interpretando para os concidadãos o mundo de significados compartilhados por todos.[33] Cotejando Walzer com os outros três principais autores comunitaristas, Stephen Mulhall e Adam Swift lecionam:

> *Unlike Sandel, Walzer is not primarily concerned with criticizing the Rawlsian conception of the person; and unlike MacIntyre and Taylor, he is not interested in presenting a sweeping historical account of Western culture from which certain criticisms of liberalism in general and Rawls in particular can be deduced. The position put forward in Spheres of Justice focuses rather upon the question of what methodology is appropriate to the business of political theory; Walzer wants to know how one should go about constructing and defending a theory of justice. More specifically, he concentrates upon how we should understand the goods for which a theory of justice seeks to articulate distributive principles, and attacks the understanding of this matter that he identifies in Rawls's theory.*[34]

Referindo-se ainda à metodologia particularista (*particularistic methodology*) da teoria walzeriana, Mulhall e Swift acrescentam:

> *This is the idea that the way to see how particular goods should be distributed is to look at how those goods are understood in the particular culture in question. As this last sentence suggests [...] Walzer is objecting to two distinct kinds of abstraction, and insisting upon two distinct kinds of particularity or specificity. The political theorist should recognize both that distributive principles must be good-specific and that good--specific principles must be culture-specific. Rawls is deemed to be deficient on both counts.*[35]

A justiça distributiva, segundo Michael Walzer, é uma ideia extensa, que leva a totalidade do mundo dos bens para a reflexão filosófica. A sociedade humana, portanto, é uma comunidade distribu-

---

[33] Ver Michael Walzer, *As Esferas da Justiça*, op. cit., p.16.
[34] Stephen Mulhall e Adam Swift, *Liberals and Communitarians*, op. cit., p.127.
[35] Stephen Mulhall e Adam Swift, *Liberals and Communitarians*, op. cit., p.128.

tiva, visto que os homens se associam com o intuito de fazer coisas que são compartilhadas, divididas e intercambiadas. Nosso lugar na economia, nossa posição na ordem política, nossa reputação e nosso patrimônio pessoal, continua o autor, nos vêm de outros homens e mulheres. Nas próprias palavras de Walzer:

> O conceito de justiça distributiva tem tanto a ver com ser e fazer como com ter, tanto com a produção como com o consumo, tanto com a identidade e a posição como com a terra, o capital ou os bens pessoais. Diferentes combinações políticas exigem, e diferentes ideologias justificam, diferentes distribuições da qualidade de membro, bem como de poder, honra, respeito, eminência ritual, graça divina, parentesco e amor, riqueza, segurança física, trabalho e lazer, recompensas e punições e ainda de uma porção de bens concebidos de maneira mais detalhada e concreta: alimentação, alojamento, vestuário, transportes, assistência médica, bens de qualquer espécie e todas aquelas coisas pouco vulgares (quadros, livros raros, selos) que os seres humanos coleccionam.[36]

Essa multiplicidade de bens, afirma Walzer, se vincula a uma multiplicidade de procedimentos, agentes e critérios distributivos. Embora existam sistemas distributivos simples, tais como galés de escravos, mosteiros, manicômios e jardins da infância, nenhuma sociedade humana desenvolvida conseguiu evitar a multiplicidade. Isso torna necessário, deduz Walzer, o estudo dos bens e das distribuições em diferentes épocas e lugares.[37]

No entendimento de Michael Walzer não existe uma via única de acesso ao mundo de ideologias e procedimentos distributivos, de forma que nunca houve um meio universal de troca. O dinheiro tem sido o meio de troca mais comum; contudo, o mercado nunca se constituiu em um sistema distributivo completo (pode-se dizer, verdadeiramente, que há coisas que o dinheiro não compra). Analogamente, acrescenta Walzer, nunca houve um centro único de decisão para controlar todas as distribuições, assim como um grupo único de

---

[36] Michael Walzer, *As Esferas da Justiça*, op. cit., p. 21.
[37] Cf. Michael Walzer, *As Esferas da Justiça*, op. cit., p. 21.

agentes tomando decisões. Por fim, nunca existiu um critério único para realizar todas as distribuições: "Merecimento, aptidão, nascimento e linhagem, amizade, necessidade, livre troca, lealdade política, decisão democrática, todos ocuparam os seus lugares, juntamente com muitos outros, numa coexistência incómoda, invocados por grupos concorrentes, confundidos uns com os outros".[38]

A história, assinala Walzer, exibe grande variedade de disposições e ideologias concernentes à justiça distributiva. Apesar disso, os filósofos, ignorando a lição histórica, tendem a buscar uma unidade, um critério distributivo único. A maioria dos pensadores que se dedicaram ao tema da justiça, de Platão a nossos dias, supõem que existe um único sistema distributivo (sistema este que pode ser corretamente compreendido pela filosofia).[39] É o caso, para darmos um exemplo atual, de John Rawls, cujo sistema de distribuição se concretiza em dois princípios de justiça.[40]

Para ilustrar a postura filosófica tradicional, é conveniente citar dois conhecidos princípios que desempenham o papel de mandamentos universais de justiça.[41] Vejamos:

– as pessoas são tratadas justamente quando recebem a mesma consideração por parte de qualquer grupo ou instituição que aloca recursos para elas [princípio de igual tratamento];

– as pessoas são tratadas justamente quando cada uma delas recebe o que merece, nem mais nem menos [princípio do mérito].

Adotando o *approach* tradicional (que postula a existência de regras universais de justiça), quando desejamos avaliar se alguma prática é justa ou não, o que devemos fazer é consultar o princípio de justiça, verificando suas implicações em relação ao caso concreto examinado. A teoria da justiça de Walzer se insurge conscientemente

---

[38] Michael Walzer, *As Esferas da Justiça*, op. cit., p. 22.
[39] Cf. Michael Walzer, *As Esferas da Justiça*, op. cit., p. 22.
[40] Os princípios rawlsianos serão examinados no segundo item do próximo capítulo.
[41] Ver David Miller, "Introduction", in *Pluralism, Justice and Equality*, David Miller e Michael Walzer (Orgs.), Oxford, Oxford University Press, 1995, p. 1.

contra a abordagem filosófica tradicional. Seu relato é radicalmente pluralista, como observa David Miller:

> There are no universal laws of justice. Instead, we must see justice as the creation of a particular political community at a particular time, and the account we give must be given from within such a community. The account will also be pluralistic in a second sense: in liberal democracies especially, but in other societies too, there are many different kinds of social goods (and evils) whose distribution is a matter of justice, with each kind of good having its own particular criterion of distribution. The criteria used to determine who should get public honours, say, will not be the same as the criteria used to determine who should get medical care. And there is no underlying principle standing behind all these distributive criteria, no core idea which might explain why honours are to be distributed in one way and medical care in another.[42]

Como se percebe, o relato da justiça walzeriano é pluralista, em primeiro lugar, pelo fato de que diferentes culturas desenvolvem diferentes arranjos distributivos; e, em segundo lugar, porque, no seio de cada cultura, os arranjos variam em função do bem a ser distribuído.[43] Sendo assim, a concepção de pluralismo presente em *As Esferas da Justiça* se vincula à diversidade de bens sociais, de procedimentos e de princípios distributivos.[44] Criticando os filósofos que pensam em termos de um critério distributivo único, Walzer afirma que a busca de tal unidade revela uma compreensão equivocada do tema da justiça distributiva. Após evocar o problema das particularidades da história, da cultura e do pertencimento a uma comunidade política, Walzer conclui que, sendo a justiça uma construção humana, é duvidoso que possa ser realizada de uma só maneira, como defende o modelo filosófico padrão:

---

[42] David Miller, "Introduction", in *Pluralism, Justice and Equality*, op. cit., p. 2.
[43] Cf. Georgia Warnke, *Justice and Interpretation*, Cambridge, MIT Press, 1993, p. 13.
[44] Ver Gisele Cittadino, "Multiculturalismo e Tolerância", in Direito, Estado e Sociedade, *Revista do Departamento de Direito da PUC-Rio*, nº 11, agosto-dezembro de 1997, p. 195. Gisele Cittadino esclarece que em uma obra posterior, intitulada *On Toleration*, Walzer confere ao termo pluralismo um significado diferente, utilizando-o "para salientar a multiplicidade de identidades sociais e de culturas étnicas e religiosas que estão presentes nas sociedades contemporâneas".

## 1. EMPIRISMO E RACIONALISMO: METODOLOGIAS EM CONFRONTO

As questões postas pela teoria da justiça distributiva admitem várias respostas, havendo aí espaço para a diversidade cultural e a opção política. Não se trata apenas de executar um certo princípio único ou um conjunto de princípios em diversos contextos históricos. Ninguém nega que haja várias formas de execução moralmente permitidas. Vou mais longe do que isso e afirmo que os princípios de justiça são, eles próprios, pluralistas na sua forma; que os vários bens sociais devem ser distribuídos com base em motivos diferentes, segundo processos diferentes e por diversos agentes; e que todas estas diferenças derivam de diferentes concepções dos próprios bens sociais – consequência inevitável do particularismo histórico e cultural.[45]

Se as teorias da justiça distributiva estão centradas em um processo social descrito comumente obedecendo à forma "as pessoas distribuem bens às outras pessoas", o objetivo de Michael Walzer é propor uma descrição mais precisa e complexa do processo central, que poderia ser expressa através da seguinte equação: "as pessoas concebem e criam bens, que depois distribuem entre si". Isso significa que a concepção e a criação dos bens precedem e controlam sua distribuição, ou seja:

> Os bens não aparecem sem mais nem menos nas mãos de agentes distribuidores que façam com eles o que muito bem queiram ou os distribuam de acordo com um certo princípio geral. Pelo contrário, os bens, com tudo o que significam – e por causa do que significam – constituem o instrumento crucial das relações sociais, introduzindo-se no espírito das pessoas antes de lhes virem parar às mãos e sendo as distribuições ajustadas de acordo com as concepções compartilhadas sobre o que são os bens e para que servem. Os agentes distribuidores estão constrangidos pelos bens que possuem; quase se poderia dizer que os bens se distribuem a si próprios pelas pessoas.[46]

Como se vê, as formas de distribuição são configuradas de acordo com as concepções compartilhadas acerca do que são e para que são os bens. Contudo, acrescenta Michael Walzer, para explicar e limitar o pluralismo das possibilidades distributivas (lembremos que a

---

[45] Michael Walzer, *As Esferas da Justiça*, op. cit., p. 23.
[46] Michael Walzer, *As Esferas da Justiça*, op. cit., p. 24.

opção do autor pelo pluralismo[47] requer uma defesa coerente, afinal este não implica em aceitarmos todo e qualquer critério distributivo, assim como todo e qualquer agente), necessitamos de uma teoria dos bens. Essa teoria pode ser sintetizada, segundo Walzer[48], a partir de seis proposições:

a) todos os bens com os quais a justiça distributiva está relacionada são bens sociais. Logo, não são nem podem ser valorados de modo pessoal. É verdade que alguns objetos domésticos são estimados por motivos de ordem privada ou sentimental, porém, isso ocorre somente naquelas culturas nas quais o sentimento se encontra habitualmente vinculado a tais objetos. Os bens, conclui Walzer, têm "significados compartilhados, porque a concepção e criação são processos sociais. Pela mesma razão, os bens têm significados diferentes em sociedades diferentes. A mesma 'coisa' é avaliada por motivos diversos, ou melhor, é valorizada aqui e desvalorizada ali"[49];

b) homens e mulheres assumem identidades concretas em função da maneira pela qual concebem e criam – e depois possuem e utilizam – os bens sociais. As distribuições só podem ser entendidas como atos de pessoas que já têm bens especiais em mente ou nas mãos;

c) não existe um conjunto singular de bens básicos ou primários concebível para todos os universos morais e materiais, pois tal conjunto teria que ser pensado em termos tão abstratos que acabaria tendo pouca utilidade para se refletir sobre distribuições particulares. Walzer enfatiza o fato de que o próprio conjunto das necessidades, levando-se em conta tanto as morais quanto as físicas, é muito vasto, e várias são as hierarquizações possíveis. Um bem necessário como a comida, por exemplo, apresenta significados diferentes em diferentes lugares. O pão, prossegue Walzer, é "o sustento da vida, o corpo de Cristo, o símbolo dominical, o instrumento da hospitali-

---

[47] Cf. Michael Walzer, *As Esferas da Justiça*, op.cit., p. 22.
[48] Para uma leitura detalhada das proposições, vide Michael Walzer, *As Esferas da Justiça*, op. cit., p. 24 a 27. Ver também Cesar Augusto Ramos, "A Crítica Comunitarista de Walzer à Teoria da Justiça de John Rawls", in *Justiça como Eqüidade*, Sônia Felipe (Org.), Florianópolis, Insular, 1998, p. 238 e 239.
[49] Michael Walzer, *As Esferas da Justiça*, op. cit., p. 25.

dade e assim por diante. É concebível que haja um sentido limitado segundo o qual o primeiro daqueles significados é primordial, de modo que se houvesse vinte pessoas no mundo e pão à justa para alimentar as vinte, a primazia do pão-como-sustento-da-vida daria um princípio distributivo suficiente. Mas essa é a única circunstância em que o faria; e mesmo aí, não poderíamos ter a certeza. Se a utilização religiosa do pão entrasse em conflito com a sua utilização nutritiva – se os deuses ordenassem que o pão fosse cozido e queimado em vez de comido – não é de modo nenhum certo qual das utilizações seria primordial".[50] Sendo assim, Walzer se pergunta como poderíamos incluir o pão em uma pretensa lista universal;

d) é o significado dos bens que determina seu movimento. Os critérios e procedimentos distributivos são inerentes ao bem social, e não ao bem em si mesmo. Michael Walzer assevera que se compreendermos "o que é, o que significa para aqueles para os quais é um bem, compreenderemos como, por quem e por que motivo deve ser distribuído. Todas as distribuições são justas ou injustas conforme os significados sociais dos bens em causa".[51] Segundo o autor, estamos aqui diante de um princípio justificativo, mas também de um princípio crítico, entendendo-se que o modo normal do discurso crítico é o apelo a princípios internos, evocados contra as usurpações praticadas por homens e mulheres poderosos. Dentro dessa lógica de raciocínio, acrescenta Walzer, quando os cristãos da Idade Média condenavam o pecado da simonia, estavam dizendo que o significado da função eclesiástica não permitia a sua compra e venda. Obedecida a concepção cristã da função eclesiástica, "resultava daí [...] que quem exercia tal função deveria ser escolhido pela sua sabedoria e piedade e não pela sua riqueza".[52] As ideias de simonia, prostituição e suborno, finaliza Walzer, se referem à compra e venda de bens que – levando-se em conta determinadas interpretações do significado que encerram – nunca deveriam ser comprados ou vendidos;

---

[50] Michael Walzer, *As Esferas da Justiça*, op. cit., p. 25.
[51] Michael Walzer, *As Esferas da Justiça*, op. cit., p. 26.
[52] Michael Walzer, *As Esferas da Justiça*, op. cit., p. 26.

e) os significados sociais apresentam um caráter histórico. Consequentemente, as distribuições, justas ou injustas, cambiam com o tempo. É verdade que alguns bens essenciais conservam, no dizer de Walzer, estruturas normativas características, reiteradas através do tempo e do espaço. Essa reiteração, contudo, não se dá através de todo o tempo nem de todo o espaço;[53]

f) as distribuições devem ser autônomas quando os significados são distintos, ou seja, todo o bem social (ou conjunto de bens sociais) constitui uma esfera distributiva na qual são apropriados apenas alguns critérios e combinações. A partir deste último postulado se conclui, por exemplo, que o dinheiro é inapropriado na esfera das investiduras eclesiásticas, representando a intrusão de uma esfera em outra. Seguindo o mesmo raciocínio, a piedade não deve constituir nenhuma vantagem no âmbito do mercado, que está aberto a todos, ao contrário da igreja.[54]

Embora significados diferentes devam ensejar distribuições autônomas, Michael Walzer reconhece que não existe sociedade na qual os significados sociais sejam absolutamente distintos; logo, aquilo que ocorre em determinada esfera distributiva tem influência nas demais esferas. De acordo com essa lógica, o máximo que podemos almejar é uma autonomia relativa, cabendo acrescentar que Walzer vê nesta autonomia um princípio crítico.[55]

---

[53] Cf. Michael Walzer, *As Esferas da Justiça*, op. cit., p. 26.
[54] Cf. Michael Walzer, *As Esferas da Justiça*, op. cit., p. 27. A teoria dos bens de Walzer tem dois objetivos bastante claros, de acordo com Cesar Augusto Ramos: "Primeiro, ela visa criticar a concepção rawlsiana, abstrata e apriorista, dos bens primeiros (*primary goods*) da estrutura de base da sociedade, onde eles são distribuídos numa situação hipotética segundo um princípio de justiça também abstrato [...]. O segundo objetivo, e que deriva da crítica ao universalismo abstrato de Rawls, consiste em dizer que uma teoria política que não considera a pluralidade e o relativismo dos bens e dos critérios de distribuição desses bens, no fundo ela se distancia do ideal de uma sociedade democrática. Uma política democrática, verdadeiramente pluralista, deve admitir o caráter relativo dos bens e valores sociais. Por isso, a pretensão de prescrever um procedimento racional único em matéria de justiça contém uma contradição face à pluralidade de concepções de valores e de bens que existem nas sociedades democráticas modernas". Ver Cesar Augusto Ramos, "A Crítica Comunitarista de Walzer à Teoria da Justiça de John Rawls", op. cit., p. 240.
[55] Cf. Michael Walzer, *As Esferas da Justiça*, op. cit., p. 27.

Após admitir que as violações são de fato constantes – os bens são usurpados e as esferas invadidas por homens e mulheres poderosos –, Michael Walzer afirma que na maior parte das sociedades, apesar da complexidade de suas combinações distributivas, existe um bem (ou um conjunto de bens) predominante, que determina o valor em todas as esferas de distribuição. Tal bem predominante é normalmente monopolizado, sendo o seu valor mantido pela força e pela coesão dos indivíduos que o possuem. Um bem é predominante, esclarece Walzer, quando seus possuidores, exatamente pelo fato de o possuírem, podem exigir uma grande variedade de outros bens. Por sua vez, continua o autor, um bem encontra-se monopolizado todas as vezes em que uma pessoa (ou um grupo de pessoas) consegue conservá-lo em seu poder diante de todos os seus rivais. Nas palavras de Michael Walzer:

> O predomínio refere-se a um modo de utilização dos bens sociais que não é delimitado pelos seus significados intrínsecos ou que concebe esses significados à sua própria imagem. O monopólio refere-se a um modo de possuir ou controlar os bens sociais com o fim de tirar partido do seu predomínio. Quando os bens são raros e extremamente necessários como a água no deserto, o próprio monopólio os torna predominantes. A maior parte das vezes, porém, o predomínio é uma criação social mais elaborada, representando o trabalho de muitas pessoas, misturando a realidade com os símbolos. Força física, reputação familiar, cargos religiosos ou políticos, riqueza imobiliária, capital, cada um destes, em diferentes períodos históricos, foi predominante e cada um destes foi monopolizado por este ou por aquele grupo de homens e mulheres. E, seguidamente, todas as coisas boas vêm parar às mãos daqueles que têm a melhor coisa. Se possuíres esta, as outras virão em série ter contigo. Ou, mudando a metáfora, um bem predominante converte-se noutro bem e a seguir em muitos outros em conformidade com o que frequentemente se parece com um processo natural, mas é de facto mágico, como que uma espécie de alquimia social.[56]

Em uma sociedade capitalista, afirma Walzer, o capital é o bem predominante, podendo facilmente ser convertido em prestígio e em poder. Em uma tecnocracia, por sua vez, o conhecimento técnico desempe-

---

[56] Michael Walzer, *As Esferas da Justiça*, op. cit., p. 27.

nha o papel de bem predominante, o que o torna convertível em vários outros bens. O controle monopolístico de um bem predominante, prossegue Walzer, origina uma classe dominante cujos membros estão situados no topo do sistema distributivo. Contudo, visto que o predomínio nunca é completo e o monopólio é sempre imperfeito, o domínio exercido por um grupo de homens e mulheres é necessariamente instável, sendo frequentemente ameaçado pelas pretensões de outros grupos que defendem diferentes modelos de conversão. Os conflitos sociais, assevera Michael Walzer, estão relacionados ao problema da distribuição (a luta pelo controle dos meios de produção, por exemplo, é uma luta distributiva). É preciso reconhecer, ao mesmo tempo, que a história não nos revela a existência de um bem predominante único, de um bem que seja naturalmente predominante. De acordo com Walzer:

> A pretensão de monopolizar um bem predominante – quando concebida para fins públicos – constitui uma ideologia. A sua forma normal consiste em relacionar a posse legítima com um conjunto qualquer de qualidades pessoais por meio de um princípio filosófico. Assim, a aristocracia, ou governo dos melhores, é o princípio daqueles que baseiam a sua pretensão no nascimento ou na inteligência; estes são geralmente os que monopolizam a riqueza fundiária e a reputação familiar. A supremacia divina é o princípio dos que afirmam conhecer a palavra de Deus; são os que monopolizam a graça e o cargo. A meritocracia, ou carreira aberta ao talento, é o princípio dos que afirmam ser talentosos; são os que, com mais frequência, monopolizam a educação. A livre troca é o princípio dos que estão prontos, ou dizem estar prontos, a arriscar o seu dinheiro; são os que monopolizam a riqueza mobiliária. Estes grupos – e ainda outros, semelhantemente caracterizados pelos seus princípios e haveres – competem uns com os outros, lutando pela supremacia. Ora vence um grupo, ora outro, ora se organizam coligações e a supremacia é dificilmente compartilhada. Não há nem deveria haver vitória final. Isto não quer, porém, dizer que as pretensões dos diferentes grupos sejam forçosamente erradas ou que os princípios que invocam não sejam válidos como critérios distributivos; os princípios são, com frequência, estritamente corretos dentro dos limites de uma esfera especial. As ideologias são facilmente corrompidas, mas a sua corrupção não é o seu aspecto mais interessante.[57]

---

[57] Michael Walzer, *As Esferas da Justiça*, op. cit., p. 28.

Os conflitos sociais são conflitos de distribuição, e as lutas distributivas, no entendimento de Michael Walzer, apresentam uma forma paradigmática, que pode ser assim sintetizada: determinado grupo de homens e mulheres (uma classe, uma casta, etc.) monopoliza um bem predominante, frequentemente convertido em muitas outras coisas. Desse modo, "os fortes apoderam-se da riqueza, os bem nascidos da alta distinção, os superiormente instruídos dos cargos públicos".[58] É possível, continua Walzer, que um grande número de pessoas considere correta a ideologia que fundamenta as conversões. Contudo, sempre haverá indivíduos discordantes, questionando a justiça dos atos de conversão. Podem afirmar, por exemplo, que o grupo dominante, na verdade, não detém as qualidades que atribui a si próprio, ou ainda que os atos de conversão violam o entendimento compartilhado acerca dos bens em jogo. Uma vez estabelecido o conflito social, dentre as várias reivindicações que podem surgir, duas se destacam, merecendo maior atenção: a primeira reivindicação é no sentido da redistribuição do bem predominante, para que este seja amplamente compartilhado. Formular tal reivindicação implica dizer que o monopólio é injusto, ou seja, contesta-se o monopólio, mas não o predomínio de determinado bem social. A segunda reivindicação postula uma distribuição autônoma de todos os bens sociais, o que equivale a dizer que o predomínio, mas não o monopólio, é injusto.[59]

A primeira reivindicação (o monopólio é injusto) é a mais comum entre os filósofos, indo ao encontro das ideias de unidade e singularidade que caracterizam, por assim dizer, o discurso filosófico padrão. Para Michael Walzer, no entanto, a segunda reivindicação (o predomínio é injusto) é "a que melhor exprime a pluralidade de significados sociais e a complexidade real dos sistemas distributivos".[60]

---

[58] Michael Walzer, *As Esferas da Justiça*, op. cit., p.29.
[59] Cf. Michael Walzer, *As Esferas da Justiça*, op. cit., p. 29. Walzer menciona ainda uma terceira reivindicação que, segundo Marx, seria o modelo das ideologias revolucionárias, com exceção, talvez, da última ideologia (ideologia proletária). Pode ser assim descrita: "a reivindicação de que um certo bem novo, monopolizado por um certo grupo novo, venha substituir o bem então predominante; isto é o mesmo que dizer que o padrão vigente de predomínio e monopólio é injusto".
[60] Michael Walzer, *As Esferas da Justiça*, op. cit., p. 30.

Como se vê, a distribuição igualitária dos bens não constitui a questão mais importante para Walzer. O fundamental, isso sim, é que se tenha uma distribuição autônoma dos bens, levando em conta os seus significados sociais específicos. O autor de *As Esferas da Justiça*, em suma, condena o predomínio, mas não o monopólio:

> Pretendo demonstrar que nos devemos concentrar na atenuação do predomínio e não – ou não essencialmente – na destruição ou limitação do monopólio. Devemos ter em atenção o que poderiam significar o estreitamento do conjunto em que os bens especiais podem converter-se e a justificação da autonomia das esferas distributivas. Mas esta argumentação, embora historicamente não seja rara, nunca surgiu integralmente nos textos filosóficos. Os filósofos têm propendido para criticar (ou justificar) os monopólios existentes ou emergentes, de riqueza, poder e educação. E quando não é assim, têm criticado (ou justificado) conversões específicas: de riqueza em educação ou de cargos públicos em riqueza. E tudo isto, as mais das vezes, em nome de um sistema distributivo radicalmente simplificado. A crítica do predomínio sugere, em vez disso, um modo de reformular e, seguidamente, conviver com a actual complexidade das distribuições.[61]

De acordo com Stephen Mulhall e Adam Swift[62], a distinção entre monopólio e predomínio nos conduz à distinção entre igualdade simples e igualdade complexa. Podemos acrescentar que a crítica ao monopólio está vinculada à defesa do regime da igualdade simples, ao passo que a crítica ao predomínio se vincula à defesa do regime da igualdade complexa. A reivindicação mais comum entre os filósofos é no sentido de uma redistribuição igualitária do bem predominante, o que significa uma condenação ao monopólio em nome da igualdade simples. A reivindicação postulada por Michael Walzer (por entender que é aquela que melhor expressa a pluralidade de significados sociais dos bens, assim como a real complexidade dos sistemas distributivos) é no sentido de que haja uma distribuição autônoma de todos os bens sociais, o que significa uma condenação ao predomínio, em nome da igualdade complexa. Podemos visualizar o regime da igualdade simples imaginando uma sociedade na qual tudo se encontra à venda, e

---

[61] Michael Walzer, *As Esferas da Justiça*, op. cit., p. 33.
[62] Cf. Stephen Mulhall e Adam Swift, *Liberals and Communitarians*, op. cit., p. 148.

todos os cidadãos possuem a mesma quantidade de dinheiro. Temos, portanto, um bem predominante – o dinheiro –, distribuído de forma igualitária. Nessa circunstância, a igualdade "multiplica-se através do processo de conversão até abranger todo o conjunto de bens sociais".[63] Para Michael Walzer, no entanto, um regime de igualdade simples é inviável, em decorrência da sua instabilidade. Conforme esclarece Gisele Cittadino, uma sociedade igualitária simples seria instável em virtude das próprias diferenças existentes entre os indivíduos. Por conseguinte, em uma sociedade na qual, inicialmente, todos possuíssem a mesma quantia de dinheiro (e todos os bens se encontrassem à venda), verificaríamos que "ao final de uma semana, o dinheiro estaria desigualmente distribuído, pois alguns o teriam gasto, enquanto que outros provavelmente o teriam poupado ou investido. O mesmo ocorreria em um fictício sistema feudal no qual todos fossem igualmente honrados com um título de nobreza. Após um curto período, a destreza, a força, a bondade ou a sabedoria estariam estabelecendo distinções entre estes mesmos senhores".[64]

Michael Walzer assevera que a manutenção de um regime de igualdade simples ao longo do tempo exigiria uma contínua intervenção estatal, de forma que se estabelecesse um periódico retorno à situação primitiva de igualdade entre os indivíduos. A intervenção estatal contínua (necessária para destruir os monopólios incipientes e reprimir novas formas de predomínio), no entanto, geraria um contexto no qual o próprio poder estatal se transformaria no principal objeto da luta competitiva. Em tal conjuntura, acrescenta Walzer, grupos de homens e mulheres "tentarão primeiro monopolizar e depois servir-se do Estado para consolidar o seu controlo sobre outros bens sociais",[65] cabendo lembrar não só que a política representa o caminho mais direto para o predomínio, como também que o poder político é provavelmente o bem mais importante e perigoso da história humana.[66]

---

[63] Michael Walzer, *As Esferas da Justiça*, op. cit., p. 30.
[64] Gisele Cittadino, *Pluralismo, Direito e Justiça Distributiva*, op. cit., p. 125. Ver também Michael Walzer, *As Esferas da Justiça*, op. cit., p. 13.
[65] Michael Walzer, *As Esferas da Justiça*, op. cit., p. 31.
[66] Ver Michael Walzer, *As Esferas da Justiça*, op. cit., p. 31 e 32.

A inviabilidade da igualdade simples não significa, para Michael Walzer, que a igualdade como um todo esteja fora de questão.[67] Em *As Esferas da Justiça*, o autor defende aquilo que denomina igualdade complexa. De acordo com sua descrição, uma sociedade complexamente igualitária é uma sociedade na qual diferentes bens sociais são possuídos monopolisticamente, mas nenhum bem específico é usualmente conversível. Nessa circunstância, embora "surjam muitas pequenas desigualdades, a desigualdade não se multiplicará por meio do processo de conversão nem aumentará ao passar pelos diferentes bens, porque a autonomia das distribuições tenderá a produzir uma variedade de monopólios locais, detidos por diferentes grupos de homens e mulheres".[68]

A chave do conceito de igualdade complexa, nas palavras de Rafael del Águila, consiste em assinalar que as vantagens obtidas por um indivíduo dentro de uma determinada esfera de distribuição não podem ser traspassadas para outras esferas. Assim, se um indivíduo é eleito representante no âmbito da esfera política, não é legítimo se valer dessa desigualdade a fim de obter vantagens nas esferas do mercado, da saúde ou da educação. A tirania, acrescenta Rafael del Águila, se define exatamente como uma invasão de esferas. Consequentemente, a autonomia das esferas deve ser protegida diante das invasões que, confundindo os critérios de distribuição, acarretam vantagens indevidas.[69] Em um parágrafo de destacada importância, Michael Walzer leciona:

> O regime de igualdade complexa é o contrário da tirania. Estabelece um conjunto tal de relações que torna a dominação impossível. Em termos formais, a igualdade complexa significa que a situação de qualquer cidadão em

---

[67] Ver Stephen Mulhall e Adam Swift, *Liberals and Communitarians*, op.cit., p. 149.
[68] Michael Walzer, *As Esferas da Justiça*, op. cit., p. 33. A igualdade complexa, segundo Walzer, não é necessariamente mais estável do que a igualdade simples, embora, provavelmente, abra caminho para formas mais difundidas e particularizadas de conflitos sociais. Assim, a resistência à convertibilidade seria mantida, em alto grau, por homens e mulheres comuns dentro de suas esferas de competência e controle, sem uma ação estatal de larga escala. Cf. Michael Walzer, *As Esferas da Justiça*, op. cit., p. 34.
[69] Ver Rafael del Águila, "Estudio Introductorio", op. cit., p. 19.

determinada esfera ou com respeito a determinado bem social, nunca pode ser abalada pela sua situação noutra esfera ou com respeito a outro bem social. Assim, o cidadão X pode ser escolhido com preferência sobre o cidadão Y para um cargo político e daí resultar uma desigualdade entre ambos na esfera política. Mas não serão desiguais, em geral, desde que o cargo de X lhe não confira quaisquer vantagens sobre Y noutra esfera: melhor assistência médica, acesso a melhores escolas para os filhos, oportunidades empresariais, etc. Desde que os cargos públicos não sejam bens predominantes nem sejam geralmente convertíveis, os seus detentores estarão – ou pelo menos, poderão estar – em pé de igualdade com os homens e mulheres que dirigem.[70]

O objetivo de Michael Walzer em *As Esferas da Justiça* é descrever uma sociedade na qual nenhum bem social seja utilizado como instrumento de dominação. Nesse sentido o igualitarismo defendido pelo autor se afasta do sentido literal do termo (lembremo-nos da inviabilidade da igualdade simples), direcionando-se, isso sim, para uma forma viva e aberta de igualitarismo, compatível com a liberdade e com as diferenças existentes entre os indivíduos.[71] O sentido original da igualdade, assevera Walzer, é negativo, pois visa à eliminação, não de todas, mas de algumas diferenças. Obedecendo a uma variação temporal e espacial, diversos têm sido os alvos da política igualitarista: os privilégios da aristocracia, a riqueza capitalista, o poder burocrático, a supremacia racial ou sexual, etc. Em todas essas circunstâncias a luta assume formas semelhantes, pois aquilo que está em jogo é a capacidade que alguns indivíduos revelam para subjugar os outros. Sendo assim, de acordo com a análise de Michael Walzer:

> Não é o facto de existirem ricos e pobres que dá origem à política igualitária, mas antes o facto de os ricos "oprimirem os pobres", lhes imporem a pobreza e lhes exigirem um comportamento submisso. Do mesmo modo, não é a existência de aristocratas e plebeus ou de detentores de cargos públicos e cidadãos comuns (e muito menos a existência de diferentes raças ou sexos) que origina a exigência pelo povo da abolição das diferenças

---

[70] Michael Walzer, *As Esferas da Justiça*, op. cit., p. 35.
[71] Cf. Michael Walzer, *As Esferas da Justiça*, op. cit., p. 15.

políticas e sociais; é antes o que os aristocratas fazem aos plebeus, o que os detentores de cargos públicos fazem aos cidadãos comuns e o que os que detêm o poder fazem aos dele privados.[72]

A luta pela igualdade é uma decorrência da experiência da sujeição. Consequentemente, a finalidade do igualitarismo político, assegura Michael Walzer, é estabelecer uma sociedade livre da dominação. A igualdade exige o fim das reverências, da adulação e do servilismo, do medo e da arrogância, assim como dos senhores e escravos. Todavia, acrescenta Walzer, a igualdade não pede a eliminação das diferenças; afinal, não precisamos ser idênticos uns aos outros nem possuir as mesmas coisas em iguais quantidades. No que diz respeito aos aspectos morais e políticos relevantes, conclui o autor, homens e mulheres são iguais entre si "sempre que ninguém detém ou controla os meios de dominação"[73], estando a dominação excluída quando os diferentes bens sociais são distribuídos em função de razões distintas e internas a cada esfera distributiva.[74]

Michael Walzer descreve a igualdade simples como sendo um estado distributivo simples, de acordo com o qual dois indivíduos são iguais, por exemplo, se tiverem o mesmo número de chapéus. Em seu entendimento, porém, a igualdade é algo bastante diverso, configurando uma complexa relação entre pessoas, mediada pelos bens que criam, compartilham e dividem entre si, ou seja, não se reduz a mera identidade de posses. A igualdade, portanto, requer "uma diversidade de critérios distributivos que espelhe a diversidade dos bens

---

[72] Michael Walzer, *As Esferas da Justiça*, op. cit., p. 14.
[73] Michael Walzer, *As Esferas da Justiça*, op. cit., p. 15. Os meios de dominação, segundo Walzer, são constituídos "de modo diferente conforme as sociedades. Nascimento e linhagem, riqueza imobiliária, capital, educação, graça divina, autoridade, todos estes factores serviram, nesta ou naquela época, para permitir que certas pessoas dominassem outras. A dominação exerce-se sempre por meio de um conjunto de bens sociais. Embora a experiência seja pessoal, não há nada nas próprias pessoas que determine a natureza daquela. Por essa razão, mais uma vez, se pode afirmar que a igualdade, tal como nós a sonhámos, não exige a repressão das pessoas. Temos de compreender e controlar os bens sociais; não temos, porém, de esticar ou encolher os seres humanos".
[74] Cf. Michael Walzer, *As Esferas da Justiça*, op. cit., p. 17.

sociais".[75] Blaise Pascal, reconhece Walzer, desenvolveu em seus pensamentos uma admirável argumentação em favor da igualdade complexa. Para o filósofo e matemático francês:

> A tirania consiste no desejo de dominação, universal e fora de sua ordem.
>
> Diversas assembléias de fortes, de belos, de bons, de piedosos espíritos, cada qual reinando em sua casa, não fora, e às vezes, quando se encontram, batendo-se tolamente, o forte e o belo, para decidir quem será senhor um do outro, pois sua senhoria é de gêneros diversos. Não se entendem, consistindo seu erro em querer reinar por toda parte. Ora, nada o pode, nem mesmo a força: esta não faz nada no reino dos sábios; só é senhora das ações exteriores.
>
> Tirania -... Esses discursos são falsos e tirânicos: "Sou belo, logo devem temer-me; sou forte, portanto devem amar-me. Sou..." A tirania consiste em querer ter por uma via o que só se pode ter por outra. Dão-se diferentes deveres aos diferentes méritos: dever de amor à graça; dever de medo à força; dever de crença à ciência. Tais deveres devem ser cumpridos; é injusto recusá-los e injusto reclamar outros. E é também ser falso e tirânico dizer: "Ele não é forte, logo não o estimarei; ele não é hábil, logo não o temerei".[76]

Michael Walzer observa que a primeira afirmação de Pascal (e também de Marx) é no sentido de que "as qualidades pessoais e os bens sociais têm as suas próprias esferas de acção nas quais produ-

---

[75] Michael Walzer, *As Esferas da Justiça*, op. cit., p. 34.
[76] Pascal, *Pensamentos*, tradução de Sérgio Milliet, Rio de Janeiro, Ediouro, s.d., p. 120 (*Pensamento* nº 332). Karl Marx, acrescenta Walzer, também desenvolveu uma argumentação a favor da igualdade complexa, como se percebe a partir da leitura da seguinte passagem: "Admitamos que o homem é homem e que a sua relação com o mundo é humana. Nesse caso, o amor só pode receber amor em troca, a confiança só confiança, etc. Se quiserdes gozar a arte, tereis de ser uma pessoa artisticamente educada; se quiserdes influenciar outras pessoas, tereis de ser alguém que efectivamente consiga estimular e encorajar os outros... Se amais sem despertar amor em troca, i.e. se não sois capaz, ao apresentardes-vos como um amante, de vos tornardes amado, então o vosso amor é impotente e desventurado". Apud Michael Walzer, *As Esferas da Justiça*, op. cit., p. 34.

zem livre, espontânea e legitimamente os seus efeitos".[77] Para Walzer, encontramos o caminho para a realização da justiça distributiva interpretando os significados sociais dos bens, o que significa dizer que devemos buscar os princípios internos de distribuição relativos a cada uma das esferas distributivas.[78] A segunda afirmação de Pascal é no sentido de que menosprezar os princípios de distribuição leva à tirania. Desta forma, quando se converte um bem em outro, não havendo conexão entre estes, se está invadindo uma esfera na qual outro grupo de indivíduos governa de forma legítima. O monopólio, continua Walzer, "não é inapropriado no interior das esferas. Nada há de errado, por exemplo, no domínio que homens e mulheres persuasivos e prestáveis (políticos) têm sobre o poder político. Todavia, o uso do poder político para obter acesso a outros bens é um uso tirânico".[79]

Após definir o regime da igualdade complexa como o inverso da tirania, Michael Walzer afirma que a crítica do predomínio e da dominação aponta para um princípio distributivo aberto (*open-ended distributive principle*), assim formulado: "nenhum bem social x deverá ser distribuído a homens e mulheres que possuam um bem y, só por possuírem este último e sem ter em atenção o significado daquele x". O princípio distributivo aberto não determina as parcelas da divisão, mas nos conduz "ao estudo do significado dos bens sociais e à observação atenta das várias esferas distributivas a partir do seu interior".[80]

Se cada esfera tem seus princípios internos de distribuição, a tirania consiste exatamente na inobservância de tais princípios, ou seja, na violação de uma fronteira particular. A igualdade complexa, ao contrário, exige a defesa das fronteiras e é obtida quando *"different people get ahead in each of the various spheres of distribution, but because they are unable to convert their advantages from one sphere into another, none is able to dominate the rest"*.[81]

---

[77] Michael Walzer, *As Esferas da Justiça*, op. cit., p. 35.
[78] Cf. Michael Walzer, *As Esferas da Justiça*, op. cit., p. 35.
[79] Michael Walzer, *As Esferas da Justiça*, op. cit., p.35.
[80] Michael Walzer, *As Esferas da Justiça*, op. cit., p.36.
[81] David Miller, "Introduction", in *Pluralism, Justice and Equality*, op. cit., p. 2.

## 1.2. Retorno à Ética Normativa e Contratualismo
John Bordley Rawls (1921-2002), filósofo moral e político norte-americano, nasceu em Baltimore, Maryland, e fez seus estudos na Princeton University, obtendo em 1943 seu bacharelado em artes. Foi ainda em Princeton que obteve, no ano de 1950, seu doutoramento em filosofia moral. Sua carreira acadêmica esteve vinculada principalmente às universidades de Princeton (na qual trabalhou como professor auxiliar entre 1950 e 1952), Cornell (na qual, entre os anos de 1953 e 1959, exerceu os cargos de professor assistente e professor adjunto) e Harvard. Nesta última tornou-se professor titular de filosofia moral em 1962, vindo a ser titular da cátedra de filosofia James Bryant Conant, no ano de 1979. Ainda em Harvard, John Rawls tornou-se professor emérito, no ano de 1991.[82]

Em *Os Pensadores da Liberdade*, Mariano Grondona afirma que os norte-americanos só começam a ter uma filosofia política própria a partir de John Rawls e Robert Nozick, pois até então haviam apenas recebido a contribuição dos filósofos europeus, muitos dos quais exilados.[83] Nythamar de Oliveira observa que Rawls tem sido considerado o maior teórico político da segunda metade do século XX, apesar de não popularizado em círculos públicos, em razão de seu estilo de vida recluso e de sua saúde frágil.[84] Em *The Cambridge Companion to Rawls*, organizado por Samuel Freeman, lê-se:

> *John Rawls is the most significant and influential political and moral philosopher of the twentieth-century. His work has profoundly shaped contemporary discussions of social, political, and economic justice in philosophy, law, political science, economics, and other social disciplines.*[85]

---

[82] Estes dados podem ser conferidos em Nythamar de Oliveira, Rawls, Rio de Janeiro, Jorge Zahar, 2003, p. 66-8.
[83] Ver Mariano Grondona, *Os Pensadores da Liberdade*, tradução de Ubiratan Borges de Macedo, São Paulo, Mandarim, 2000, p. 143.
[84] Nythamar de Oliveira, *Rawls*, op. cit., p. 7.
[85] *The Cambridge Companion to Rawls*, Samuel Freeman (Org.), Cambridge, Cambridge University Press, 2002, p. I.

Para Fernando Vallespín[86], John Rawls é um clássico contemporâneo, o que é surpreendente em se tratando de um autor com apenas um livro no mercado (o texto de Vallespín é anterior à publicação de *Political Liberalism*), e avesso ao *star system* acadêmico norte-americano. Além do mais, em uma época na qual estamos acostumados a associar o êxito acadêmico a uma postura pública engajada e a uma capacidade para ascender à mídia, Rawls, no que concerne a isto, é o antípoda de um Jürgen Habermas e dos grandes intelectuais franceses. Rawls, prossegue Vallespín, é

> *[...] uno de los tantos profesores norteamericanos, de filosofía moral en este caso, que dedican toda su vida académica a la "modesta" tarea de adentrarse en los temas de su especialidad; comunican y comparten sus avances con sus colegas y, llegado el caso, acceden a la élite de su disciplina. Sus logros, méritos o insuficiencias raramente trascienden el limitado marco de los compartimentos estancos de cada materia. De hecho, no hay nada en la biografía personal e intelectual de nuestro autor, fuera del sorprendente éxito de su libro, que se salga de los cauces habituales del lento devenir de la vida académica anglosajona.*[87]

De acordo com a análise empreendida por Carlos Santiago Nino[88], o entusiasmo provocado pela publicação de *A Theory of Justice*, em 1971, se deve, por um lado, a certas qualidades intrínsecas ao próprio livro; e, por outro, a uma série de fatores relacionados ao contexto histórico do surgimento da obra. Entre as qualidades intrínsecas de

---

[86] Cf. Fernando Vallespín, "El Neocontractualismo: John Rawls", in *Historia de la Ética*, v. 3, Victoria Camps (Org.), Barcelona, Crítica, 1989, p. 577-8.

[87] Fernando Vallespín, "El Neocontractualismo: John Rawls", in *Historia de la Ética*, v. 3, op. cit., p. 578

[88] Descrevendo o impacto causado pela publicação do primeiro livro de Rawls, Santiago Nino afirma: *"En menos de diez años, la obra de este profesor de Harvard ha generado centenares de artículos, comentarios y noticias, varios libros dedicados enteramente a su análisis, se ha constituido en uno de los temas predilectos de tesis doctorales en casi todas las universidades occidentales, ha servido de acicate de las inquietudes intelectuales de filósofos, juristas, economistas, científicos políticos, sociólogos, etc., ha conseguido incluso trascender al público en general como lo muestran algunos comentarios periodísticos en países de habla inglesa."* Carlos Santiago Nino, *Introducción al Análisis del Derecho*, 2ª ed., Buenos Aires, Astrea, 1995, p. 408.

*A Theory of Justice*, Carlos Santiago Nino menciona seu enfoque original, a habilidade no tratamento de algumas dificuldades, o emprego de sofisticadas ferramentas analíticas, o tratamento minucioso de uma série de problemas, e o vasto alcance da teoria.[89] No que diz respeito ao contexto histórico no qual a teoria rawlsiana surgiu, Santiago Nino destaca a crise de certos valores da sociedade americana diante da guerra do Vietnã e do escândalo de Watergate, a desconfiança em relação ao utilitarismo e suas consequências no âmbito econômico, e certo desencanto e impaciência diante da tendência dos filósofos morais de abordarem questões de metaética ou ética analítica em detrimento dos importantes problemas relacionados à ética norma-

---

[89] Cf. Carlos Santiago Nino, *Introducción al Análisis del Derecho*, op. cit., p. 408. A enumeração das qualidades intrínsecas de *A Theory of Justice* não exclui o reconhecimento da existência de alguns aspectos que dificultam a leitura do livro. Antes de mais nada, trata-se de um livro extenso, cujo número de palavras é algo em torno de duzentos e oitenta mil, repleto de argumentos, da primeira até a última página, e no qual há, conforme assinala Brian Barry, "*cierta cantidad de redundancias y de argumentos similares que aparecen en diversas ocasiones en distintos sitios*". Além da extensão, da densidade e das repetições há outras dificuldades, igualmente enumeradas por Brian Barry. Assim, a constante necessidade de remissões é outro aspecto que dificulta a leitura. O longo período de gestação da obra também contribuiu para o rol das dificuldades, visto que circularam, entre os alunos e colegas de Rawls, três versões do manuscrito de *A Theory of Justice*: primeira versão (1964-1965), segunda versão (1967-1968) e terceira versão (1969-1970). Na medida em que Rawls procurava responder a algumas das objeções apresentadas, o texto pode ter perdido em clareza, até porque em regra as críticas não se encontram mencionadas de modo explícito. Brian Barry testemunha: "*al leer el libro encontré en ocasiones que la única manera de aprehender la intención de un párrafo era recordando la objeción a la cual se proponía responder, y no dudo mucho de que los casos donde me perdí se debieron al hecho de no haber advertido la objeción pertinente.*" Por fim, ainda seguindo a avaliação de Brian Barry, parece haver problemas decorrentes do fato de Rawls, em função do longo período de elaboração do livro, ter modificado sutilmente algumas de suas apreciações. Ver Brian Barry, *La Teoría Liberal de la Justicia*, tradução de Heriberto Rubio, México, Fondo de Cultura Económica, 1993, p. 11-3. Cabe acrescentar que Rawls, no prefácio de *A Theory of Justice*, fornece um guia de leitura para todos aqueles que pretendem se aventurar ao longo das oitenta e sete seções que formam o seu complexo tratado.

tiva.⁹⁰ Acerca do contexto histórico de Rawls, Jesús Martínez García escreve:

> Los años 60 fueron en los Estados Unidos un período de intensa politización y conflictividad social, de radicalismo político y cultural. Asistimos al problema negro que se manifiesta fuertemente, la cuestión de los derechos civiles, la guerra del Vietnam que tanto contribuyó a desestabilizar la sociedad, la contestación estudiantil y la contracultura, el gobierno Kennedy, etc., por citar sólo algunos de los factores más significativos. Disminuye el crecimiento económico y hay una pérdida de confianza en el futuro del país. Se desafía la legitimidad del sistema, su capacidad para engendrar y mantener la creencia de que las instituciones políticas existentes son las más apropiadas. Las instituciones liberales y democráticas pierden prestigio y se ponen en tela de juicio. En este ambiente, problemas como la justicia distributiva, el poder político, la objeción de conciencia, etc., adquieren dimensiones muy vivas y hay especial necesidad de una teoría de la justicia.⁹¹

Ronald Dworkin, por sua vez, ressalta a influência exercida por Rawls nos últimos anos, observando que qualquer discussão acadêmica ou culta a respeito de política social, tanto na Inglaterra quanto nos Estados Unidos, contém referências a este autor. Dworkin entende que há duas razões para tal influência: primeiramente, a teoria rawlsiana nos dá uma demonstração grandiosa do poder do argumento em política, ou seja, "*a la gente la atrae una vez más la idea de que un argumento ininterrumpido, que comience con principios que puedan plausiblemente tomarse como primeros principios, puede realmente decirnos qué hacer acerca de la ley de agravios o acerca de la distribución de la leche a niños en edad escolar*".⁹² Em segundo lugar, acrescenta Ronald Dworkin, as conclusões obtidas por Rawls são atrativas, isto é, têm uma grande

---

⁹⁰ Cf. Carlos Santiago Nino, *Introducción al Análisis del Derecho*, op. cit., p. 408.
⁹¹ Jesús Martínez García, *La Teoría de la Justicia en John Rawls*, Madrid, Centro de Estudios Constitucionales, 1985, p. 5.
⁹² Ronald Dworkin, "Filosofía y Política. Diálogo con Ronald Dworkin", in *Los Hombres Detrás de las Ideas*, Bryan Magee (Org.), tradução de José Robles García, México, Fondo de Cultura Económica, 1993, p. 259.

atração intuitiva para as pessoas de boa vontade.[93] Paul Ricœur, em *Le Juste*, assevera que a teoria rawlsiana tem por objetivo solucionar o famoso paradoxo do legislador de Rousseau, enunciado em *O Contrato Social*, ou seja, a justiça como equidade pode ser visualizada como a solução terrestre para o referido paradoxo. Essa temível ambição, conclui Ricœur, talvez explique o fascínio que o primeiro livro de Rawls tem exercido sobre amigos e adversários.[94]

No item anterior tivemos a preocupação de enquadrar Michael Walzer no rol dos comunitaristas. Por uma questão de simetria, mas também para evitar qualquer dúvida porventura existente, gostaríamos agora de inserir John Rawls no âmbito do liberalismo, embora talvez fosse desnecessário fazê-lo, em se tratando do autor de uma obra intitulada *Political Liberalism*.[95] Will Kymlicka, em The Oxford Companion to Philosophy, leciona:

> *One of the major political ideologies of the modern world, liberalism is distinguished by the importance it attaches to the civil and political rights of individuals. Liberals demand a substantial realm of personal freedom – including freedom of conscience, speech, association, occupation, and, more recently, sexuality – which the state should not intrude upon, except to protect others from harm.*[96]

---

[93] Ver Ronald Dworkin, "Filosofía y Política. Diálogo con Ronald Dworkin", op. cit., p. 259.

[94] Ver Paul Ricœur, *O Justo ou a Essência da Justiça*, tradução de Vasco Casimiro, Lisboa, Instituto Piaget, s.d., p. 65 e 66. O paradoxo do legislador de Rousseau é enunciado, em *O Contrato Social*, da seguinte forma: "Para descobrir as melhores regras de sociedade que convêm às nações, seria precisa [sic] uma inteligência superior que visse todas as paixões dos homens e que não experimentasse nenhuma; que não tivesse qualquer relação com a nossa natureza e que a conhecesse a fundo; cuja felicidade fosse independente de nós e que, todavia, quisesse ocupar-se da nossa; enfim, que visando no progresso dos tempos uma glória distante, pudesse trabalhar num século e gozar num outro. Seriam necessários deuses para dar leis aos homens." Apud Paul Ricœur, op. cit., p. 65.

[95] Devemos este argumento a Gisele Cittadino.

[96] Will Kymlicka, "Liberalism", in *The Oxford Companion to Philosophy*, Ted Honderich (Org.), Oxford, Oxford University Press, 1995, p. 483. Kymlicka, no referido verbete, observa que na Europa o termo liberal é mais utilizado para designar os defensores do livre mercado, ao passo que, nos Estados Unidos, é usado para nomear os que defendem o estado de bem-estar social. Tal divergência revela que o termo liberalismo pode

Entre os maiores expoentes do liberalismo no campo filosófico[97], Will Kymlicka inclui John Locke, Immanuel Kant, Benjamin Constant, Wilhelm von Humboldt, John Stuart Mill, Thomas Hill Green, Leonard Trelawney Hobhouse, Isaiah Berlin, Herbert Hart, John Rawls e Ronald Dworkin, situados os quatro últimos no período posterior à segunda grande guerra. De acordo com Kymlicka, há duas maneiras muito comuns de explicar a origem do liberalismo que, tendo emergido como um importante movimento na Europa do século XVI, é hoje a ideologia dominante em muitas partes do mundo, particularmente após o declínio da ideologia comunista. Primeiramente, pode-se argumentar que o liberalismo floresceu a partir do reconhecimento de que a tolerância seria a única alternativa para o problema das guerras religiosas. Sendo assim, a separação entre a Igreja e o Estado configuraria a única base duradoura para um regime político, não devendo o Estado impor convicções religiosas. Posteriormente, continua Will Kymlicka, o liberalismo vai estender esse princípio, da esfera da religião para outros campos da vida social nos quais os indivíduos também divergem a respeito do significado da vida boa. Dentro dessa lógica, finaliza o autor, o liberalismo é a única

---

significar diferentes coisas para diferentes pessoas, sendo muitas vezes utilizado, até mesmo, de modo pejorativo. Nesse sentido, Thomas Nagel, em *The Cambridge Companion to Rawls*, nos ensina: "*The term [liberalism]is currently used in Europe by the left to castigate the right for blind faith in the value of an unfettered market economy and insufficient attention to the importance of state action in realizing the values of equality and social justice. (Sometimes this usage is market by the variants 'neoliberalism' or 'ultraliberalism.') In the United States, on the other hand, the term is used by the right to castigate the left for unrealistic attachment to the values of social and economic equality and the too ready use of government power to pursue those ends at the cost of individual freedom and initiative. Thus, American Republicans who condemn the Democrats as bleeding-heart liberals are precisely the sort of people who are condemned as heartless liberals by French Socialists.*" Para Nagel, esses dois significados pejorativos e opostos do termo se baseiam na vasta tradição do liberalismo, o qual configura um grupo de movimentos políticos (e de ideais políticos) que partilham algumas convicções e divergem acerca de outras. Ver Thomas Nagel, "Rawls and Liberalism", in *The Cambridge Companion to Rawls*, op. cit., p. 62.

[97] Cf. Will Kymlicka, "Liberalism", op. cit., p. 483. Trata-se indubitavelmente de uma enumeração exemplificativa.

resposta possível para o pluralismo e a diversidade das sociedades modernas.[98]

Em segundo lugar, ainda de acordo com a abordagem empreendida por Will Kymlicka, pode-se explicar a ascensão do liberalismo argumentando, como fazem alguns críticos, que este surgiu para justificar ideologicamente o capitalismo, sendo a imagem da autonomia individual mera glorificação da busca do autointeresse no âmbito do mercado. Para Kymlicka, provavelmente há um pouco de verdade em ambas as interpretações. Se o liberalismo está historicamente associado ao capitalismo, é preciso dizer, no entanto, que muitos liberais, hoje em dia, reconhecem que a justiça exige uma regulamentação do mercado, de modo que se possa assegurar a igualdade de oportunidades ou, até mesmo, a igualdade de riquezas. Will Kymlicka nos lembra que aqueles autores, a exemplo de Friedrich Hayek e Robert Nozick, que continuam a defender a ideia de livre mercado, são atualmente chamados de liberais clássicos ou libertários, enquanto os defensores do Estado de bem-estar social, tais como John Rawls e Ronald Dworkin, são designados como *welfare liberals* ou liberais igualitários.[99]

Na mesma linha de argumentação, Philip Pettit e Chandran Kukathas dividem os liberais em clássicos e modernos. Para os liberais clássicos do século XVIII e início do século XIX, o único papel do Estado consistia em proteger certos direitos dos cidadãos, como o direito de propriedade privada e o direito de liberdade pessoal. Em contrapartida, os liberais modernos, que surgem no final do século XIX, entendem que a pobreza, a falta de habitação, a doença-saúde, as carências educacionais, entre outras questões, devem fazer parte do rol de preocupações do Estado, mesmo que em prejuízo dos direitos de liberdade e de propriedade. Ratificando o entendimento de Brian Barry, Philip Pettit e Chandran Kukathas afirmam que "Rawls é claramente um liberal e um liberal de pendor mais moderno do que

---

[98] Cf. Will Kymlicka, "Liberalism", op. cit., p. 483.
[99] Cf. Will Kymlicka, "Liberalism", op. cit., p. 483.

clássico".[100] Não é por outra razão que a teoria rawlsiana tem sido alvo de uma crítica radicada no liberalismo clássico (a crítica de Nozick, exposta em *Anarquia, Estado e Utopia*, é o exemplo óbvio), ressaltando-se que os liberais clássicos atualmente são designados como libertários.[101]

Ronald Dworkin, no já citado diálogo com Bryan Magee, caracteriza o liberalismo como *"la teoría que independiza el contenido de la justicia de cualquier teoría particular acerca de la virtud o de la excelencia humana"*.[102] Para os liberais, portanto, a justiça independe de qualquer noção particular acerca da vida digna; deste modo, mesmo pessoas que defendem teorias muito diferentes a respeito do significado da excelência humana podem concordar no que concerne às exigências da justiça. A questão referente a como devem os seres humanos viver requer, no entendimento dos liberais, uma resposta individual, não podendo ser decidida socialmente.[103] Ao explicitar a ideia liberal básica de que a justiça deve ser independente de qualquer concepção a respeito da excelência humana ou da vida boa, Ronald Dworkin observa que Nozick, Rawls e ele próprio estão, de certa forma, trabalhando no mesmo – na medida em que sustentam que o governo não deve impor aos cidadãos uma concepção da vida boa, ou seja, na medida em que buscam definir e defender as consequências do liberalismo –, embora a partir de teorias muito diferentes.[104] Sendo assim, e agora é Bryan Magee quem observa, estamos diante de três diferentes defesas do liberalismo ou de três diferentes conceitos de

---

[100] Chandran Kukathas e Philip Pettit, *Rawls: "Uma Teoria da Justiça" e os seus Críticos*, op. cit., p. 92.
[101] Cf. Chandran Kukathas e Philip Pettit, *Rawls: "Uma Teoria da Justiça" e os seus Críticos*, op. cit., p. 92-3.
[102] Ronald Dworkin, "Filosofía y Política. Diálogo con Ronald Dworkin", op. cit., p. 270.
[103] Cf. Ronald Dworkin, "Filosofía y Política. Diálogo con Ronald Dworkin", op. cit., p. 264-5.
[104] Cf. Ronald Dworkin, "Filosofía y Política. Diálogo con Ronald Dworkin", op. cit., p. 270 e 275.

liberalismo.[105] Confessando que tem uma simpatia maior por Rawls do que por Nozick, Ronald Dworkin assinala que os desacordos entre os três estão basicamente relacionados aos conflitos que podem surgir no interior do binômio liberdade-igualdade. De acordo com sua interpretação:

> *Nozick toma una posición extrema; salta los límites por un lado. Dice que la libertad lo es todo, y que la igualdad no es nada, excepto cuando resulte como derivado accidental de los intercambios libres, lo cual es muy improbable. Por otra parte, cuando Rawls presenta sus dos principios de justicia, parece, cuando menos superficialmente, que estuviese intentando establecer un compromiso entre los dos ideales. Él selecciona ciertas libertades básicas; las libertades políticas familiares, y dice que éstas vienen en primer lugar. Las libertades básicas pueden entrar en conflicto con las exigencias de la igualdad, representada por el segundo principio, y cuando esto sucede, las libertades básicas tienen prioridad. Pero, claro está, las libertades básicas son sólo parte de lo que la mayoría de la gente entiende por 'libertad', de tal manera que cualquier conflicto entre las exigencias igualitarias del segundo principio, y alguna libertad no enumerada entre las libertades básicas, como la libertad económica, se resolvería en favor de la igualdad.*[106]

Se Robert Nozick, coerente com seu libertarianismo, concede total primazia à liberdade em detrimento da igualdade e John Rawls busca certo compromisso entre os referidos ideais, Ronald Dworkin, por sua vez, vê na igualdade o cerne do liberalismo, negando que exista um conflito entre as noções de direitos individuais e de igualdade. É o próprio Dworkin quem sintetiza seu entendimento a propósito do binômio liberdade-igualdade, cotejando-o com as posições de Nozick e de Rawls:

> *Yo, por mi parte, estoy ansioso por rebatir el supuesto de que cualquiera de las libertades básicas convencionales que denominamos derechos se encuentra, en cualquier nivel fundamental, en conflicto con la igualdad. Desde mi posición, los derechos*

---

[105] Cf. Bryan Magee, "Filosofía y Política. Diálogo con Ronald Dworkin", op. cit., p. 275.

[106] Ronald Dworkin, "Filosofía y Política. Diálogo con Ronald Dworkin", op. cit., p. 270. Os princípios rawlsianos, assim como as regras de prioridade que os norteiam, serão examinados no próximo capítulo.

> *individuales tienen mayor sentido si los consideramos necesarios para cualquier teoría defendible de lo que requiere la igualdad. Deseo cambiar los términos del debate ortodoxo preguntando, acerca de cualquier pretensión de un individuo al derecho a la libertad, no "¿A cuánta igualdad debemos renunciar para respetar adecuadamente su derecho?", sino más bien: "¿Es necesario este derecho para proteger la igualdad?" Deseo defender al liberalismo de la acusación de que protege a los individuos a costa del bienestar de quienes se encuentran en el estrato más bajo de la sociedad. Nozick se declara culpable de esa acusación, pero defiende esa culpa como una virtud. Rawls argumenta, tanto en favor de la libertad, en la forma de ciertas libertades básicas, como en favor del bienestar del grupo en peores condiciones; pero su teoría parece separarlos conceptualmente, y sólo los relaciona con la dudosa tesis de que la gente en la posición original desearía a ambos, en ese orden. Yo he intentado argumentar que la igualdad económica, y los derechos individuales familiares, surgen de la misma concepción de igualdad como independencia, de tal manera que la igualdad es el motor del liberalismo, y toda defensa del liberalismo es, también, una defensa de la igualdad.*[107]

Thomas Nagel afirma que John Rawls – que tem defendido um modelo de liberalismo muito particular e fortemente igualitário, além de ter desenvolvido os fundamentos filosóficos desta doutrina com uma profundidade sem precedentes – ocupa um lugar especial no seio da tradição liberal. Para Nagel, Rawls associa os princípios de igualdade social e econômica, vinculados ao socialismo europeu, aos princípios de tolerância e liberdade individual, vinculados ao liberalismo norte-americano, levando a um resultado que está mais próximo em espírito da social democracia europeia do que das principais correntes de posição liberal nos Estados Unidos da atualidade.[108]

Ao examinar os princípios rawlsianos e sua ordem lexical, Thomas Nagel observa que a prioridade dos direitos e liberdades individuais sobre a redução das desigualdades econômicas e sociais, a qual tem atraído a crítica da esquerda radical, constitui a verdadeira essência do liberalismo. Ocorre, porém, que a discussão acerca do que incluir

---

[107] Ronald Dworkin, "Filosofía y Política. Diálogo con Ronald Dworkin", op. cit., p. 270.
[108] Cf. Thomas Nagel, "Rawls and Liberalism", in *The Cambridge Companion to Rawls*, op. cit., p. 62 e 63.

no rol dos direitos e liberdades individuais acarreta uma importante divisão entre os liberais. Alguns autores, continua Nagel, entendem que os direitos essenciais (liberdade de expressão, liberdade de associação, liberdade de religião, direito ao voto, devido processo legal, etc.) estão relacionados com a prevenção da opressão política e com a proteção do processo democrático. Outros, em contrapartida, atribuem um relevante peso moral aos direitos de propriedade, enquadrando-se, consequentemente, naquele subgrupo de liberais designados como libertários. A posição de John Rawls, em meio a esse debate, é no sentido de que os direitos de propriedade não fazem parte dos direitos e liberdades básicos que estariam protegidos por seu primeiro princípio de justiça.[109] Sintetizando a importância da obra de Rawls para o liberalismo, Thomas Nagel leciona:

> *There are many forms of liberalism, and there will continue to be. And while the liberal tradition is now in the ascendant politically and economically advanced countries and making considerable inroads elsewhere, it continues to be the object of attack not only from apologists for tyranny and fanaticism but from many others who cannot accept its severe restraints on the legitimate use of government power – its insistence that the end, however worthy, does not justify the means. Rawls's advocacy of a specific liberal position and his deep exploration of its foundations in ethical and political theory constitute an enduring contribution to this tradition.*[110]

A publicação de *A Theory of Justice*, conforme o entendimento de Philip Pettit e Chandran Kukathas[111], assinala um recomeço para a teoria política, na medida em que reconcilia o estudo do desejável com o estudo do exequível. Essas duas faces da teoria política tradicional haviam sido separadas na primeira metade do século XX, em função da progressiva setorização de disciplinas como a economia, a

---

[109] Ver Thomas Nagel, "Rawls and Liberalism", in *The Cambridge Companion to Rawls*, op. cit., p. 66-7. A posição específica de Rawls a respeito do leque de direitos e liberdades básicos será examinada no próximo capítulo.
[110] Thomas Nagel, "Rawls and Liberalism", in *The Cambridge Companion to Rawls*, op. cit., p. 84.
[111] Para um aprofundamento desta análise, ver Chandran Kukathas e Philip Pettit, *Rawls:"Uma Teoria da Justiça" e os seus Críticos*, op. cit., p. 13 a 24.

ciência política e a filosofia. As duas primeiras, marcadas pelo ideal da neutralidade axiológica, restringem seu domínio ao terreno dos fatos, não se envolvendo com as questões de desejabilidade, vinculadas ao plano valorativo. Em contrapartida, a filosofia, com seu caráter analítico ou *a priori*, parecia não ter nada a dizer acerca das questões de exequibilidade, pelo fato de estas exigirem uma investigação empírica. Para Pettit e Kukathas, "esta divisão das disciplinas significava não haver nenhuma classe de profissionais que pudesse, por si só, reivindicar prosseguir simultaneamente os estudos sobre 'o que é exequível' e sobre 'o que é desejável' necessários à teoria política".[112]

A primeira metade do século XX, portanto, representou uma fase de debilitação para a teoria política. É nesse contexto que Isaiah Berlin afirmaria, em 1962, que no referido século não havia surgido nenhuma obra importante de teoria política. De acordo com Pettit e Kukathas[113], o último grande teórico político, até aquele momento, havia sido provavelmente Henry Sidgwick (1832-1900), responsável pelo desenvolvimento, nas palavras de Ross Harrison[114], da mais sofisticada e complexa teoria utilitarista do século XIX.

Embora as primeiras manifestações de ressurgimento da teoria política tenham ocorrido ainda em meados do século XX, é preciso reconhecer que a publicação de *A Theory of Justice* desempenharia um papel absolutamente fundamental no desenvolvimento deste processo de retomada da teoria política tradicional, na medida em que a mencionada obra não apenas trata de questões básicas de desejabi-

---

[112] Chandran Kukathas e Philip Pettit, *Rawls:"Uma Teoria da Justiça" e os seus Críticos*, op. cit., p. 15. Para estes autores: "A exploração da exequibilidade e da 'desejabilidade' caracteriza inevitavelmente todas as tentativas para inquirir, de forma sistemática, as tarefas que qualquer grupo ou entidade social deve empreender. Este ensinamento estende-se à tentativa de suscitar a mesma questão a propósito do Estado e da governação em geral. Portanto, não surpreende a descoberta de que a teoria política tem vindo, por tradição, a preocupar-se com o estudo simultâneo da exequibilidade das opções de governação exequíveis e com os fins que se pretendem alcançar".

[113] Cf. Chandran Kukathas e Philip Pettit, *Rawls: "Uma Teoria da Justiça" e os seus Críticos*, op. cit., p. 17. Para a afirmação de Isaiah Berlin, ver p. 13.

[114] Cf. Ross Harrison, "Sidgwick, Henry", in *The Oxford Companion to Philosophy*, op. cit., p. 826.

lidade (por exemplo, aquilo que é desejável em termos de organização política e social), mas também leva em conta aspectos relativos ao problema da exequibilidade (principalmente ao abordar a estabilidade das estruturas sociopolíticas adequadas aos dois princípios de justiça).[115] Tendo em mente as três partes que compõem o grande tratado de Rawls, Pettit e Kukathas nos lembram que:

> O primeiro terço do livro justifica e apresenta os dois princípios; o segundo debate a sua concretização institucional; o último, de quase duzentas páginas, é consagrado à questão de saber se esses princípios constituem "uma concepção exequível" e, em particular, se funcionariam como concepção pública de justiça na regulação estável da sociedade.[116]

Em síntese, *A Theory of Justice* marca o regresso ao estudo combinado do politicamente desejável com o institucionalmente exequível, religando assim as duas faces que configuram a teoria política tradicional.[117]

A justiça como imparcialidade (*justice as fairness*), além de representar um novo ponto de partida para a teoria política, está intimamente relacionada ao processo de retomada da razão prática[118] ou, dito de outra maneira, ao que se pode denominar um retorno à ética

---

[115] Cf. Chandran Kukathas e Philip Pettit, *Rawls: "Uma Teoria da Justiça" e os seus Críticos*, op. cit., p. 18 a 22.

[116] Chandran Kukathas e Philip Pettit, *Rawls: "Uma Teoria da Justiça" e os seus Críticos*, op. cit., p. 22.

[117] Cf. Chandran Kukathas e Philip Pettit, *Rawls: "Uma Teoria da Justiça" e os seus Críticos*, op. cit., p. 23 e 24.

[118] De acordo com Simon Blackburn, a razão prática (em sua acepção mais geral) "corresponde a qualquer raciocínio em que se procure atingir uma conclusão sobre o que fazer." Simon Blackburn, *Dicionário Oxford de Filosofia*, tradução de Desidério Murcho et al., Rio de Janeiro, Jorge Zahar Editor, 1997, p. 334. Para Onora O'Neill: "Practical reason is reasoning which is used to guide action, and is contrasted with theoretical reason, which is used to guide thinking". Onora O'Neill, "Practical Reason and Ethics", in *Concise Routledge Encyclopedia of Philosophy*, London, Routledge, 2000, p. 703. Por fim, no entendimento de Hilton Japiassú e Danilo Marcondes, razão prática é "a razão tal qual aplicada no campo da ação humana, permitindo que o homem tome suas decisões ao agir baseado em princípios. Para Kant, é a razão prática que responde à pergunta 'que devo fazer?', estabelecendo os princípios morais que regem a

substancial, conforme expressão utilizada por Monique Canto-Sperber. Contudo, antes de enfrentarmos tal questão, é necessário que se façam algumas observações preliminares acerca da ética e suas divisões.

Em seu *Vocabulário Técnico e Crítico da Filosofia*, André Lalande define a ética como sendo a ciência "que tem por objeto o juízo de apreciação, enquanto este se aplica à distinção entre o bem e o mal".[119] William Frankena vê a ética ou filosofia moral como sendo o pensamento filosófico que versa sobre a moralidade, os problemas morais e os juízos morais. No que diz respeito à sua origem, Frankena leciona:

> A Filosofia Moral surge quando, como Sócrates, ultrapassamos o estágio em que nos deixamos dirigir por normas tradicionais e ultrapassamos também o estágio em que essas regras se entranham em nós tão profundamente a ponto de dizermos que nos sentimos dirigidos do íntimo, ingressando no período em que pensamos por nós mesmos em termos gerais e críticos (como os gregos estavam começando a proceder na época de Sócrates) e alcançamos uma espécie de autonomia na condição de agentes morais.[120]

Podem-se distinguir três tipos de investigação ou pensamento que se relacionam com a moralidade, ou seja, três planos do discurso ético: ética analítica ou metaética, ética normativa e ética descritiva ou sociológica.[121]

A ética analítica ou metaética discute o caráter dos juízos de valor e o significado dos termos éticos. O objeto da ética analítica é o problema concernente à possibilidade de justificar racionalmente os

---

ação humana." Hilton Japiassú e Danilo Marcondes, *Dicionário Básico de Filosofia*, Rio de Janeiro, Jorge Zahar, 1990, p. 210.

[119] André Lalande, *Vocabulário Técnico e Crítico da Filosofia*, tradução de Fátima Sá Correia et al., São Paulo, Martins Fontes, 1993, p. 348.

[120] William Frankena, *Ética*, 2ª ed., tradução de Leonidas Hegenberg e Octanny Silveira da Mota, Rio de Janeiro, Jorge Zahar, 1975, p. 16.

[121] Em nossa abordagem acerca dos planos do discurso ético nos baseamos em William Frankena, *Ética*, op. cit., p. 16 a 18 e Carlos Santiago Nino, *Introducción al Análisis del Derecho*, op. cit., p. 353 e seguintes.

juízos de valor. Nesse nível teórico, de acordo com Carlos Santiago Nino, se analisa

> [...] *el tipo de significado que caracteriza a los términos éticos – como bueno, justo, correcto y sus opuestos – y el significado de los juicios de valor – como " la pena de muerte es injusta" –, ya que la posibilidad de justificar racionalmente los juicios valorativos depende de qué clase de juicio son ellos y qué significado tienen las expresiones que se usan típicamente para formularlos.*[122]

Trata-se de saber, portanto, se existem procedimentos racionais para justificar a validade dos juízos de valor. Não se confundindo com investigações e teorias empíricas ou históricas, e nem envolvendo a elaboração ou a defesa de juízos normativos ou de valor, a metaética busca responder a questões como: Qual é o significado das expressões moralmente certo ou bom? Como se podem formular ou justificar juízos morais? Qual a natureza da moralidade? Qual o significado de livre, de responsável?[123]

A ética normativa, por sua vez, tem por objetivo formular e justificar juízos morais, determinando que ações ou instituições são boas ou justas. Nesse campo, no qual se indaga o que é certo, bom ou obrigatório, podemos nos defrontar com juízos normativos de afirmação, tais como "o conhecimento é um bem" e "é sempre mau prejudicar outrem", e devemos estar preparados para fundamentar estes juízos. Esse tipo de pensamento normativo, segundo Frankena, poderá "também assumir a forma de um debate íntimo ou de um debate com terceiro, acerca do que seja bom ou correto num caso particular ou como princípio geral, daí retirando um juízo normativo, à guisa de conclusão".[124]

Finalmente, a ética descritiva ou sociológica tem por meta descrever os juízos de valor formulados em certa sociedade e em determinada época, revelando que coisas os indivíduos desse grupo social

---

[122] Carlos Santiago Nino, *Introducción al Análisis del Derecho*, op. cit., p. 354.
[123] Vide William Frankena, *Ética*, op. cit., p. 17.
[124] William Frankena, *Ética*, op. cit., p. 17.

consideram justas ou boas.[125] Sendo assim, nas palavras de Frankena, existe "um tipo de investigação empírica e descritiva, histórica ou científica, tal como a levada a cabo por antropólogos, historiadores, psicólogos e sociólogos. Neste caso, o objetivo é descrever ou explicar os fenômenos morais ou elaborar uma teoria da natureza humana que diga respeito a questões éticas".[126]

---

[125] Ver Carlos Santiago Nino, *Introducción al Análisis del Derecho*, op. cit., p. 354.

[126] William Frankena, *Ética*, op. cit., p. 16. Estamos diante do que Frankena denomina pensamento descritivo ou empírico abrangido pela ética. É preciso esclarecer que a divisão da ética que adotamos (ética analítica ou metaética, ética normativa e ética descritiva ou sociológica), seguindo Santiago Nino e Frankena, é apenas uma entre várias divisões possíveis. Consequentemente, estudando outros autores, podemos nos deparar com perspectivas um pouco diferentes. A fim de corroborar nossa afirmação, convém citar alguns exemplos. Esperanza Guisán, em sua *Introducción a la Ética*, divide a referida disciplina em quatro ramos: ciência da moral, ética normativa, ética crítica ou metaética e ética aplicada ou ética prática. A ciência da moral (que se subdivide em sociologia da moral, psicologia da moral, história da moral, etc.), a rigor, constituiria uma etapa preliminar à iniciação do estudo da ética, embora Charles Stevenson (em *Facts and Values*) a inclua no bojo da própria ética, com a designação um tanto equívoca de ética descritiva. Trata-se, segundo Esperanza Guisán, do *"estudio y reconocimiento del mundo de los valores y normas en todas las esferas de la actividad humana"*. Para a professora catedrática da Universidade de Santiago de Compostela, a ciência da moral, em suma, se ocupa da moralidade positiva, isto é, da moralidade de fato vigente em uma comunidade ou grupo. Ao que nos parece, existe coincidência entre os campos de estudo que Esperanza Guisán, Carlos Santiago Nino e William Frankena denominam, respectivamente, ciência da moral, ética descritiva ou sociológica, e pensamento descritivo ou empírico (investigação empírica e descritiva). Por sua vez, a ética aplicada ou prática constitui, ainda de acordo com Esperanza Guisán, o ramo mais vasto da ética e visa estabelecer normas concretas que regem aquilo que a autora denomina nossa vida ética. De acordo com a enumeração de Esperanza Guisán, a ética aplicada abrange, em meio a muitos outros, os seguintes temas: a bioética; o pacifismo; a ética do meio ambiente; a ética dos negócios; a ética dos assuntos públicos; as relações entre países ricos e países pobres; o paternalismo; a desobediência civil; e a violência. Ver Esperanza Guisán, *Introducción a la Ética*, Madrid, Cátedra, 1995, p. 22-5 e 46-7. Prosseguindo com os exemplos, podemos verificar que a ética, segundo o entendimento de Maria de Lourdes Borges, Darlei Dall'Agnol e Delamar Volpato Dutra, se divide em três campos de estudo: metaética, ética normativa e ética aplicada, cabendo dizer que esta última "diz respeito à aplicação de princípios extraídos da ética normativa para a resolução de problemas éticos cotidianos, isto é, procura resolver problemas

# 1. EMPIRISMO E RACIONALISMO: METODOLOGIAS EM CONFRONTO

Como dizíamos antes dessa digressão, a justiça como imparcialidade rawlsiana está vinculada ao processo de retomada da razão prática, ao retorno da ética normativa, com suas questões de moralidade substancial (nesse sentido, Monique Canto-Sperber fala em retorno à ética substancial), após várias décadas de predomínio do discurso metaético, com sua ênfase nos problemas relacionados à linguagem moral. Especificamente no que diz respeito às décadas de 1940 e 1950, conforme observação de James Griffin[127], a metaética desempenhava um papel de destaque no âmbito da filosofia moral analítica[128],

---

práticos de acordo com princípios da ética normativa". Cf. Maria de Lourdes Borges, Darlei Dall'Agnol e Delamar Volpato Dutra, *Ética*, Rio de Janeiro, DP&A, 2002, p. 7 e 8. Harry J. Gensler, em sua *Ethics. A Contemporary Introduction*, afirma que a ética ou filosofia moral se divide em dois ramos principais: a metaética (que estuda a natureza e a metodologia dos julgamentos morais) e a ética normativa (que estuda os princípios acerca de como nós devemos viver). Esta última, por sua vez, apresenta dois níveis, denominados teoria normativa e ética normativa aplicada. Para Gensler *"normative theory looks for very general moral principles, like 'we ought always to do whatever maximizes the total pleasure for everyone'. Applied normative ethics studies moral questions about specific areas, like abortion or lying. Both levels formulate and defend moral principles"*. Cf. Harry J. Gensler, *Ethics. A Contemporary Introduction*, London, Routledge, 1998, p. 4 e 5. Por fim, gostaríamos de citar James Griffin, White's Professor em filosofia moral na Universidade de Oxford. Griffin, em artigo inserido no *Dicionário de Ética e Filosofia Moral*, trabalha com a dicotomia metaética – ética normativa, considerando a ética aplicada, que muito tem se desenvolvido nos últimos anos, um dos ramos da ética normativa. É preciso acrescentar, no entanto, que, de acordo com este autor, a ética normativa e a metaética acabarão se confundindo, de forma que a distinção entre ambas perderá sua importância prática. Cf. James Griffin, "Metaética", tradução de Ana Maria Ribeiro-Althoff, in *Dicionário de Ética e Filosofia Moral*, v. 2, Monique Canto-Sperber (Org.), São Leopoldo, Unisinos, 2003, p. 174.

[127] Ver James Griffin, "Metaética", in *Dicionário de Ética e Filosofia Moral*, v. 2, op. cit., p. 170.

[128] Em decorrência da menção feita por James Griffin a respeito da filosofia moral analítica, é razoável que se façam algumas observações acerca da filosofia analítica, uma vez que aquela está inserida no âmbito desta última, ou seja, a filosofia moral analítica é uma espécie do gênero análise ou filosofia analítica. Para essa relação, ver Javier Sádaba, "Ética Analítica", in *Historia de la Ética*, v. 3, Victoria Camps (Org.), Barcelona, Crítica, 1989, p. 163. De acordo com José Ferrater Mora, a filosofia analítica surge na Inglaterra com George Moore e Bertrand Russell. Nos trabalhos que vão desde Ernst Mach (1838-1916) e Heinrich Rudolf Hertz (1857-1894) até o Círculo de Viena e o posi-

ao mesmo tempo que a ética normativa era praticamente ignorada. Na década de 1960, no entanto, já é possível visualizar uma mudança efetiva nesse cenário. Para Monique Canto-Sperber:

tivismo lógico – prossegue Ferrater Mora –, encontramos outra fonte histórica desta corrente. Para Ferrater Mora, deu-se o nome de filosofia analítica (ou análise) a "vários modos de fazer filosofia que constituem, vistos em perspectiva histórica, um amplo movimento, tendência, inclinação ou corrente, que inclui autores de diversas procedências – mas, sobretudo, de línguas alemã, polonesa e inglesa – e que passou por várias fases desde suas origens, no começo do século atual [século XX]". Ver José Ferrater Mora, *Dicionário de Filosofia*, tradução de Roberto Leal Ferreira e Álvaro Cabral, São Paulo, Martins Fontes, 1994, p. 296-7. De acordo com Hilton Japiassú e Danilo Marcondes, a filosofia analítica, em linhas gerais, se caracteriza "pela concepção de que a lógica e a teoria do significado ocupam um papel central na filosofia, sendo que a tarefa básica da filosofia é a análise lógica das sentenças, através da qual se obtém a solução dos problemas filosóficos. Há, no entanto, profundas divergências sobre as diferentes formas de se conceber esta análise". Hilton Japiassú e Danilo Marcondes, *Dicionário Básico de Filosofia*, op. cit., p. 100. Em trabalho monográfico dedicado à filosofia analítica (*Cambio de marcha en filosofía*, no original em espanhol), José Ferrater Mora leciona: "Uma grande parte da filosofia do século XX foi e continua a ser 'analítica' não apenas no sentido de que os seus praticantes se consagram à análise de conceitos e problemas filosóficos – já que isto mesmo fazem pensadores de muitas outras tendências, incluindo algumas bastante 'especulativas' – mas num sentido mais cuidadoso e radical: no de considerar que a filosofia é, primeiro que tudo, quando não exclusivamente, análise, isto é, elucidação e clarificação. Os filósofos analíticos podem, e com frequência devem, adoptar posições filosóficas e produzir argumentos em favor das mesmas, mas isto não é considerado nem como o princípio nem como o fim da análise, mas como uma das suas etapas; em rigor, importa menos a posição filosófica adoptada que o exame das proposições segundo as quais se expressa a mesma. Em todo o caso, adoptem-se ou não posições filosóficas, há sempre que se aclarar minuciosamente o que se disse e o que se 'quer dizer' quando se propõem problemas reputados filosóficos. Os cultivadores da filosofia analítica confiaram que podiam ir acabando com muitas das chagas que afligiam as filosofias 'tradicionais' e em geral toda a filosofia não analítica: com ambiguidades, confusões, faltas de sentido, obscuridades e afirmações exageradas ou gratuitas. Com a filosofia analítica [...] podem-se trazer à colação alguns dos problemas filosóficos 'clássicos', mas então acontece uma destas duas coisas: ou se formulam convenientemente – e espera-se que com a maior propriedade ou beleza – ou se descobre que não eram realmente problemas, de modo que o melhor é eliminá-los por completo." José Ferrater Mora, *A Filosofia Analítica. Mudança de Sentido em Filosofia*, tradução de Fernando Leorne, Porto, Rés, 1982, p. 9.

## 1. EMPIRISMO E RACIONALISMO: METODOLOGIAS EM CONFRONTO

*A partir de 1960, les orientations majeures de la philosophie morale se modifièrent peu à peu. On cessa de se consacrer exclusivement à l'analyse des prédicats moraux pour revenir à l'élaboration de conceptions morales dotées d'un contenu réel. Ce mouvement avait été préparé par la critique du philosophe américain W.V. O. Quine (exprimée en 1951 dans l'article célèbre « Two Dogmas of Empiricism ») qui, en contestant la distinction établie entre différentes formes d'énoncés synthétiques (selon que la vérité peut en être ou non prouvée par l'expérience) et l'opposition affirmée entre les énoncés synthétiques et les vérités analytiques, ruinait l'idée – essentielle au projet de la métaéthique – d'une séparation radicale entre les faits et les valeurs. L'entreprise consistant à tenter de justifier les énoncés normatifs, qui son des jugements synthétiques non vérifiables empiriquement, comme on justifie les vérités empiriques et les énoncés analytiques ne paraissait plus aussi radicalement privée de sens.*[129]

---

[129] Monique Canto-Sperber, La Philosophie Morale Britannique, Paris, PUF, 1994, p. 64. Willard van Orman Quine, no ensaio intitulado "Dois Dogmas do Empirismo", rejeita a distinção kantiana entre verdades analíticas e verdades sintéticas, considerando-a um dogma do empirismo moderno. Para o filósofo norte-americano: "O empirismo moderno foi em grande parte condicionado por dois dogmas. Um deles é a crença em certa divisão fundamental entre verdades analíticas, ou fundadas em significados independentemente de questões de fato, e verdades sintéticas, ou fundadas em fatos. O outro dogma é o reducionismo: a crença de que todo enunciado significativo é equivalente a algum construto lógico sobre termos que se referem à experiência imediata. Ambos os dogmas [...] são mal fundamentados. Um dos efeitos do seu abandono é [...] o esfumar-se da suposta fronteira entre a metafísica especulativa e a ciência natural. Outra consequência é a reorientação rumo ao pragmatismo". Willard van Orman Quine, "Dois Dogmas do Empirismo", tradução de Marcelo Guimarães da Silva Lima, in De Um Ponto de Vista Lógico, São Paulo, Abril Cultural (Coleção Os Pensadores LII), 1975, p. 237. No que concerne à distinção kantiana entre juízos analíticos e juízos sintéticos, Howard Caygill nos lembra que os juízos analíticos são meramente explicativos, nada acrescentando ao conteúdo do conhecimento. Os juízos sintéticos são extensivos e ampliam o conhecimento dado. O que caracteriza os juízos analíticos, prossegue Howard Caygill, é o fato de seus predicados pertencerem ao sujeito, ou seja, os sujeitos de juízos analíticos contêm seus predicados, embora de forma implícita ou confusa. Consequentemente, ao se formular um juízo analítico, o predicado nada acrescenta ao conceito do sujeito. Nos juízos sintéticos, inversamente, o predicado acrescenta algo ao sujeito. Em suma, finaliza Howard Caygill, os juízos analíticos são explicativos, visto que nada acrescentam ao sujeito por intermédio do predicado. Contrariamente, os juízos sintéticos são ampliativos, porque acrescentam ao sujeito um predicado que nele não estava pensado e que dele não poderia ser extraído através de qualquer análise. Cf. Howard Caygill, *Dicionário Kant*, tradução de Álvaro Cabral,

No que concerne ao objeto da moralidade, Monique Canto-Sperber observa que o retorno à ética substancial (ou o retorno à ética normativa, como preferimos) tem como consequências a recusa em admitir que os julgamentos morais se caracterizam sobretudo por determinada forma lógica ou linguística, e a afirmação de que os referidos julgamentos são verdadeiramente dotados de um conteúdo substancial específico. No final da década de 1960, continua Monique Canto-Sperber, a filosofia da linguagem vai vivenciar, pelo menos no campo da filosofia moral, uma fase de relativo desprestígio. Sendo assim, a ideia de

> [...] limiter la morale à l'expression des attitudes et de la caractériser comme une façon spécifique de se servir du langage a paru de plus en plus difficile à justifier. Même si l'on ne renonçait pas pour autant à une forme de spécificité du discours moral, celle-ci semblait devoir être définie par une certaine universalité, par un rapport essentiel aux désirs, besoins ou intérêts humains, voire par les raisons qui permettent de guider l'action humaine, plutôt que par les règles d'emploi des prédicats moraux.[130]

Por que o predomínio da metaética? Antes de abordar especificamente o papel desempenhado por John Rawls no processo de reabilitação da filosofia prática e fundamentação racional da ética, consideramos importante aprofundar alguns aspectos relacionados ao predomínio, no âmbito da filosofia moral de meados do século XX, do discurso metaético, em detrimento das questões vinculadas à ética normativa. É isso, portanto, o que agora passamos a fazer.

Adela Cortina afirma que a ética, há algumas décadas, começou a experimentar uma vocação para a não transcendência, deixando em segundo plano questões com as quais sempre se preocupara, e passando a se dedicar a "assuntos que não interessavam a ninguém".[131] Segundo a autora, existem pelo menos três razões que explicam por

---

Rio de Janeiro, Jorge Zahar, 2000, p. 208 e 210. Para uma diferenciação no âmbito da doutrina kantiana entre juízo sintético *a posteriori* e juízo sintético *a priori*, a fim de responder como são possíveis os juízos sintéticos *a priori*, ver p. 210 e 211.

[130] Monique Canto-Sperber, *La Philosophie Morale Britannique*, op. cit., p. 65.

[131] Adela Cortina. *O Fazer Ético: Guia para a Educação Moral*, tradução de Cristina Antunes, São Paulo, Moderna, 2003, p. 39.

que os éticos abandonaram o barco das questões relevantes, atirando-se ao mar do não transcendente: o intuito de esclarecer a linguagem, a busca obsessiva pela neutralidade, e o receio de prescrever. Estamos diante, em outras palavras, de razões que levaram a ética a abandonar qualquer tentativa de ética normativa, restringindo-se à investigação metaética, ou seja, ao campo da filosofia da análise da linguagem moral.

No que se refere à primeira das razões, Adela Cortina observa que "os éticos se deram conta de que a maioria das discussões e divergências no âmbito moral origina-se simplesmente da falta de entendimento na linguagem".[132] Consequentemente, acrescenta a autora, muitos éticos concluíram que, em vez de fazer ética normativa, criando normas, melhor seria analisar a linguagem moral, a fim de esclarecer nossas discordâncias.

A obsessão pela neutralidade foi a segunda razão determinante para que se limitasse o fazer ético à esfera da ética analítica ou metaética. Era necessário satisfazer o desejo de objetividade tão característico da teoria do conhecimento da segunda metade do século XIX e primeira metade do século XX. Adela Cortina nos lembra que já "em 1919, em sua célebre conferência 'Ciência como vocação', Max Weber havia afirmado que o cientista autêntico é aquele que se atém aos fatos, prescindindo das valorações, porque aquele que introduz valorações ao se dedicar a um saber está introduzindo suas crenças subjetivas, e não se atendo aos fatos".[133] O princípio de neutralidade das ciências se transformou em tamanha obsessão, prossegue Adela Cortina, que os éticos pretenderam aplicá-lo ao seu campo de estudo. Dentro dessa lógica, se a ética almejava um *status* de cientificidade, deveria se constituir em um saber neutro. Ora, para alcançar esse desiderato, o procedimento mais eficiente, sem dúvida, consistia em

---

[132] Adela Cortina, *O Fazer Ético: Guia para a Educação Moral*, op. cit., p. 39.
[133] Adela Cortina, *O Fazer Ético: Guia para a Educação Moral*, op. cit., p. 40. Para um aprofundamento da posição weberiana, pode-se consultar Max Weber, *Ciência e Política: Duas Vocações*, 10ª ed., tradução de Leonidas Hegenberg e Octany Silveira da Mota, São Paulo, Cultrix, 2000.

limitá-la ao exame da linguagem moral, afastando-a de qualquer pretensão valorativa.[134]

No que concerne ao aspecto da obsessão pela neutralidade e sua repercussão no domínio da ética, cabe evocar, como faz Adela Cortina, um famoso ensaio de Karl-Otto Apel, "O a priori da comunidade de comunicação e os fundamentos da ética", acerca do problema de uma fundamentação racional da ética na era da ciência. Apel entende que todos aqueles que refletem a respeito da relação entre a ciência e a ética no âmbito da sociedade industrial moderna e global se veem diante de um paradoxo: se, por um lado, a necessidade de uma ética universal jamais foi tão urgente, por outro, nunca pareceu tão difícil a tarefa filosófica de fundamentar racionalmente esta ética universal.[135] Para Apel, em um contexto cientificista e relativista,

> [...] parece ser de todo conseqüente que a filosofia profissional, que se entende a si mesma como científica, tenha desistido da incumbência da ética no sentido da fundamentação imediata de normas éticas ou de um princípio último para normas éticas. Nesse contexto, a ética tradicional, ou filosofia prática, transformou-se na "metaética" analítica, que, em termos gerais, entende a si mesma como descrição tecnocientífica e isenta de valores do uso da linguagem ou das regras lógicas do assim chamado "discurso moral" (*"moral discourse"*). Toda filosofia que tenta superar a "tese da neutralidade" da metaética analítica em favor de uma fundamentação de normas morais, parece derivar normas a partir de fatos, colidindo, assim, com o princípio da distinção estrita entre o que *é* e o que *deve ser*, estabelecido por Hume. Com isso, toda ética parece estar logicamente ultrapassada. Seus fundamentos, tal como os do "direito natural", são desmascarados pela filosofia "científica" como dogmáticos ou ideológicos, e seu anseio de validação é respectivamente estigmatizado como ilusão lamentável ou como repressão e perigo autoritário que ameaça a liberdade humana.[136]

---

[134] Cf. Adela Cortina, *O Fazer Ético: Guia para a Educação Moral*, op. cit., p. 41.

[135] Cf. Karl-Otto Apel, *Transformação da Filosofia*, v. II, tradução de Paulo Astor Soethe, São Paulo, Loyola, 2000, p. 407.

[136] Karl-Otto Apel, op. cit., p. 411. O paradoxo apontado por Apel, esperamos que tenha ficado claro, reside no fato de que, no contexto descrito, uma ética universal parece, a um só tempo, necessária e impossível. A mencionada questão do *ser* e *dever ser*, presente em David Hume, será por nós enfrentada na conclusão deste livro.

Na enumeração de Adela Cortina, o receio de prescrever (a autora refere-se também ao receio de se converter em "grilo falante", ao qual denomina o complexo de "grilo falante") constituiu o terceiro motivo para que a ética se visse restringida ao terreno da denominada metaética. Ocorreu algo como se os éticos – uma vez que a ética de alguma forma serve para orientar nossas ações –, de repente, passassem a se questionar quem eram eles, afinal de contas, para determinar às pessoas aquilo que elas devem fazer. De acordo com essa lógica, acrescenta Adela Cortina, os moralistas

> [...] de diversas religiões orientam as pessoas, mas não a partir de um saber que detenham por méritos próprios, e sim a partir de um saber herdado de sua igreja ou grupo religioso. Os éticos, porém, refletem por conta própria, e só merecem o crédito que sua própria reflexão possa inspirar. Quem lhes deu a credencial para nos informar sobre o que devemos fazer para ser justos e felizes?[137]

Examinadas algumas das razões em virtude das quais a filosofia analítica substituiu a ética normativa (ou ética tradicional, no dizer de Jacqueline Russ[138]) por uma metaética analítica, cabe lembrar que a distinção entre metaética e ética normativa remonta, provavelmente, a um período de transição que se estende de George Moore aos emotivistas, estando nitidamente marcada nas obras de Alfred Jules Ayer e Charles Stevenson.[139]

Embora George Edward Moore tenha iniciado a filosofia moral analítica[140] com a publicação de *Principia Ethica* em 1903, ele não

---

[137] Adela Cortina, *O Fazer Ético: Guia para a Educação Moral*, op. cit., p. 41.
[138] Ver Jacqueline Russ, *O Pensamento Ético Contemporâneo*, 2ª ed., tradução de Constança Marcondes César, São Paulo, Paulus, 1999, p. 82.
[139] Cf. James Griffin, "Metaética", in *Dicionário de Ética e Filosofia Moral*, v.2, op. cit., p. 170. Griffin acrescenta que "ainda que a distinção seja claramente marcada, o termo metaética, formado, sem nenhuma dúvida, segundo o modelo da utilização que Carnap fazia de metalinguagem, só apareceu um pouco mais tarde (a citação mais antiga, no *Oxford English Dictionary*, é o artigo de Ayer, publicado em 1949, "On the analysis of moral judgments", retomado em *Philosophical Essays*, 1954, X)".
[140] Cf. Javier Sádaba, "Ética Analítica", in *Historia de La Ética*, v. 3, Victoria Camps (Org.), Barcelona, Crítica, 1989, p. 163.

se limitou ao exame das questões relacionadas à linguagem moral. Neste sentido, Esperanza Guisán observa que Moore (para quem a filosofia moral responde a dois tipos de perguntas fundamentais, quais sejam: "que classe de coisas devem existir por si mesmas?" e "que classe de ações devemos realizar?") fez sua proposta relativa ao significado da vida boa no capítulo final de *Principia Ethica*.[141] James Griffin, da mesma forma, assinala que Moore passou do trabalho analítico da metaética para o trabalho sintético da ética normativa: se a primeira questão da filosofia moral consistia em saber o significado do termo "bem", em um segundo momento os filósofos poderiam se dedicar ao problema que consiste em saber quais são as coisas consideradas boas. Para Moore, consequentemente, "a metaética não esgotava a tarefa da filosofia moral".[142]

Se em George Moore é possível visualizar uma distinção entre as preliminares conceituais (objeto da metaética) e os julgamentos éticos substanciais realizados posteriormente (objeto da ética norma-

---

[141] Cf. Esperanza Guisán, *Introducción a la Ética*, op. cit., p. 253. Esperanza Guisán defende o ponto de vista segundo o qual "*las preocupaciones propias de la ética normativa, especialmente la búsqueda de principios y normas, no estuvieron nunca ausentes de ninguna de las corrientes metaéticas contemporáneas*". No que concerne às questões centrais da filosofia moral, ver p. 199 e 200.

[142] James Griffin, "Metaética", in *Dicionário de Ética e Filosofia Moral*, v.2, op. cit., p. 170. Na lição de Griffin, a resposta de George Moore à questão relativa ao significado do termo bem era que "*bem* se aplica a uma propriedade simples, não natural. Seus argumentos a favor dessa conclusão eram indiretos: se *bem* poderia ser definido de maneira apropriada (isto é, se a definição fosse analisável), nós poderíamos afirmar alguma coisa do tipo: *bem* significa X mais Y mais Z; mas então dizer que tudo o que é X mais Y mais Z é *bem* seria uma tautologia, o que não é o caso. Entretanto, o importante não é o argumento de Moore, mas a interpretação que ele dá do seu resultado. E este resultado é que *bem* não pode ser identificado a qualquer conjunto que seja de outras propriedades naturais, pois *bem* é não natural. E ele não pode ser considerado idêntico a qualquer série que seja de propriedades não naturais, pois *bem* é simples. É uma propriedade de um domínio não natural que pode ser apreendida graças a uma forma de intuição. De maneira que também na ética normativa os filósofos têm um papel a desempenhar. Existem valores a apreender; a intuição não é uma forma fácil de apreensão; os filósofos podem ter a esperança de se tornarem hábeis praticantes desta difícil forma de conhecimento."

tiva), é preciso reconhecer que para alguns autores a distinção entre metaética e ética normativa estabelecia os próprios limites da filosofia. Para esses, conclui Griffin, a "filosofia moral é a metaética; todo o resto é esta atividade bem diferente: moralizar".[143]

A ética analítica diversifica-se, basicamente, em três correntes principais: o intuicionismo ético, o emotivismo ético e o prescritivismo ético.[144] É no âmbito do emotivismo, no qual estão inseridos

---

[143] James Griffin, "Metaética", in *Dicionário de Ética e Filosofia Moral*, v.2, op. cit., p. 171. A nosso ver, cabe ressaltar que se por um lado é verdade, como postula Esperanza Guisán (ver nota 141), que as preocupações inerentes à ética normativa nunca estiveram ausentes de qualquer uma das correntes metaéticas contemporâneas, por outro lado nos parece inquestionável que alguns autores, analisados individualmente, efetivamente não se preocuparam com questões de ética normativa. Nesse sentido, podemos citar William Frankena: "Muitos filósofos morais de tempos recentes limitam a Ética, ou Filosofia Moral, ao pensamento da terceira espécie [Frankena refere-se ao tipo de pensamento analítico, crítico, ou metaético], dela excluindo todas as questões referentes à Psicologia e à ciência empírica, bem como todas as questões normativas acerca do que é bom ou certo". William Frankena, *Ética*, op. cit., p. 17.

[144] Ver José Ferrater Mora, *Dicionário de Filosofia*, op. cit., p. 299. Ver também Javier Sádaba, "Ética Analítica", in *Historia de la Ética*, v. 3, op. cit., p. 163 e segs. Levando-se em conta que o intuicionismo, o emotivismo e o prescritivismo enquadram-se no rol das teorias acerca do significado dos conceitos e juízos morais, isto é, teorias que têm sido propostas com o objetivo de explicar o significado dos termos éticos e o caráter lógico dos juízos de valor, é oportuno mencionar o valioso esforço empreendido por Carlos Santiago Nino a fim de sistematizar estas teorias. Para Santiago Nino, as teorias relativas ao significado dos conceitos e juízos morais (teorias metaéticas) dividem-se, primeiramente, em teorias descritivistas (ou cognitivistas) e teorias não descritivistas (ou não cognitivistas). As teorias cognitivistas dividem-se em teorias empíricas ou naturalistas e teorias não empiristas ou não naturalistas (o intuicionismo de George Moore, Harold Arthur Prichard, David Ross, etc. insere-se na esfera das teorias cognitivistas não naturalistas). Por sua vez, as teorias não cognitivistas ou não descritivistas abrangem o emotivismo ético, de Alfred Jules Ayer e Charles Stevenson, e o prescritivismo ético, de Richard Mervyn Hare. Sob a rubrica "outras posições" (portanto, fora tanto do setor das teorias cognitivistas ou descritivistas quanto das teorias não cognitivistas ou não descritivistas), Santiago Nino examina algumas concepções metaéticas desenvolvidas mais recentemente, que não seriam satisfatoriamente classificadas nas categorias anteriormente examinadas. São elas a teoria do ponto de vista moral, exposta por Kurt Baier e William Frankena, e a teoria do objeto da moralidade, de Geoffrey J. Warnock. O esforço empreendido por Carlos Santiago Nino para sistema-

Alfred Jules Ayer e Charles Stevenson, que se percebe de modo mais evidente a tendência no sentido de reduzir a filosofia moral ao domínio da metaética.

Emotivismo, nas palavras de Alasdair MacIntyre, é "a doutrina segundo a qual todos os juízos normativos e, mais especificamente, todos os juízos morais não passam de expressões de preferência, expressões emocionais ou afetivas, na medida [em] que são de caráter moral e normativo".[145] Ao formular um juízo moral não apenas expressamos nosso estado emocional ou afetivo, como também objetivamos produzir o mesmo resultado em outras pessoas.[146] A teoria emotivista, por parecer identificar a linguagem moral com exclamações de agrado ou desagrado, é chamada pejorativamente de teoria do *"boo-hurrah"*. Na lição de Harry Gensler, *"emotivism says that moral judgments express positive or negative feelings. 'X is good' is equivalent to the exclamation 'Hurrah for X' – and hence can't be true or false. So there can't be moral truths or moral knowledge"*.[147] Cabe lembrar que uma das objeções levantadas contra a teoria emotivista consiste exatamente em dizer que ela destrói a moralidade uma vez que, sendo o discurso moral basicamente emotivo, não haveria maneira de decidir racionalmente entre juízos morais antagônicos.[148]

---

tizar as teorias metaéticas pode ser conferido e aprofundado em *Introducción al Análisis del Derecho*, op. cit., p. 355 a 382. Para uma diferenciação bastante concisa entre o não cognitivismo (ou agnosticismo) e o cognitivismo éticos, pode-se consultar Otfried Höffe, *Petit Dictionnaire d'Éthique*, tradução de Lukas K. Sosoe, Paris, CERF, 1993, p. 211.

[145] Alasdair MacIntyre, *Depois da Virtude*, tradução de Jussara Simões, Bauru, EDUSC, 2001, p. 30.

[146] Cf. Alasdair MacIntyre, *Depois da Virtude*, op. cit., p. 31.

[147] Harry Gensler, *Ethics*, op. cit., p. 59.

[148] Ver Carlos Santiago Nino, *Introducción al Análisis del Derecho*, op. cit., p. 365. Para um exame mais detalhado da teoria emotivista pode-se consultar Javier Sádaba, "Ética Analítica", in *Historia de la Ética*, v. 3, op. cit., p. 175 a 192; W.D. Hudson, *A Century of Moral Philosophy*, London, Lutterworth Press, 1980, p. 105 a 124; Geoffrey J. Warnock, *Contemporary Moral Philosophy*, London, Macmillan, 1969, p. 18 a 29; Mary Warnock, *Ethics Since 1900*, London, Oxford University Press, 1960, p. 79 a 118; Richard B. Brandt, *Teoría Ética*, tradução de Esperanza Guisán, Madrid, Alianza, 1982, p. 244 a 262; e Esperanza Guisán, *Introducción a la Ética*, op. cit., p. 214 a 228.

Conforme assinala Bryan Magee[149], Alfred Jules Ayer foi quem introduziu o positivismo lógico (que, em síntese, é a filosofia elaborada no Círculo de Viena[150]) na Inglaterra, com a publicação de *Language, Truth and Logic*[151], em janeiro de 1936. Esse livro, segundo seu

---

[149] Cf. Bryan Magee, "El Positivismo Lógico y su Legado. Diálogo con A. J. Ayer", in Bryan Magee, *Los Hombres Detrás de las Ideas*, op. cit., p. 123 e 125.

[150] Acerca do surgimento do Círculo de Viena e de seus principais nomes, Alfred Jules Ayer nos informa o seguinte: *"El Círculo de Viena surgió a principios de la década de 1920 a 1930, cuando Moritz Schlick, en torno del cual se agrupó, llegó de Kiel para ocupar la cátedra de filosofía en la Universidad de Viena. En el aspecto filosófico sus principales miembros – además del mismo Schlick – fueron Rudolf Carnap, Otto Neurath, Herbert Feigl, Friedrich Waismann, Edgar Zilsel y Victor Kraft; en el aspecto científico y matemático, Philipp Frank, Karl Menger, Kurt Gödel y Hans Hahn; al principio, constituía más bien un centro de reunión que un movimiento organizado. Al advertir que se tenía un común interés por un determinado conjunto de problemas y una actitud común hacia ellos, sus miembros se reunieron con regularidad para discutirlos. Estas reuniones se continuaron durante toda la existencia del Círculo, pero complementándose con otras actividades tales, que transformaron el centro de reunión en algo más parecido a un partido político; dicho proceso comenzó en 1929 con la publicación de un manifiesto titulado 'Wissenschaftliche Weltauffassung, Der Wiener Kreis' (El punto de vista científico del Círculo de Viena), que hacía una exposición breve de la postura filosófica del grupo y una reseña de los problemas de la filosofía tanto de las matemáticas como de las ciencias físicas y sociales que les interesaba principalmente resolver [...]"*. Alfred Jules Ayer, "Introducción del Compilador", in *El Positivismo Lógico*, Alfred Jules Ayer (Org.), tradução de L. Aldama, U. Frisch, C. N. Molina, F. M. Torner e R. Ruiz Harrel, Madrid, Fondo de Cultura Económica (Sucursal para España), 1993, p. 9. Ainda de acordo com Ayer, o Círculo de Viena organizaria no ano de 1929, em Praga, o seu primeiro congresso internacional. Entre os anos de 1930 e 1940, novos congressos seriam realizados em Königsberg, Copenhague, Praga, Paris e Cambridge. Com essas reuniões, o Círculo de Viena objetivava converter o positivismo lógico em um movimento internacional. Paradoxalmente, entre os referidos anos de 1930 e 1940, quando o movimento do positivismo lógico ganharia mais força, o Círculo de Viena entraria em processo de dissolução. Ver Alfred Jules Ayer, "Introducción del Compilador", in *El Positivismo Lógico*, op. cit., p. 11 e 12.

[151] Por sugestão de Gilbert Ryle, de quem foi discípulo, Alfred Jules Ayer seguiu para Viena, em novembro de 1932, lá permanecendo até a primavera de 1933, com o objetivo de se inteirar a respeito daquilo que o Círculo de Viena vinha realizando. Ao regressar para a Inglaterra, Ayer – que havia presenciado os debates entre Moritz Schlick e Otto Neurath acerca do problema dos enunciados de observação – escreveu um artigo denominado "Demonstration of the Impossibility of Metaphysics", que constituía uma aplicação do princípio de verificação. Logo depois, Isaiah Berlin lhe sugeriu que escrevesse um livro, o que foi feito em um período de dezoito meses. Assim nascia *Language, Truth*

autor, contribuiu para difundir a posição clássica do Círculo de Viena, caracterizada pela repulsa à metafísica, pelo respeito ao método científico, e ainda pela suposição de que os problemas filosóficos autênticos podem ser resolvidos por intermédio da análise lógica.[152]

Na interpretação de Ayer, os positivistas lógicos – para os quais os velhos problemas filosóficos carecem de sentido quando não são passíveis de solução mediante o emprego de técnicas puramente lógicas – defendem três postulados principais. Em primeiro lugar, tudo gira ao redor do denominado princípio da verificabilidade, de modo que as coisas que não podem ser empiricamente verificadas não têm significado. Em decorrência do referido princípio, toda a metafísica é excluída. Em segundo lugar, continua Ayer, os positivistas lógicos entendem que as proposições da lógica e da matemática são tautologias, o que significa dizer que o predicado revela apenas aquilo que já está contido no sujeito, explicitando um conteúdo já conhecido, como na frase "todos os solteiros são homens não casados". Por fim, conclui Alfred Jules Ayer, os positivistas lógicos sustentam que a filosofia deve consistir em uma atividade de elucidação, isto é, de análise e esclarecimento da linguagem.[153]

De acordo com o princípio da verificação, observa Bryan Magee, todos os enunciados significativos se inserem em duas categorias: a relativa aos enunciados empíricos e a relativa aos enunciados lógi-

---

*and Logic*, obra que Ayer escreveu aos vinte e quatro anos e publicou aos vinte e cinco anos de idade. Cf. Alfred Jules Ayer, "El Positivismo Lógico y su Legado. Diálogo con A. J. Ayer", in *Los Hombres Detrás de las Ideas*, op. cit., p. 135 e 136.

[152] Cf. Alfred Jules Ayer, "Introducción del Compilador", in *El Positivismo Lógico*, op. cit., p. 14.

[153] Ver Alfred Jules Ayer, "El Positivismo Lógico y su Legado. Diálogo con A. J. Ayer", in *Los Hombres Detrás de las Ideas*, op. cit., p. 128 e 129. No que concerne ao princípio da verificabilidade ou princípio da verificação, Simon Blackburn esclarece tratar-se de "princípio central do positivismo lógico, que afirma que o significado de uma afirmação é o seu método de verificação. Frases que aparentemente exprimem proposições, mas que não admitem qualquer verificação (como as da metafísica e da teologia) são por isso destituídas de significado, ou pelo menos não conseguem apresentar teses com significado cognitivo, suscetíveis de verdade e falsidade". Simon Blackburn, *Dicionário Oxford de Filosofia*, op. cit., p. 314.

cos ou matemáticos. Os primeiros são enunciados acerca do mundo e devem ser verificáveis, podendo ser verdadeiros ou falsos. Os enunciados lógicos ou matemáticos, por sua vez, são autorreferenciais, de modo que os verdadeiros constituem tautologias, e os falsos são autocontradições. Sendo assim, os enunciados que não pertencem a nenhuma das referidas categorias carecem de significado. Com base no princípio da verificação, acrescenta Bryan Magee, os positivistas lógicos renegaram diversas áreas do discurso tradicional, não apenas em religião e política, como também em filosofia.[154]

A acusação dos positivistas lógicos contra a metafísica – entendida esta, usando as palavras de Ayer[155], como qualquer sugestão de que poderia existir um mundo além daquele ordinário da ciência e do sentido comum, isto é, daquele que nos é revelado por intermédio de nossos sentidos – decorre do fato de que ela viola "*las reglas que un*

---

[154] Cf. Bryan Magee, "El Positivismo Lógico y su Legado. Diálogo con A. J. Ayer", in *Los Hombres Detrás de las Ideas*, op. cit., p. 130 e 131. Alfred Jules Ayer destaca, contudo, que o fato de os juízos morais não constituírem enunciados empíricos não foi algo óbvio para todos os positivistas lógicos, como a princípio pensaríamos. Não podemos esquecer, explicita Ayer, que existe uma grande tradição ética responsável pela conversão dos enunciados éticos em enunciados naturalistas, ou seja, aqueles são tratados como enunciados a respeito do que conduz à satisfação dos desejos humanos, à promoção da felicidade, etc. Essa foi, por exemplo, a posição adotada por Moritz Schlick em seu livro *Fragen der Ethik* (Questões de Ética), no qual "*presenta la doctrina de que la ética es acerca de lo que anhelan los seres humanos y de cómo han de satisfacerse sus deseos; en términos generales, una forma de utilitarismo*". Outros positivistas lógicos, prossegue Ayer, como Carnap e ele próprio, adotaram posição diferente, entendendo que os enunciados éticos se assemelhavam a mandados, não sendo, consequentemente, nem verdadeiros nem falsos (se para Ayer os enunciados éticos são a expressão de sentimentos, para Carnap são semelhantes a imperativos). Em síntese, finaliza Ayer, para os positivistas lógicos a ética se apresentou de duas formas: "*o bien de manera naturalista, como algo que se refiere a lo que conduce a la felicidad humana, lo cual, entonces, es un asunto de tratamiento científico, un asunto de psicología, sociología y demás, o se la trata, no como absurdo metafísico, aunque tampoco como enunciación de hechos, sino como emotiva o imperativa*". Alfred Jules Ayer, "El Positivismo Lógico y su Legado. Diálogo con A. J. Ayer", in *Los Hombres Detrás de las Ideas*, p. 131. Convém dizer que não estamos convencidos de que Ayer não tenha efetivamente tratado a ética como absurdo metafísico, conforme acima citado.

[155] Cf. Alfred Jules Ayer, "El Positivismo Lógico y su Legado. Diálogo con A. J. Ayer", in *Los Hombres Detrás de las Ideas*, op. cit., p. 125.

*enunciado debe satisfacer si ha de ser literalmente significativo*".[156] Daí sua originalidade, uma vez que os ataques à metafísica não são incomuns ao longo da história da filosofia, como comprova a leitura do trecho com o qual David Hume finaliza sua *Investigação sobre o Entendimento Humano*:

> A moral e a crítica não são tão adequadamente objectos do entendimento como do gosto e do sentimento. A beleza, moral ou natural, é mais sentida do que percebida. Ou, se pensarmos a seu respeito e tentarmos fixar o seu padrão, tomamos em consideração um novo facto, isto é, os gostos gerais da humanidade ou algum facto que pode constituir o objecto do raciocínio e da inquirição.
> Ao passarmos os olhos pelas bibliotecas, persuadidos destes princípios, que devastação devemos fazer? Se pegarmos num volume de teologia ou de metafísica escolástica, por exemplo, perguntemos: Contém ele algum raciocínio acerca da quantidade ou do número? Não. Contém ele algum raciocínio experimental relativo à questão de facto ou à existência? Não. Lançai-o às chamas, porque só pode conter sofisma e ilusão.[157]

Monique Canto-Sperber chama a atenção para o fato de que Alfred Jules Ayer (na introdução que escreveu, na qualidade de compilador, para o volume intitulado *Logical Positivism*) cita essa passagem de Hume com aprovação.[158] O próprio Ayer (no prefácio à primeira edição de *Language, Truth and Logic*) reconhece que suas posições procedem das doutrinas de Bertrand Russell e Ludwig Wittgenstein, as quais, por sua vez, constituem o resultado lógico do empirismo de Berkeley e de David Hume.[159] Sendo assim, conforme

---

[156] Alfred Jules Ayer, "Introducción del Compilador", in *El Positivismo Lógico*, op. cit., p. 16.

[157] David Hume, *Investigação sobre o Entendimento Humano*, tradução de Artur Morão, Lisboa, Edições 70, 1998, p. 156.

[158] Cf. Monique Canto-Sperber, *La Philosophie Morale Britannique*, op. cit., p. 51 (nota 3). Ver também Alfred Jules Ayer, "Introducción del Compilador", in *El Positivismo Lógico*, op. cit., p. 15 e 16.

[159] Cf. Alfred Jules Ayer, *Language, Truth and Logic*, New York, Dover, 1952, p. 31.

assevera Javier Sádaba[160], Hume deve ser considerado um antecedente remoto do emotivismo.

A afirmação de Alfred Jules Ayer[161], seguindo o ideário neopositivista, de que as proposições significativas ou são analíticas (*a priori*) ou são empíricas, é uma reprodução fiel, na expressão de Monique Canto-Sperber[162], do pensamento de David Hume, ou seja, da mesma forma que Hume, os positivistas lógicos, entre os quais Ayer, dividem as proposições significativas em formais, como as da lógica e da matemática, e fáticas, que requerem comprovação empírica.[163] Os enunciados éticos, uma vez que não se enquadram em nenhum dos dois campos de proposições autênticas ou significativas, não apresentam significado cognitivo, constituindo pseudojuízos ou, melhor dizendo, pseudoproposições.[164]

No capítulo seis de *Language, Truth and Logic*, no qual faz uma crítica da ética, da estética e da teologia, Alfred Jules Ayer afirma que o sistema ordinário da ética – na forma como elaborado nas obras dos filósofos moralistas – não configura um conjunto homogêneo, porque, além de eventualmente conter fragmentos de metafísica e análi-

---

[160] Cf. Javier Sádaba, "Ética Analítica", in *Historia de la Ética*, v. 3, op. cit., p. 176.
[161] Cf. Alfred Jules Ayer, *Language, Truth and Logic*, op. cit., p. 87. Ver também Javier Sádaba, "Ética Analítica", in *Historia de la Ética*, v. 3, op. cit., p. 178.
[162] Cf. Monique Canto-Sperber, *La Philosophie Morale Britannique*, op. cit., p. 51 (nota 3).
[163] Cf. Alfred Jules Ayer, "Introducción del Compilador", in *El Positivismo Lógico*, op. cit., p. 16.
[164] Cf. Javier Sádaba, "Ética Analítica", in *Historia de la Ética*, v. 3, op. cit., p. 176 e 178. De acordo com Ayer, os conceitos éticos fundamentais são meros pseudoconceitos. "*The presence of an ethical symbol in a proposition adds nothing to its factual content. Thus if I say to someone, 'You acted wrongly in stealing that money', I am not stating anything more than if I had simply said 'You stole that money'. In adding that this action is wrong I am not making any further statement about it. I am simply evincing my moral disapproval of it. It is as if I had said, 'You stole that money', in a peculiar tone of horror, or written it with the addition of some special exclamation marks. The tone, or the exclamation marks, adds nothing to the literal meaning of the sentence. It merely serves to show that the expression of it is attended by certain feelings in the speaker*". Alfred Jules Ayer, *Language, Truth and Logic*, op. cit., p. 107. Ver também Monique Canto-Sperber, *La Philosophie Morale Britannique*, op. cit., p. 52 e 53.

ses de conceitos não éticos, apresenta conteúdos éticos variados, que podem ser agrupados em quatro classes principais.[165]

Sendo assim, de acordo com Ayer, nos tratados tradicionais de ética primeiramente encontramos proposições que expressam definições de termos éticos, ou juízos a respeito da legitimidade ou possibilidade de certas definições. Essa classe, de fato, constitui filosofia moral. Em segundo lugar, encontramos no sistema ordinário da ética proposições que descrevem os fenômenos da experiência moral e suas causas. Essas proposições se inserem no campo da ciência, especificamente da psicologia ou da sociologia. Em terceiro lugar, encontramos nas obras dos filósofos éticos verdadeiras exortações à virtude moral. Para Ayer, tais exortações não são proposições, mas apenas incitações ou comandos com o objetivo de estimular o leitor a agir de determinado modo. Consequentemente, não pertencem a nenhum ramo da ciência ou da filosofia. Por fim, conclui Ayer, o sistema ordinário da ética abrange os juízos éticos que, não sendo definições nem comentários sobre definições, certamente não pertencem ao campo da filosofia moral.[166]

Para Alfred Jules Ayer, em resumo, a filosofia moral (que não é senão uma aplicação da filosofia analítica aos enunciados éticos)[167] abrange somente a primeira dentre as quatro classes acima descritas que compõem o sistema ordinário da ética, tal como elaborado na obra dos filósofos moralistas, ou seja, apenas a classe que compreende as proposições relativas às definições dos termos éticos se enquadra na filosofia moral. Em consequência, um tratado de ética verdadeiramente filosófico não deve fazer formulações éticas (*ethical*

---

[165] Cf. Alfred Jules Ayer, *Language, Truth and Logic*, op. cit., p. 103. Segundo Ayer: "*It is unfortunately the case that the distinction between these four classes, plain as it is, is commonly ignored by ethical philosophers; with the result that it is often very difficult to tell from their works what it is that they are seeking to discover or prove*".

[166] Cf. Alfred Jules Ayer, *Language, Truth and Logic*, op. cit., p. 103. Ver também Esperanza Guisán, *Introducción a la Ética*, op. cit., p. 218; e James Griffin, "Metaética", in *Dicionário de Ética e Filosofia Moral*, v. 2, op. cit., p. 170.

[167] Ver Esperanza Guisán, *Introducción a la Ética*, op. cit., p. 218.

*pronouncements*).[168] Conforme assinala Esperanza Guisán, Alfred Jules Ayer – no referido capítulo VI de *Language, Truth and Logic*, intitulado "Critique of Ethics and Theology" – defende a eliminação de toda forma de ética normativa.[169] No mesmo sentido, Javier Sádaba afirma que em Ayer encontramos uma interpretação rígida da ética como metaética. Aprofundando seu raciocínio, o autor espanhol escreve:

> *Supongamos que yo soy la persona concreta Alfred Ayer. Como tal puedo estar de acuerdo con que violar es malo. De ahí que lo condene, trate que se evite o desee que se persiga a los culpables. Se sigue también, en consecuencia, que algún principio moral he de tener del cual se infiera la maldad, para mí, de las violaciones. Pero en cuanto teórico, mi teoría es neutra en lo que atañe a cualquier principio moral. Me limito a describir el comportamiento moral de los hombres incluido mi comportamiento moral. En modo alguno se infiere de mi teoría – y en cuanto teórico – un enunciado semejante a "violar es malo" (a no ser que siguiendo a Hume usara el predicado malo en sentido traslaticio, es decir, pasando el uso que hago de lo bueno o malo en las creencias a los sentimientos). Todo el asunto está en que, al margen de las razones, circunstancias o, en último término, al margen de cómo estemos constituidos los hombres, no hay forma de establecer una conexión lógica entre cualquier hecho y la bondad o la maldad. La teoría, simplemente, se limita a constatar lo que el análisis le permite. Así, la distinción entre ética y metaética es total.*[170]

Se nos detivemos pormenorizadamente no emotivismo, do modo como desenvolvido por Alfred Jules Ayer, isto se deve ao fato de que este filósofo, com sua rígida concepção da filosofia moral como metaética, representa um perfeito e inquestionável contraponto a John Rawls, uma vez que o autor de *A Theory of Justice* defende de maneira incisiva, como veremos, um retorno à ética normativa, com o paralelo abandono da metaética.[171] Em nosso exame dos analistas da lingua-

---

[168] Cf. Alfred Jules Ayer, *Language, Truth and Logic*, op. cit., p. 103. Ver também James Griffin, "Metaética", in *Dicionário de Ética e Filosofia Moral*, v. 2, op. cit., p. 170.
[169] Cf. Esperanza Guisán, *Introducción a la Ética*, op. cit., p. 218.
[170] Javier Sádaba, "Ética Analítica", in *Historia de la Ética*, v. 3, op. cit., p. 180.
[171] Não cabe aqui discutir se a posição ideal não consistiria, afinal, em defender um progresso conjunto para a ética normativa e a metaética. Essa posição é adotada por James Griffin, para quem a ética normativa não pode ser independente da metaética, e ambas acabarão por se confundir. Após indagar se nos é possível, no estado atual da

gem moral não poderíamos, no entanto, deixar de mencionar Charles Stevenson e Richard Mervyn Hare, o que faremos de forma mais breve, tendo em mente o referido problema da redução da filosofia moral a uma "simples" metaética.

Charles Leslie Stevenson, na avaliação de Carlos Santiago Nino, foi o responsável pela formulação mais articulada da teoria emotivista.[172] No mesmo sentido, Javier Sádaba observa que Charles Stevenson costuma ser citado como o ponto culminante do emotivismo – que alcançaria, com ele, seu ápice de perfeição e sofisticação.[173] De acordo com J.O. Urmson, *Ethics and Language*, de 1944, é inquestionavelmente a obra clássica no que se refere à posição emotivista. Para Urmson, nesse livro Stevenson

> *[...] gives an elaborate statement of the emotivist theory of the significance of ethical terms, which had been hinted at by Hume and summarily stated by the logical positi-*

filosofia, fazer progressos em metaética, o próprio Griffin responde: "Existe um bom argumento que deveria nos convencer que isso é impossível. Nós sabemos tão pouco sobre a natureza e a estrutura de nossas crenças morais substanciais que nós nem mesmo sabemos se a melhor concepção moral vai se impor a nós, no final das contas, porque ela terá satisfeito a critérios epistemológicos ou, antes, como Rawls o pensa, a critérios práticos, tais como o fato de se integrar efetivamente à vontade humana ou de fornecer o consenso social tão necessário, para nós, aqui e agora (1985). Nós podemos estimar que os critérios morais são aqueles que nós concordamos em considerar como tais e não aqueles que nós descobrimos serem os tais, de maneira independente. Em conseqüência, nós não podemos ir muito longe nas questões metaéticas relativas à verdade, à objetividade, à realidade, antes de ter concebido mais claramente o estatuto que os critérios morais têm dentro do que se considera a melhor concepção normativa. Essa conclusão parece difícil de rejeitar. Mas existe um segundo argumento. Pela razão que nós acabamos de dar, nós não podemos ir muito longe na busca da melhor concepção moral possível se nós não podemos determinar claramente quais crenças são particularmente fiáveis, e é para a metaética que nós devemos nos voltar para obter respostas a essa questão. O que nós podemos concluir desses dois argumentos combinados é que a prioridade pende ora para um lado, ora para outro, ou, mais simplesmente, que não existe prioridade. A ética normativa e a metaética só podem progredir ao mesmo tempo." James Griffin, "Metaética", in *Dicionário de Ética e Filosofia Moral*, v. 2, op. cit., p. 174.

[172] Cf. Carlos Santiago Nino, *Introducción al Análisis del Derecho*, op. cit., p. 363.

[173] Cf. Javier Sádaba, "Ética Analítica", in *Historia de la Ética*, v. 3, op. cit., p. 181.

*vists, but never previously been so carefully treated. Stevenson's principal contention is that to say that something is good is to state that one approves of it and to seek to evoke the same attitude in one's hearers. He also maintains that in moral discourse we can attempt to persuade others to agree with us, but that the concept of valid argument is not applicable to such discourse.*[174]

No prefácio de *Ethics and Language* (*Ética y Lenguaje*, na versão em língua espanhola), Charles Stevenson, após ressaltar que os problemas éticos são mais antigos que Sócrates e os sofistas, e persistem ao longo da história da filosofia, afirma que os têm examinado a partir de uma perspectiva baseada no estudo da linguagem e do significado, de acordo com a linha de pensamento atual (no caso, da década de 1940). Segundo Stevenson, seu enfoque, deixando de lado a ênfase na linguagem, não difere muito daquele encontrado em Hume, de modo que o empirismo, embora frequentemente acusado de distorcer ou de desacreditar a ética, pode colocá-la em um lugar de inquestionável importância. De acordo com suas palavras:

> *Existe una notable distinción entre las conclusiones que se logran acerca de la ética normativa y las que se extraen dentro de ella. Al caracterizar a estas últimas, el empirismo que sostengo está sujeto a una limitación que, sin embargo, sirve para otorgarle mayor firmeza, porque modera sus pretensiones. He intentado mostrar – empleando siempre términos científicamente inteligibles – que la ética normativa es algo más que una ciencia, que posee sus propias dificultades y sus propias funciones características. Este punto de vista no exige creer en un tipo superior de conocimiento que exceda al que pueden lograr las ciencias. Sólo requiere aceptar que los problemas éticos suponen decisiones personales y sociales referentes a lo que va a ser aprobado, y que si bien tales decisiones dependen esencialmente del conocimiento, no constituyen en sí mismas conocimiento.*[175]

---

[174] J. O. Urmson, "Stevenson", in *The Concise Encyclopedia of Western Philosophy and Philosophers*, 2ª ed., J. O. Urmson e Jonathan Rée (Orgs.), London, Routledge, 2000, p. 305.
[175] Charles Stevenson, *Ética y Lenguaje*, tradução de Eduardo A. Rabossi, Buenos Aires, Paidós, 1971, p. 13.

Ao iniciar o primeiro capítulo de *Ethics and Language*, Charles Stevenson explicita que seu livro (cujos objetivos são, primeiramente, esclarecer o significado de termos éticos, tais como bom, correto, justo, devido, etc.; e, em segundo lugar, caracterizar os métodos gerais por meio dos quais os juízos éticos podem ser provados ou fundamentados) não abarca a ética em sua totalidade, mas apenas um setor especial desta. Na interpretação de Stevenson, a relação existente entre o seu estudo e a ética normativa (ou valorativa) é análoga àquela que se dá entre a análise conceitual e o método científico, de um lado, e as ciências, de outro. Em decorrência disso, assim como *"no suponemos que un libro referente al método científico haga las veces de un texto científico, tampoco debemos esperar encontrar aquí ninguna conclusión acerca de qué comportamiento es correcto o incorrecto"*.[176]

Defendendo a pretendida neutralidade de sua empreitada teórica, Charles Stevenson afirma que, tanto no campo da ciência quanto no da ética, o objetivo de um estudo analítico ou metodológico é sempre indireto, consistindo em assegurar que os demais encarem suas tarefas de forma clara e com hábitos de investigação úteis. Para que a análise do significado e dos métodos não se realize no vazio, é preciso que haja um exame contínuo do que as demais pessoas fazem. Contudo, prossegue Stevenson, um estudo analítico ou metodológico não exige que o analista participe daquilo que está analisando. No terreno da ética, acrescenta o professor da Universidade de Michigan, qualquer participação direta do teórico poderia ser perigosa, na medida em que, além de privá-lo de sua independência de juízo, transformaria um estudo relativamente neutro em uma defesa de determinado código moral. Concluindo seu raciocínio, Charles Stevenson afirma que as questões de tipo normativo ficarão sem resposta ao longo de todo o seu livro, embora constituam a parte mais importante da ética e ocupem grande parte da atividade profissional dos legisladores, editorialistas, novelistas, sacerdotes e filósofos morais.

---

[176] Charles Stevenson, *Ética y Lenguaje*, op. cit., p. 15.

O objetivo de *Ethics and Language*, em suma, é apenas fornecer as ferramentas com as quais os outros trabalham.[177]

Charles Stevenson classifica seu estudo como um prolegômeno (embora bastante necessário, levando-se em conta o estado atual da teoria ética) e reconhece que os problemas éticos de maior relevância se iniciam onde sua investigação termina.[178] Em Stevenson, da mesma maneira que em Ayer, a neutralidade da análise deve ser protegida contra qualquer interferência subjetiva[179]; porém, se Ayer elimina todo o tipo de ética normativa, pode-se dizer, de acordo com Esperanza Guisán, que Stevenson é mais precavido que seus correligionários ingleses e seus progenitores vienenses, uma vez que, para ele, a ética normativa não apenas não desaparece como constitui a parte mais importante da ética.[180]

James Griffin nos ensina que, em meados do século XX – época na qual a importância conferida à distinção entre metaética e ética normativa vivia seu apogeu –, predominava o entendimento segundo o qual a metaética seria neutra de um ponto de vista normativo, de forma que "todo ponto de vista metaético era compatível com não importa qual visão na ética normativa".[181] No entanto, prossegue Griffin, Richard Hare entendia que a partir de uma metaética correta seria possível produzir uma ética normativa: nesse sentido, o prescri-

---

[177] Cf. Charles Stevenson, *Ética y Lenguaje*, op. cit., p. 15.
[178] Cf. Charles Stevenson, *Ética y Lenguaje*, op. cit., p. 307. A esse respeito, Adolfo Sánchez Vázquez leciona: "Reduzindo a tarefa da ética à análise da linguagem moral, abstrai-se dela o seu aspecto ideal ou forma lingüística de seus juízos e termos morais, evitando-se as grandes questões da moral; mas estas questões não podem ser postas de lado. Por isso, o próprio Stevenson ressaltou a insuficiência da investigação analítica, vendo-se obrigado a reconhecer que os grandes problemas morais começam exatamente onde esta investigação termina." Adolfo Sánchez Vázquez, *Ética*, 21ª ed., tradução de João Dell'Anna, Rio de Janeiro, Civilização Brasileira, 2001, p. 296.
[179] Ver Javier Sádaba, "Ética Analítica", in *Historia de la Ética*, v. 3, op. cit., p. 182.
[180] Cf. Esperanza Guisán, *Introducción a la Ética*, op. cit., p. 227 e 228. Para a eliminação, por parte de Ayer, de toda espécie de ética normativa, ver p. 218.
[181] James Griffin, "Metaética", in *Dicionário de Ética e Filosofia Moral*, v.2, op. cit., p. 171.

tivismo universalista de Hare conduziria a uma certa forma de utilitarismo.[182]

O prescritivismo, a exemplo do emotivismo, se enquadra no rol das teorias éticas não descritivistas. Foi formulado e desenvolvido por R. M. Hare, principalmente em sua obra intitulada *The Language of Morals* (1952).[183] De acordo com Harry Gensler:

> Prescriptivism sees ought judgments as a type of prescription (or imperative). "You ought to do A", like "Do A", doesn't state a fact and isn't true or false. Instead, it expresses our will, or our desires. But unlike simple imperatives, ought judgments are universalizable. This means that they logically commit us to making similar evaluations about similar cases. This leads to a useful form of golden rule reasoning.[184]

No entendimento de Richard Hare, os juízos de valor são prescrições, podendo-se, a partir deles, deduzir imperativos. Consequentemente, concordar com um juízo de valor implica aceitar o imperativo

---

[182] Cf. James Griffin, "Metaética", in *Dicionário de Ética e Filosofia Moral*, v.2, op. cit., p. 171 e 172. Carlos Santiago Nino assevera que existe uma relativa independência entre as teorias de ética normativa e as teorias de metaética: "*El utilitarismo, por ejemplo, ha sido defendido por naturalistas, intuicionistas y prescriptivistas; lo mismo puede decirse de otras teorías normativas, aunque hay algunas que parecen más firmemente conectadas con ciertas concepciones meta-éticas [...]*". Carlos Santiago Nino, *Introducción al Análisis del Derecho*, op. cit., p. 382.

[183] Ver Carlos Santiago Nino, *Introducción al Análisis del Derecho*, op. cit., p. 367. Estabelecendo um cotejo entre o prescritivismo e o emotivismo, Javier Sádaba assinala: "*R. Hare marcará una nueva época más allá del emotivismo. Con éste comparte la idea de que hay que rechazar el descriptivismo como insuficiente para explicar el comportamiento moral. Pero retendrá dos objeciones al emotivismo que le harían incapaz también de dar cuenta de la conducta moral humana. En primer lugar, la supuesta confusión emotivista entre razones y causas y, en segundo lugar, el desconocimiento, a nivel lingüístico, entre los efectos y el significado de las palabras. La noción central de Hare, en consecuencia, es que el lenguaje de la moral es una especie del lenguaje prescriptivo (y en modo alguno persuasivo simplemente) y que mientras que el emotivismo hace que X cambie, lo que está en juego y hay que señalar es que la moral dice que X ha de cambiar a través de un lenguaje de prescripciones. El prescriptivismo de Hare, en fin, se sitúa entre el emotivismo – no hay algo así como hechos morales sino que los juicios morales guían la conducta – y el intuicionismo – no hay algo así como hechos morales pero sí hay razonamiento moral –*". Javier Sádaba, "Ética Analítica", in *Historia de la Ética*, v. 3, op. cit., p. 193.

[184] Harry Gensler, *Ethics*, op. cit., p. 72.

que dele se deduz. Do juízo de valor "não se deve fumar", por exemplo, retira-se o imperativo "não fume!". Os juízos de valor são ainda passíveis de universalização, o que significa dizer que o indivíduo que subscreve um juízo moral assume o compromisso de estendê-lo a todas as situações que apresentem as mesmas propriedades fáticas. Do exposto, conclui-se que os juízos de valor, em suma, são prescrições universalizáveis.[185] A esse respeito, é o próprio Hare quem afirma que os conceitos morais têm

> [...] dos propiedades que, conjuntamente, bastan para producir una lógica del argumento moral. La primera es aquella que los filósofos han llamado "universalidad". Esto, aproximadamente, quiere decir que cualquier juicio moral que yo haga acerca de un caso, tiene que hacerse también acerca de cualquier caso, precisamente similar. La segunda propiedad se llama "prescriptividad". Esto quiere decir que los juicios morales de carácter central [...] inciden en nuestras acciones. Si los creemos, si somos capaces, tenemos que actuar conforme a ellos.[186]

Para Hare, como se vê, as duas características formais dos juízos morais – universalidade e prescritividade – geram uma lógica que pode nos ajudar na argumentação moral.[187] A razão, portanto, tem uma função a desempenhar em assuntos de natureza moral, a partir do momento em que se rechaça a intuição como forma de decidir entre argumentos morais incompatíveis, bem como também não se admite, sob pena de incorrer na falácia naturalista, que os juízos morais sejam deduzidos a partir de fatos.[188] Nesse sentido, conforme assevera Ubiratan Borges de Macedo, a obra de Hare trouxe "uma

---

[185] Ver Carlos Santiago Nino, *Introducción al Análisis del Derecho*, op. cit., p. 367 e 368.
[186] Richard Hare, "Filosofía Moral. Diálogo con R. M. Hare", in *Los Hombres Detrás de las Ideas*, Bryan Magee (Org.), tradução de José Robles García, México, Fondo de Cultura Económica, 1993, p. 171.
[187] Cf. Richard Hare, "Filosofía Moral. Diálogo con R. M. Hare", in *Los Hombres Detrás de las Ideas*, op. cit., p. 171.
[188] Ver Bryan Magee, "Filosofía Moral. Diálogo con R. M. Hare", in *Los Hombres Detrás de las Ideas*, op. cit., p. 170.

dimensão de racionalidade para o discurso valorativo dentro dos supostos da filosofia analítica".[189]

Como se afirmou anteriormente, Richard Hare pretende extrair de uma metaética prescritivista uma ética normativa utilitarista.[190] Hare se declara um utilitarista na tradição de John Stuart Mill, que reconhecia a importância da lógica assim como a importância de estudar os conceitos. A exemplo dos grandes utilitaristas britânicos, Richard Hare afirma sua crença no sentido de que os argumentos morais devem ser sustentados não apenas com base em uma investigação precisa dos fatos de nossa situação moral, mas também através de um rigoroso estudo da lógica inerente a nossos argumentos, o que só poderá ser feito se tivermos clareza acerca dos conceitos e de seu funcionamento.[191]

Por paradoxal que seja, Richard Hare se considera também um kantiano, de modo que, assinala Esperanza Guisán, ele mesmo se reconhece como uma espécie de integrador do kantismo com o utilitarismo.[192] Para Hare, kantianos e utilitaristas não se encontram em polos opostos da filosofia moral. Kant, na interpretação do autor de *A Linguagem da Moral*, se opunha ao tipo de utilitarismo que pensara ter descoberto em Hume, com seu intento de, desprezando a razão pura, basear a moralidade em um estudo empírico das paixões humanas. Por outro lado, acrescenta Richard Hare, John Stuart Mill acreditava que o princípio de utilidade se harmonizava com o imperativo categórico kantiano (nesse sentido, Kant estaria falando da forma do pensamento moral, e os utilitaristas, do seu conteúdo). A síntese

---

[189] Ubiratan Borges de Macedo, "O Retorno da Filosofia Política e sua Defesa Face ao Neo-Positivismo", in *Democracia e Direitos Humanos: Ensaios de Filosofia Prática (Política e Jurídica)*, Londrina, Humanidades, 2003, p. 95.

[190] Para entender o complexo raciocínio que leva Hare a defender uma ética normativa utilitarista, pode-se consultar Richard Hare, *Freedom and Reason*, London, Oxford University Press, 1967, p. 122 e 123; Monique Canto-Sperber, *La Philosophie Morale Britannique*, op. cit., p. 58; e William Donald Hudson, "Hare", in *Dicionário de Ética e Filosofia Moral*, v.1, op. cit., p. 713.

[191] Cf. Richard Hare, "Filosofía Moral. Diálogo con R. M. Hare", in *Los Hombres Detrás de las Ideas*, op. cit., p. 161.

[192] Cf. Esperanza Guisán, *Introducción a la Ética*, op. cit., p. 283 e 284.

entre Kant e o utilitarismo, assegura Hare, é não apenas possível como necessária.[193]

Richard Hare observa ainda que apreendeu da filosofia kantiana a importância do elemento *a priori* no pensamento moral (de modo que precisamos estudar a lógica), embora discorde de Kant quando este afirma que o elemento *a priori* pode ser sintético, isto é, quando Kant defende a existência de juízos sintéticos *a priori*. Nesse ponto, fiel ao Wittgenstein do Tractatus Logico-Philosophicus, Hare considera que as verdades sintéticas *a priori*, além de inúteis, são inexistentes, de maneira que não podemos, por intermédio unicamente do raciocínio, chegar a conclusões substanciais referentes a fatos ou a juízos de valor.[194] Dos utilitaristas, por sua vez, Richard Hare apreende a ideia de que

> [...] *tenemos que expresar nuestro pensamiento moral en el mundo, tal como es. Importa que la gente en él sea como es, y que su situación sea la que es. Ningún conjunto de principios morales que pueda ser viable en la práctica puede forjarse de otra manera, sino viendo, en la vida, las consecuencias reales de seguir esos principios, hasta el fin.*[195]

Embora derive uma ética normativa utilitarista a partir de sua metaética prescritivista e postule uma integração entre o kantismo e o utilitarismo, Richard Hare, em consonância com a tradição analítica, concebe a filosofia moral, primordialmente, como uma atividade de elucidação de conceitos. Em *The Language of Morals*, o autor define a ética como o estudo lógico da linguagem da moral.[196] Em *Freedom and Reason*, cuja primeira edição remonta ao ano de 1963, Hare ratifica sua posição, afirmando que a função da filosofia moral "*is that of*

---

[193] Cf. Richard Hare, "Filosofía Moral. Diálogo con R. M. Hare", in *Los Hombres Detrás de las Ideas*, op. cit., p. 171 e 172.
[194] Cf. Richard Hare, "Filosofía Moral. Diálogo con R. M. Hare", in *Los Hombres Detrás de las Ideas*, op. cit., p. 172.
[195] Richard Hare, "Filosofía Moral. Diálogo con R. M. Hare", in *Los Hombres Detrás de las Ideas*, op. cit., p. 172.
[196] Cf. Richard Hare, *A Linguagem da Moral*, tradução de Eduardo Pereira e Ferreira, São Paulo, Martins Fontes, 1996, p. VII.

*helping us to think better about moral questions by exposing the logical structure of the language in which this thought is expressed*".[197] No já mencionado diálogo com Bryan Magee, Richard Hare observa que a filosofia moral tem por objetivo iluminar questões práticas acerca da moralidade. Assim, por exemplo, sem compreender o significado de justo, como se poderia decidir a respeito de um aumento justo de salário? Hare compara o filósofo que enfrenta diretamente as disjuntivas morais da vida real ignorando a tarefa de elucidação de conceitos ao bombeiro que sai para trabalhar precipitadamente, sem levar suas ferramentas e esquecendo tudo aquilo que conhece sobre seu labor. Dessa forma, este último não estaria mais bem equipado do que o cliente que eventualmente efetua alguns reparos.[198]

No panorama que apresentamos a respeito da ética analítica vimos, primeiramente, que George Moore não se restringiu ao exame das questões relacionadas à linguagem moral, de modo que, para o iniciador da ética analítica, a metaética não esgotava a tarefa da filosofia moral. Em segundo lugar, verificamos que para Alfred Jules Ayer, diferentemente, a filosofia moral é a metaética; logo, um tratado de ética verdadeiramente filosófico não deve fazer formulações éticas (*ethical pronouncements*). Ayer, com sua rígida interpretação da ética como metaética, defende a eliminação de toda forma de ética normativa e advoga uma posição de absoluta neutralidade diante dos princípios morais. Em terceiro lugar, constatamos que, no entendimento de Charles Stevenson, as questões de tipo normativo constituem a parte mais importante da ética, embora não encontrem qualquer resposta ao longo de seu livro *Ethics and Language*, dedicado a problemas conceituais e metodológicos. Por fim, vimos que Richard Hare concebe a filosofia moral basicamente como uma atividade de elucidação de conceitos, embora entenda que é possível derivar uma ética normativa a partir de uma metaética correta.

---

[197] Richard Hare, *Freedom and Reason*, op. cit., p. V.
[198] Cf. Richard Hare, "Filosofía Moral. Diálogo con R. M. Hare", in *Los Hombres Detrás de las Ideas*, op. cit., p. 160 a 162. A discussão entre Richard Hare e Bryan Magee ocorreu em meados da década de 1970, o que comprova que Hare manteve sua posição acerca da função da filosofia moral.

Dos quatro analistas da linguagem moral[199] examinados, pode-se dizer que em três (George Moore, Charles Stevenson e Richard Hare) há uma inquestionável primazia da metaética[200] em relação à ética normativa, sem que esta última, no entanto, seja negada. Em Alfred Jules Ayer, diferentemente, existe absoluta sinonímia entre filosofia moral e metaética; em consequência, a ética normativa é totalmente rechaçada. Por outro lado, os emotivistas Ayer e Stevenson, assim como o prescritivista Hare, se enquadram no campo do não cognitivismo ético. Ao contrário, o intuicionista Moore, com seu conhecimento intuitivo dos valores, se insere no campo do cognitivismo ético.

Em *La Philosophie Morale Britannique*, Monique Canto-Sperber nos informa que um primeiro ataque à ética analítica foi desferido por filósofos como Elizabeth Anscombe, Geoffrey Warnock e Philippa Foot, os quais não apenas se opunham ao entendimento segundo o qual a investigação filosófica em moral se limitaria à metaética, como também se recusavam a admitir o caráter absoluto da distinção entre fatos e valores. No final da década de 1950, portanto, o domínio da metaética começava a desaparecer.[201] Esperanza Guisán, por sua vez,

---

[199] Retiramos esta expressão de Esperanza Guisán, *Introducción a la Ética*, op. cit., p. 218.

[200] O predomínio da metaética no âmbito da filosofia moral analítica não a transforma em uma invenção do século XX ou em uma moda passageira. É preciso enfatizar, como faz Esperanza Guisán, o fato de que a metaética é tão antiga como a própria ética, visto que Sócrates foi o primeiro grande analista da linguagem moral, e a análise conceitual, como é sabido, constitui a tarefa por excelência da investigação metaética. Cf. Esperanza Guisán, *Introducción a la Ética*, op. cit., p. 253. Alfred Jules Ayer, por sua vez, admite que o interesse pela linguagem começa com Sócrates, que perguntava aos seus concidadãos "o que é a justiça?", "o que é o conhecimento?", etc. É verdade que Sócrates não considerava tais perguntas como exclusivamente verbais, porém, prossegue Ayer, em retrospectiva é possível considerá-las como perguntas relativas ao significado. No entendimento de Ayer, contudo, a preocupação consciente e prioritária pela linguagem é provavelmente uma característica da filosofia contemporânea, aparecendo pela primeira vez em autores como Wittgenstein e Bertrand Russell. Cf. Alfred Jules Ayer, "El Positivismo Lógico y su Legado. Diálogo con A. J. Ayer", in *Los Hombres Detrás de las Ideas*, op. cit., p. 133 e 134.

[201] Cf. Monique Canto-Sperber, *La Philosophie Morale Britannique*, op. cit., p. 59 e 63.

assinala que a excessiva concentração nos temas metaéticos, característica da primeira metade do século XX, gerou forte reação por parte dos éticos normativos. Para a professora espanhola:

> El caso más llamativo de la segunda mitad del siglo que termina [século XX] fue la obra de John Rawls A Theory of Justice, que pretendía ignorar los problemas metaéticos inherentes a toda teoría ético-política, al tiempo que se desmarcaba del utilitarismo, teoría ética tradicional dentro del ámbito angloamericano, con la pretensión de presentar una especie de neocontractualismo – inspirado a su vez en Rousseau, Locke y Kant – basado más en la forma del razonamiento que en los contenidos sustantivos, con lo cual se limitaba a las cuestiones procedimentales, soslayando la búsqueda de la buena vida, tema tradicional de la ética que ahora en su obra habría de limitarse al ámbito de lo correcto (right) y lo justo (just).[202]

Na avaliação de Esperanza Guisán, a teoria ético-política de John Rawls é (ou teria sido?, questiona-se a autora) a teoria ético-política de nossa época. Pode-se considerar também que, com Rawls, se inaugura uma modalidade de ética deontológica que, ao contrário do passado, está mais preocupada com a noção de direitos do que com a noção de deveres.[203]

De acordo com a sistematização efetuada por Esperanza Guisán, a recuperação das éticas normativas, ocorrida na segunda metade do século XX, pode ser visualizada a partir de três grandes conjuntos: as éticas dos direitos (John Rawls, Jürgen Habermas, Robert Nozick, Ronald Dworkin, etc.), as éticas do bem-estar (Richard Hare, Richard Brandt, Ferrater Mora, James Griffin, etc.), e as éticas das virtudes (Alasdair MacIntyre, Philippa Foot, Bernard Williams, etc.).[204]

---

[202] Esperanza Guisán, *Introducción a la Ética*, op. cit., p. 254.
[203] Cf. Esperanza Guisán, *Introducción a la Ética*, op. cit., p. 254.
[204] Ver Esperanza Guisán, *Introducción a la Ética*, op. cit., p. 253 e segs. Cabe lembrar que, no entendimento de Esperanza Guisán, Richard Hare desenvolveu uma importante ética normativa, ao mesmo tempo em que realizava suas investigações metaéticas. Daí sua inclusão entre os éticos do bem-estar. Para outra abordagem acerca das correntes e autores inseridos no movimento de retorno à ética normativa, pode-se consultar Monique Canto-Sperber, *La Philosophie Morale Britannique*, op. cit., p. 64 a 97.

## 1. EMPIRISMO E RACIONALISMO: METODOLOGIAS EM CONFRONTO

Ao discorrer sobre o contexto teórico de John Rawls, Jesús Martínez García observa que o autor de *A Theory of Justice* se defrontou com diversos problemas de ordem teórica não resolvidos (por exemplo, a relação entre razão e ética), que funcionavam como um grande estímulo para o pensamento. Nesse cenário, diante da ética linguística ou lógica, Rawls buscará um caminho normativo; e diante de uma ética normativa utilitarista, defenderá um novo tipo de teoria.[205] É necessário lembrar, no entanto, que a obra de John Rawls, embora com características bastante inovadoras e interessantes, se insere na tradição da filosofia analítica. No que concerne à relação de Rawls com a tradição analítica, Jesús Martínez García esclarece:

> *Es difícil hablar en general de filosofía analítica; bajo este nombre se recogen tendencias muy diversas, algunas de las cuales aún en plena vigencia y evolución. El panorama es muy heterogéneo y más que de una filosofía quizá simplemente se pueda hablar de un estilo intelectual. Sin embargo, dentro de esta diversidad, se detecta un rasgo llamativo: el progresivo abandono de un planteamiento meramente lingüístico de la filosofía y la consiguiente vuelta a los problemas reales. Rawls se sitúa en este tiempo de crisis y es uno de los principales protagonistas del cambio de dirección. Estamos en un momento postanalítico de especial vitalidad, de autocrítica. Se cuestiona el papel de la filosofía moral y, dejando la metaética, el hasta ahora predominante análisis del lenguaje moral, se intenta recuperar una dimensión normativa, de respuesta a los problemas concretos que se plantean sobre lo bueno, lo justo, etc., como la más adecuada y principal. Se abandonan los refinamientos lingüísticos, realizados con la asepsia de lo artificial para contaminarse ahora con lo vivo y concreto. Pero no se trata de recaer en la vieja metafísica; la experiencia analítica y la actitud positivista han dejado su huella. ¿Cómo volver a lo sustantivo? El problema es el de la razón, sus posibilidades y sus límites.*[206]

Miguel Ángel Rodilla assinala que o interesse despertado pela obra de John Rawls – tendo em vista seu objetivo de fundamentar princípios materiais de justiça aplicáveis à estrutura básica da sociedade, isto é, aplicáveis à constituição política e às estruturas sociais e

---

[205] Cf. Jesús Martínez García, *La Teoría de la Justicia en John Rawls*, op. cit., p. 4. A crítica de Rawls ao utilitarismo será examinada no próximo capítulo.
[206] Jesús Martínez García, *La Teoría de la Justicia en John Rawls*, op. cit., p. 2.

econômicas mais importantes – se deve ao efeito combinado de três fatores: em primeiro lugar, o vigor com o qual, ao examinar problemas morais e políticos substantivos, enfrenta o ceticismo a respeito da possibilidade de abordar racionalmente questões práticas (ceticismo este que, como vimos, dominou a cultura acadêmica ao longo de décadas); em segundo lugar, a sua contribuição para a tarefa de diminuir o déficit de legitimação que difusamente atinge as sociedades democráticas, em virtude da crise do Estado de bem-estar; e, em terceiro lugar, o êxito com o qual estabeleceu um marco teórico, ao mesmo tempo rigoroso e flexível, que possibilita a integração de discussões oriundas de áreas e perspectivas diversas, gerando uma fecunda cooperação interdisciplinar.[207] Tendo em mente os recentes intentos de reabilitação da filosofia prática (isto é, o primeiro dentre os três fatores mencionados acima, que é o que nos interessa), Rodilla observa que John Rawls – ao construir uma teoria que fornece princípios que servem de critério para a legitimação racional de sistemas sociais – volta a estreitar a ligação entre a filosofia moral e a teoria política, proporcionando novos incentivos para a primeira, que, entregue a exercícios de virtuosismo acadêmico não apenas sutis como carentes de significação prática, se encontrava um tanto ou quanto estagnada.[208]

Baseado em análise desenvolvida por Karl-Otto Apel em "O a priori da comunidade de comunicação e os fundamentos da ética", Miguel Ángel Rodilla afirma que um exame do cenário intelectual do início dos anos 50 (época na qual Rawls dá os primeiros passos que o levariam, duas décadas depois, à publicação de *A Theory of Justice*) revela, em linhas bastante gerais, que este era dominado por duas correntes, entre as quais existia uma espécie de repartição de papéis, no que diz respeito às formas de entender a tarefa da filosofia diante dos problemas práticos. Sendo assim, por um lado, no mundo anglo-saxão, há o protagonismo da filosofia analítica, isto é, da metaética,

---

[207] Cf. Miguel Ángel Rodilla, "Presentación", in John Rawls, *Justicia como Equidad. Materiales para una Teoría de la Justicia*, Madrid, Tecnos, 1986, p. X.
[208] Cf. Miguel Ángel Rodilla, "Presentación", in John Rawls, *Justicia como Equidad. Materiales para una Teoría de la Justicia*, op. cit., p. X e XI.

que buscava assegurar sua respeitabilidade como disciplina científica a partir de sua neutralidade em face das questões práticas. Por outro lado, continua Miguel Ángel Rodilla, na Europa continental há o desenvolvimento, no âmbito da filosofia existencialista, da ideia de uma ética subjetivista que, a fim de responder ao anseio de orientação prática, consagra a exigência de uma eleição radical solitária e privatizada, dependente de uma decisão existencial insusceptível de posterior argumentação racional.[209] Para Karl-Otto Apel, a filosofia analítica e o existencialismo – embora tais correntes sejam vistas como representantes da mais profunda contradição no seio da filosofia contemporânea – não somente não se contradizem em sua função ideológica, como, verdadeiramente, se complementam.[210] Aprofundando a questão da complementaridade, no que concerne ao ceticismo ético, existente entre o objetivismo axiologicamente neutro da filosofia analítica e o subjetivismo existencialista[211], Miguel Ángel Rodilla escreve:

> *Sin duda, metaética analítica y existencialismo no agotan el panorama del momento en lo que se refiere a la ética. Pero en cierto modo representaban las tendencias características. Por lo demás, alejados como en verdad estaban sus presupuestos filosóficos y sus más inmediatas fuentes de inspiración, la neutralidad de la metaética y el subjetivismo existencialista formaban parte de un mismo síndrome. Ambos se alimentaban de la descomposición de las esperanzas antaño puestas en la capacidad de la razón para configurar el mundo social y compartían la convicción de que en última instancia sobre cuestiones prácticas no caben argumentos intersubjetivamente vinculantes. El dominio de la razón en el campo de la práctica se extendería a la selección de medios y estrategias adecuados para la consecución de objetivos dados, así como al examen de la consistencia lógica y la viabilidad empírica de los sistemas de preferencias desde los que se determinan objetivos y se evalúan estados de cosas; pero en relación con los sistemas de preferencias mismos – y, por tanto, en relación también con las normas e instituciones que pudieran incorporarlos – no sería posible una argumentación racional. En este sentido, como penetrantemente ha señalado K. O. Apel, las más*

---

[209] Cf. Miguel Ángel Rodilla, "Presentación", in John Rawls, *Justicia como Equidad. Materiales para una Teoría de la Justicia*, op. cit., p. XI.
[210] Cf. Karl – Otto Apel, *Transformação da Filosofia*, v. II, op. cit., p. 417.
[211] Ver Jacqueline Russ, *Pensamento Ético Contemporâneo*, op. cit., p. 83.

*conocidas versiones de la metaética – el emotivismo de C. L. Stevenson, el imperativismo de A. J. Ayer y el prescriptivismo de R. M. Hare –, por un lado, y la ética existencialista de la situación, por otro, representando talantes espirituales bien diferentes, obedecían a la misma lógica, y en cierto modo en su reparto de papeles cumplían funciones complementarias. Ambos compartían una actitud que en la terminología al uso se conoce como «no-cognitivismo ético», que hundía sus raíces en tendencias muy profundas de la cultura científica y que, por lo demás, no estaba libre de implicaciones ideológicas. El escepticismo sobre la capacidad práctica de la razón formaba parte de un síndrome en el que el cientificismo y el decisionismo tecnocrático, acoplados a una interpretación de la democracia como mero procedimiento de decisión colectiva, cuando no como simple mecanismo para la circulación de las élites, se correspondía con la realidad sociológica de una vida pública ampliamente despolitizada.*[212]

Nas últimas décadas ocorre uma mudança naquele cenário espiritual no qual a neutralidade da metaética e o subjetivismo existencialista haviam feito parte de uma mesma síndrome, caracterizada pela falta de confiança na capacidade da razão para configurar o espaço social. Sendo assim, de acordo com as palavras de Miguel Ángel Rodilla, o fim da hegemonia do empirismo lógico; o questionamento da tese weberiana da liberdade a respeito dos valores; a conscientização acerca da responsabilidade da ciência no que concerne às consequências do desenvolvimento tecnológico; e a perda de plausibilidade da tese da neutralidade da metaética, entre outros fatores, revelam o surgimento de um novo contexto, no qual a preocupação em relação aos problemas práticos volta a ocupar lugar de destaque no panorama filosófico.[213]

---

[212] Miguel Ángel Rodilla, "Presentación", in John Rawls, *Justicia como Equidad. Materiales para una Teoría de la Justicia*, op. cit., p. XI. Cabe lembrar que nossa posição tem sido no sentido de considerar A. J. Ayer como emotivista, ao invés de imperativista. Para um aprofundamento da relação entre existencialismo e ética pode-se consultar Norberto Bobbio, *El Existencialismo*, tradução de Lore Terracini, México, Fondo de Cultura Económica, 1983, p. 49 a 56; Celia Amorós, "Sartre", in *Historia de la Ética*, v. 3, op. cit., p. 327 a 385; e Joanna Hodge, *Heidegger e a Ética*, tradução de Gonçalo Couceiro Feio, Lisboa, Instituto Piaget, s.d.

[213] Cf. Miguel Ángel Rodilla, "Presentación", in John Rawls, *Justicia como Equidad. Materiales para una Teoría de la Justicia*, op. cit., p. XII. Seria ingênuo pensar, no entanto,

A teoria da justiça como imparcialidade (ou seja, a teoria rawlsiana da justiça distributiva) é uma teoria de ética normativa[214], inserida no que tem sido denominado "recentes intentos de reabilitação da filosofia prática", de acordo com a locução utilizada por Miguel Ángel Rodilla, o qual, por sua vez, se inspira em uma obra coletiva organizada por Manfred Riedel e publicada na primeira metade da década de 1970 (*Rehabilitierung der praktischen Philosophie*, 2 v.)[215]. Se a obra de Rawls, em seu conjunto, representa uma retomada da ética normativa com o concomitante abandono da metaética, é necessário acrescentar que este objetivo é explicitado em um artigo intitulado "The Independence of Moral Theory" (publicado em 1975, a partir de uma alocução pronunciada em dezembro de 1974, por ocasião do septuagésimo primeiro *Annual Eastern Meeting of the American Philosophical Association*).[216] James Griffin assinala que, na época em que a distin-

que, dentro do novo contexto descrito, a defesa da possibilidade de uma fundamentação racional da ética tenha se convertido em ponto pacífico. A esse respeito, Miguel Ángel Rodilla pontifica: *"Sería erróneo deducir de este cambio de clima que se ha alcanzado una situación pacífica a propósito de la posibilidad de una filosofía práctica o de una fundamentación filosófica (vale decir, racional) de la ética. Más bien hay indicios que apuntan a que la quiebra de la noción cientificista de racionalidad, que durante décadas ahogó los esfuerzos por recuperar los problemas éticos como asunto de tratamiento racional, ha tenido resultados ambivalentes. En amplios sectores en lugar de abrir paso a una noción de racionalidad libre de las limitaciones positivistas y suficiente para una fundamentación de la ética, ha llevado al descrédito de la noción misma de racionalidad. 'Postmoderno', 'postracional' son en cierto sentido signaturas de moda para identificar un estado difuso de escepticismo de nuevo cuño respecto de la razón, considerada ahora como una peculiar forma de prejuicio idiosincrático de una cultura particular en cierto modo ya obsoleta. Pese a ello, lo cierto es que con la quiebra del concepto cientificista de racionalidad se ha visto emerger una fuerte tendencia a una – para decirlo con el significativo título de una obra representativa – 'rehabilitación de la filosofía práctica', que brinda una nueva ocasión para intentar una fundamentación racional de la ética."* Miguel Ángel Rodilla, "Presentación", in John Rawls, *Justicia como Equidad. Materiales para una Teoría de la Justicia*, op. cit., p. XII.
[214] Para comprovar este enquadramento pode-se consultar, por exemplo, Carlos Santiago Nino, *Introducción al Análisis del Derecho*, op. cit., p. 382 e segs.; e Jesús Martínez García, *La Teoría de la Justicia en John Rawls*, op. cit., p. 50.
[215] Ver Miguel Ángel Rodilla, "Presentación", in John Rawls, *Justicia como Equidad. Materiales para una Teoría de la Justicia*, op. cit., p. XIII.
[216] Ver John Rawls, "The Independence of Moral Theory", in *Collected Papers*, Samuel Freeman (Org.), Cambridge, Mass., Harvard University Press, 1999, p. 286; e John

ção entre metaética e ética normativa se encontrava em sua idade de ouro, predominava o entendimento segundo o qual a metaética constituía a principal tarefa, para não dizer a única, da filosofia moral, ficando a ética normativa relegada a um plano de pouca ou nenhuma importância. John Rawls procurou, por meio do artigo "The Independence of Moral Theory", refutar totalmente esse ponto de vista, recomendando aos filósofos que, deixando a metaética de lado, desenvolvessem a ética normativa.[217] Esclarecendo o porquê da recomendação de Rawls, James Griffin escreve:

> A metaética se interessa pela questão de saber se os julgamentos morais são verdadeiros e em que sentido, se eles são objetivos, se os valores formam uma ordem independente das crenças, se pode-se (sic) conhecê-los, e assim por diante. A ética normativa, pelo seu lado, é o estudo sistemático e comparativo de concepções morais gerais concorrentes – utilitarismo, kantismo, teoria das virtudes, etc. A ambição da ética normativa consiste em desenvolver cada uma dessas concepções, provavelmente mais do que elas o foram até o presente, e depois comparar suas características e, o que é também muito importante, determinar, sobre esta base, sua justeza relativa. Nós determinaremos sua justeza, segundo Rawls, ao tentar tornar nossas próprias crenças tão coerentes quanto possível. Se todos vocês procederem da mesma maneira, com as suas próprias crenças, pode ser que se faça um tipo de convergência relativamente às mesmas crenças. E se nós somos suficientemente numerosos para ir no mesmo sentido, nós seremos tentados a considerar como objetivas essas crenças em direção das quais (sic) nós convergimos. Nós poderíamos, nessas condições, estar em posição de regular certas questões relativas à verdade dos julgamentos morais, à realidade independente dos valores e igualmente às outras dificuldades metaéticas. Dessa maneira, Rawls argumenta não somente pela independência da ética normativa em relação à metaética, mas também por sua prioridade. Neste momento da história da filosofia, diz ele, nós não somos capazes de fazer progressos importantes permanecendo na metaética, mas nós já vimos

---

Rawls, "La Independencia de la Teoría Moral", in John Rawls, *Justicia como Equidad. Materiales para una Teoría de la Justicia*, op. cit., p. 128.
[217] Cf. James Griffin, "Metaética", in *Dicionário de Ética e Filosofia Moral*, v. 2, op. cit., p. 173.

de que maneira os progressos da ética normativa poderiam nos permitir, a longo prazo, fazer progredir também a metaética.[218]

Em *The Independence of Moral Theory*, John Rawls examina a independência da teoria moral em relação à epistemologia, à teoria do significado e à filosofia da mente.[219] O que nos interessa aqui ressaltar – tendo em vista o papel desempenhado pelo autor no processo de retomada da ética normativa – é a questão da independência da teoria moral em face da teoria do significado.

De acordo com as palavras de Rawls, a teoria moral, uma das partes principais da filosofia moral, é o estudo das concepções morais substantivas, ou seja, o estudo de como as noções fundamentais do correto, do bem e do moralmente valioso podem ser articuladas para formar diferentes estruturas morais. A teoria moral "*tries to identify the chief similarities and differences between these structures and to characterize the way in which they are related to our moral sensibilities and natural attitudes, and to determine the conditions they must satisfy if they are to play their expected role in human life*".[220] A teoria do significado (*theory of meaning*), por sua vez, é o estudo das características da linguagem normativa.[221]

---

[218] James Griffin, "Metaética", in *Dicionário de Ética e Filosofia Moral*, v. 2, op. cit., p. 173.

[219] Ressaltando o caráter metodológico da presente discussão, Rawls escreve: "*I wish to sketch a point of view toward moral philosophy and express a conviction as to how I think a central part of this subject is, for the present anyway, best pursued. For much of the time my discussion is methodological, and while such matters are peculiarly controversial, I believe that the point of view I shall describe is now, and perhaps always has been, held by many, at least since the eighteenth century. My comments aim to support, by illustrations suitable to our time and place, a familiar tradition in this part of philosophy.*" John Rawls, "The Independence of Moral Theory", in *Collected Papers*, op. cit., p. 286.

[220] John Rawls, "The Independence of Moral Theory", in *Collected Papers*, op. cit., p. 286.

[221] Ver John Rawls, "The Independence of Moral Theory", in *Collected Papers*, op. cit., p. 291. Em *The Oxford Companion to Philosophy* lê-se: "*Twentieth-century philosophy, in both the 'analytic' and 'continental' traditions, has been preoccupied with questions about linguistic meaning and the way language relates to reality. In the analytic tradition, this has been largely as a consequence of the revolutions in logic initiated by Frege and Russell. Indeed, Michael Dummett has argued that the distinctive feature of analytic philosophy is its assumption that 'the philosophy*

Embora nenhum setor da filosofia esteja isolado do resto (e a regra vale igualmente para o setor da filosofia moral denominado teoria moral), John Rawls entende que parte considerável da teoria moral independe das outras partes da filosofia. Consequentemente, a teoria do significado, a epistemologia, a metafísica e a filosofia da mente pouco contribuem para aquela. Para Rawls, *"the study of substantive moral conceptions and their relation to our moral sensibility has its own distinctive problems and subject matter that requires to be investigated for its own sake"*.[222]

Por vezes, observa Rawls, um ponto de vista contrário ao seu é sustentado. Afirma-se que a filosofia moderna teve início com René Descartes (1596-1650), que fez da epistemologia um conhecimento metodologicamente prioritário em relação ao restante da filosofia. A partir de Gottlob Frege (1848-1925), muitos acreditam que essa posição de prioridade, outrora da epistemologia, passou a ser ocupada pela teoria do significado. De acordo com essa lógica, prossegue Rawls, conclui-se, em primeiro lugar, que só é possível solucionar satisfatoriamente as demais questões filosóficas depois de se resolverem os problemas de epistemologia (ou, atualmente, de teoria do significado); e, em segundo lugar, que as questões prévias (sejam de epistemologia ou de teoria do significado) podem ser investigadas de forma independente, uma vez que suas respostas não se baseiam em conclusões oriundas de outras partes da filosofia.[223]

John Rawls, no entanto, rechaça a ideia de uma hierarquia metodológica que subordine a filosofia moral a outras partes da filosofia. Para ele, o progresso da filosofia moral depende de uma compreensão mais profunda acerca da estrutura das concepções morais e de suas relações com nossa sensibilidade moral. A situação atual da filosofia

---

*of language is the foundation of the rest of the subject'. Even if one does not accept this claim, it is undeniable that the phenomena of meaning present some of the most intractable problems of philosophy"*. Tim Crane, "Meaning", in *The Oxford Companion to Philosophy*, op. cit., p. 541.

[222] John Rawls, "The Independence of Moral Theory", in *Collected Papers*, op. cit., p. 287.

[223] Cf. John Rawls, "The Independence of Moral Theory", in *Collected Papers*, op. cit., p. 287.

moral, assinala Rawls, exige uma consolidação de nossa compreensão da estrutura das concepções morais, e esta investigação, em muitos aspectos, pode ser realizada de modo independente.[224] Esclarecido que a teoria moral, em importantes aspectos, independe de certos temas filosóficos que, por vezes, têm sido considerados como metodologicamente prioritários em relação a ela[225], cabe acrescentar que, no que concerne especificamente à independência da teoria moral em face da teoria do significado, Rawls não chega propriamente a afirmar que a teoria do significado não tenha nenhuma contribuição a dar para a filosofia moral, porém entende que ela é de pouca utilidade para a teoria moral. É o que se pode concluir a partir da leitura da seguinte passagem:

> [...] it is not my contention that the theory of meaning, or the study of the features of normative language, has nothing to contribute to moral philosophy. The numerous efforts in this direction since Moore's Principia were a natural trend, given the development of philosophy as a whole and the growth of the philosophy of language, and much has been achieved. I believe, however, that, from the standpoint of moral theory, considerations of meaning can at best provide certain necessary so-called formal conditions on the first principles of moral conceptions. Far more than this is required for the systematic comparisons of moral structures as can be seen from the questions that arise when we try to specify these formal conditions themselves. The theory of meaning proves of limited usefulness for moral theory even where it seems most relevant.[226]

Como vimos, John Rawls desempenhou um papel fundamental no processo de retomada da ética normativa, após anos de predomínio do discurso metaético, principalmente em sua versão não cognitivista. O retorno à ética normativa, portanto, é uma questão essencial no âmbito da obra rawlsiana, embora, pelo que tivemos a oportunidade de pesquisar, não abordada por muitos comentadores, o que

---

[224] Cf. John Rawls, "The Independence of Moral Theory", in *Collected Papers*, op. cit., p. 287.
[225] Cf. John Rawls, "The Independence of Moral Theory", in *Collected Papers*, op. cit., p. 302.
[226] John Rawls, "The Independence of Moral Theory", in *Collected Papers*, op. cit., p. 291.

nos parece um contrassenso, não só em razão de Rawls ter sido professor de filosofia moral, como também pelo fato de a teoria da justiça como imparcialidade ser uma teoria de ética normativa.

John Rawls se insere no contexto das recentes tentativas de reabilitação da filosofia prática propondo uma fundamentação contratualista de princípios materiais de justiça distributiva, ou seja, busca uma fundamentação racional da ética recorrendo à teoria do contrato social.[227]

Como observa Nicola Matteucci[228], o contratualismo voltou a ocupar em anos recentes um lugar central no terreno da filosofia política, embora tudo levasse a crer que tivesse definitivamente saído de cena.

---

[227] Ver Miguel Ángel Rodilla, "Presentación", in John Rawls, *Justicia como Equidad. Materiales para una Teoría de la Justicia*, op. cit., p. XIII e XIV. Carlos Santiago Nino, em uma leitura bastante crítica, afirma que Rawls, para fundamentar seus dois princípios de justiça, se utiliza de variados recursos, quais sejam: o consentimento (o contrato), o autointeresse, as intuições e os pressupostos formais do raciocínio moral. De acordo com Santiago Nino, Rawls apela, com exceção do teológico, a praticamente todos os recursos disponíveis na história da filosofia para fundamentar intersubjetivamente princípios morais. Cf. Carlos Santiago Nino, *El Constructivismo Ético*, op. cit., p. 93. Para um exame específico dos vários recursos mencionados, ver p. 94 a 97.

[228] Cf. Nicola Matteucci, "Contratualismo", in *Dicionário de Política*, Norberto Bobbio, Nicola Matteucci e Gianfranco Pasquino (Orgs.), tradução de João Ferreira, Carmen Varrialle e outros, Brasília, Universidade de Brasília, 1986, p. 282. Em outro trecho, Nicola Matteucci observa que o termo contratualismo é utilizado para identificar teorias muito divergentes entre si. Diferenciando um sentido amplo de um sentido restrito do referido termo, Matteucci escreve: "Em sentido muito amplo o contratualismo compreende todas aquelas teorias políticas que vêem a origem da sociedade e o fundamento do poder político (chamado, quando em quando, potestas, imperium, Governo, soberania, Estado) num contrato, isto é, num acordo tácito ou expresso entre a maioria dos indivíduos, acordo que assinalaria o fim do estado natural e o início do estado social e político. Num sentido mais restrito, por tal termo se entende uma escola que floresceu na Europa entre os começos do século XVII e os fins do XVIII e teve seus máximos expoentes em J. Althusius (1557-1638), T. Hobbes (1588-1679), B. Spinoza (1632-1677), S. Pufendorf (1632-1694), J. Locke (1632-1704), J.-J. Rousseau (1712-1778), I. Kant (1724-1804). Por escola entendemos aqui não uma comum orientação política, mas o comum uso de uma mesma sintaxe ou de uma mesma estrutura conceitual para racionalizar a força e alicerçar o poder no consenso". Nicola Matteucci, "Contratualismo", in *Dicionário de Política*, op. cit., p. 272.

## 1. EMPIRISMO E RACIONALISMO: METODOLOGIAS EM CONFRONTO

Nesse sentido, segundo Philip Pettit e Chandran Kukathas, aquilo que provavelmente causou maior impacto quando a teoria rawlsiana começou a ser conhecida foi exatamente o seu aspecto contratualista.[229] É preciso assinalar, no entanto, que os principais neocontratualistas contemporâneos de modo algum confluem em seus objetivos políticos. Conforme sintetiza Nicola Matteucci, enquanto John Rawls busca uma maximização da igualdade, Robert Nozick tem por intuito reapresentar a liberdade individual de forma absolutamente radical, e James Buchanan visa readequar os princípios liberal-democráticos ao Estado de bem-estar.[230] Os neocontratualistas citados diferem também no que diz respeito às suas matrizes teóricas, visto que, de acordo com as palavras de Miguel Ángel Rodilla, a teoria da justiça de Rawls segue uma linha de pensamento rousseauniano-kantiana, enquanto a teoria política de Nozick é fortemente inspirada em Locke, e a teoria constitucional de Buchanan segue o enfoque hobbesiano.[231] Numa famosa passagem de *Uma Teoria da Justiça*, referindo-se à sua metodologia contratualista, Rawls escreve:

---

[229] Cf. Chandran Kukathas e Philip Pettit, *Rawls: "Uma Teoria da Justiça" e os seus Críticos*, op. cit., p. 31. Conforme acrescentam os dois autores citados: "Havia na época muitas pessoas, nomeadamente o economista John Harsanyi, a explorar abordagens contratualistas, embora os seus trabalhos não fossem muito lidos. Para a maioria dos teóricos políticos, a noção de contrato pertencia aos séculos anteriores, por estar ligada às concepções de pensadores como Thomas Hobbes, John Locke e Jean-Jacques Rousseau, pelo que foi para eles uma autêntica surpresa, mesmo uma revelação, a possibilidade de o pensamento contratualista poder ser abordado na nossa época. O facto de, posteriormente à publicação de *Uma Teoria da Justiça*, terem sido exploradas tantas variantes da visão contratualista de Rawls dá-nos a medida desse impacto".
[230] Cf. Nicola Matteucci, "Contratualismo", in *Dicionário de Política*, op. cit., p. 282 e 283. A respeito do neocontratualismo de James Buchanan e Robert Nozick pode-se consultar também Miguel Ángel Rodilla, "Presentación", in John Rawls, *Justicia como Equidad. Materiales para una Teoría de la Justicia*, op. cit., p. XXII e segs. Para uma taxonomia das várias concepções contratualistas que têm se multiplicado na teoria política recente, ver Chandran Kukathas e Philip Pettit, *Rawls: Uma Teoria da Justiça e os seus Críticos*, op. cit., p. 41 a 49.
[231] Cf. Miguel Ángel Rodilla, "Presentación", in John Rawls, *Justicia como Equidad. Materiales para una Teoría de la Justicia*, op. cit., p. XXII.

O meu objectivo é apresentar uma concepção da justiça que generaliza e eleva a um nível superior a conhecida teoria do contrato social, desenvolvida, entre outros, por Locke, Rousseau e Kant. Para o fazer, não vamos conceber o contrato original como aquele que permite a adesão a uma sociedade determinada ou que estabelece uma determinada forma de governo. A ideia condutora é antes a de que os princípios da justiça aplicáveis à estrutura básica formam o objecto do acordo original. Esses princípios são os que seriam aceites por pessoas livres e racionais, colocadas numa situação inicial de igualdade e interessadas em prosseguir os seus próprios objectivos, para definir os termos fundamentais da sua associação. São estes princípios que regulamentam os acordos subsequentes; especificam as formas da cooperação social que podem ser introduzidas, bem como as formas de governo que podem ser estabelecidas. É a esta forma de encarar os princípios da justiça que designo por teoria da justiça como equidade.[232]

No entendimento de John Rawls, a teoria da justiça como equidade (teoria da justiça como imparcialidade) é um exemplo de teoria contratualista, sendo que nela o conteúdo do acordo reside na aceitação de determinados princípios morais, e não na adesão a dada sociedade ou na adopção de certo tipo de governo, como ocorre no contratualismo clássico.[233] De acordo com o autor, sua teoria, a exemplo de outras teorias contratualistas, compreende duas partes: a primeira, uma interpretação da situação inicial e do problema de escolha que aí se configura, e a segunda, um conjunto de princípios aptos a serem escolhidos. Cabe acrescentar que é possível aceitar a primeira parte da teoria sem aceitar a segunda e vice-versa. Rawls entende que a concepção mais adequada da situação inicial conduz a princípios de justiça que se contrapõem tanto ao utilitarismo quanto ao perfeccionismo, de modo que a doutrina contratualista nos oferece uma alternativa diante dessas duas concepções.[234] Aos que criticam a utilização

---

[232] John Rawls, *Uma Teoria da Justiça*, tradução de Carlos Pinto Correia, Lisboa, Presença, 1993, p. 33.
[233] Cf. John Rawls, *Uma Teoria da Justiça*, op. cit., p. 36. Ver também José Nedel, *A Teoria Ético - Política de John Rawls*, Porto Alegre, EDIPUCRS, 2000, p. 31.
[234] Cf. John Rawls, *Uma Teoria da Justiça*, op. cit., p. 36.

do termo "contrato" quando aplicado às teorias morais, Rawls responde que:

> O mérito da terminologia do contrato está em que ela transmite a ideia de que os princípios da justiça podem ser concebidos como os princípios que seriam escolhidos por sujeitos racionais, e que assim se podem justificar e explicar as concepções da justiça. A teoria da justiça é uma parte, talvez a mais importante, da teoria da escolha racional. Mais, os princípios da justiça lidam com as reivindicações conflituais que incidem sobre os benefícios da cooperação em sociedade; aplicam-se às relações entre diversas pessoas ou grupos. A palavra "contrato" sugere esta pluralidade, bem como a condição de que a divisão apropriada dos benefícios deve ser feita de acordo com princípios aceitáveis por todas as partes. Também a condição da publicidade dos princípios da justiça está associada à terminologia do contrato. Assim, uma vez que eles resultam de um acordo, os membros da sociedade tomam conhecimento dos princípios que todos seguem. É característico das teorias contratualistas realçar a natureza pública dos princípios políticos. Enfim, como último argumento, pensemos na longa tradição da doutrina contratualista. Afirmar a ligação a esta corrente do pensamento ajuda a definir ideias e está de acordo com a piedade natural. Há, pois, diversas vantagens no uso do termo "contrato"; tomadas as devidas precauções, não há razão para que ele induza em erro.[235]

---

[235] John Rawls, *Uma Teoria da Justiça*, op. cit., p. 36. Rawls observa que o método contratualista pode servir para que se escolha um sistema ético praticamente completo, abrangendo princípios relativos a todas as virtudes, e não somente à justiça. Contudo, não é isso o que ocorre com a teoria da justiça como imparcialidade, que não é uma concepção contratual integral. O autor ressalta que, em termos essenciais, vai levar em conta apenas os princípios da justiça, assim como alguns outros que se relacionam diretamente com eles, o que significa dizer que as diversas virtudes não serão discutidas de modo sistemático. De acordo com esse raciocínio, continua Rawls, se a teoria da justiça como imparcialidade for razoavelmente satisfatória, o passo seguinte, logicamente, será "o de estudar a perspectiva mais geral que é sugerida pela designação 'o justo como equidade' (*rightness as fairness*). Mas mesmo esta teoria mais ampla não pode abarcar todas as relações de natureza moral, dado que parece apenas incluir aquelas que estabelecemos com o próximo, deixando de fora a forma como nos devemos conduzir para com os animais e o resto da natureza. Não pretendo que a teoria do contrato fornece [*sic*] uma forma de abordar estas questões, que são certamente da maior importância, e terei que as excluir. Temos, assim, de reconhecer o alcance limitado

Philip Pettit e Chandran Kukathas observam que em teoria política comumente se indaga aquilo que, ao nível das estruturas sociopolíticas, é desejável. A abordagem contratualista de Rawls, no entanto, nos fornece uma via alternativa para a reflexão a respeito das questões de desejabilidade, na medida em que não deveríamos perguntar diretamente o que é desejável, mas sim que estrutura sociopolítica escolheríamos se nos fosse possível decidir a estrutura que devemos ter. Com isso, no lugar das considerações de desejabilidade são introduzidas considerações de elegibilidade, isto é, relativas ao que escolheríamos sob um véu de ignorância que não nos permitisse visualizar os nossos interesses particulares.[236] De acordo com a lógica de Rawls, continuam Kukathas e Pettit, a estrutura sociopolítica escolhida ao abrigo do véu de ignorância – de modo que no processo decisório não se possam introduzir considerações relacionadas aos próprios interesses – pode ter a pretensão de ser a mais justa. O método contratualista rawlsiano, portanto, pretende identificar a estrutura sociopolítica mais desejável no que concerne à justiça. Contudo, finalizam Kukathas e Pettit, o referido método também tem por

---

da teoria da justiça como equidade e do tipo geral de concepção que ela representa." John Rawls, *Uma Teoria da Justiça*, op. cit., p. 37. É importante esclarecer, a fim de afastar qualquer erro de interpretação, que em escritos posteriores à *Uma Teoria da Justiça*, Rawls retifica seu entendimento inicial segundo o qual a teoria da justiça seria parte da teoria da escolha racional, visto que tal entendimento faria da justiça como imparcialidade uma teoria hobbesiana, ao invés de kantiana. Acerca da mencionada retificação, Rawls escreve: "Corrijo aqui um comentário de Teoria, §§ 3 e 9, em que se diz que a teoria da justiça é parte da teoria da escolha racional. [...] isso é simplesmente um erro, pois implicaria que a justiça como eqüidade fosse, no fundo, hobbesiana (como Hobbes costuma ser interpretado) e não kantiana. O que deveria ter sido dito é que a descrição das partes, e de seu raciocínio, usa a teoria da escolha (decisão) racional, mas que essa teoria é, em si mesma, parte de uma concepção política de justiça que tenta descrever princípios razoáveis de justiça. É inconcebível derivar esses princípios do conceito de racionalidade como único conceito normativo". John Rawls, *Justiça como Eqüidade*: Uma Reformulação (Erin Kelly, Org.), tradução de Claudia Berliner, São Paulo, Martins Fontes, 2003, p. 115 (nota nº 2).
[236] Cf. Chandran Kukathas e Philip Pettit, *Rawls: "Uma Teoria da Justiça" e os seus Críticos*, op. cit., p. 32 e 33. O conceito de véu de ignorância será examinado no próximo capítulo.

objetivo identificar uma estrutura sociopolítica verdadeiramente exequível, uma vez que, embora seja primordialmente útil para a escolha da estrutura desejável, não exclui considerações acerca da exequibilidade.[237]

Partindo do pressuposto de que a liberdade e a igualdade são os ideais fundamentais da democracia, Samuel Freeman afirma que o papel geral do contrato social em Rawls (assim como em Locke, Rousseau e Kant) é "mostrar claramente o que a liberdade e a igualdade exigem em matéria de justiça política e social".[238] De acordo com Freeman, o autor de *A Theory of Justice* desenvolve e transforma as concepções democráticas do contrato, que têm origem na teoria dos direitos naturais de Locke e se contrapõem às concepções do contrato fundadas sobre os interesses, oriundas da reflexão hobbesiana. John Rawls – com o intuito de dar um conteúdo mais rico às noções de vontade geral, bem comum e autonomia – define um contrato social cujo objeto, como já fora afirmado, são os princípios substancias da justiça.[239]

Em *O Liberalismo Antigo e Moderno*, José Guilherme Merquior afirma que a natureza contratualista do empreendimento rawlsiano revela-se em um plano processual, uma vez que é nas técnicas que

---

[237] Cf. Chandran Kukathas e Philip Pettit, *Rawls: "Uma Teoria da Justiça" e os seus Críticos*, op. cit., p. 34. Acerca do papel desempenhado pelo método contratualista na identificação de uma estrutura sociopolítica genuinamente exequível, os dois autores escrevem: "Imaginando-nos na posição original, conjecturamos estar conscientes de todas as verdades gerais sobre os seres humanos e a organização social. A estrutura que aí escolheríamos, partindo do princípio de que escolheríamos com sensatez, deveria ser exequível à luz dessa informação geral. E, se o método contratualista promete ser especialmente útil na escolha da estrutura desejável, é claro que já não será de tão grande ajuda na identificação de estruturas exequíveis, mas, pelo menos, o pensamento contratualista não exclui considerações de exequibilidade e, de facto, na medida em que encoraja a reflexão sistemática, acabará por chamar a nossa atenção para elas".
[238] Samuel Freeman, "Contratualismo", tradução de Paulo Neves, in *Dicionário de Ética e Filosofia Moral*, v.1, op. cit., p. 344.
[239] Samuel Freeman, "Contratualismo", in *Dicionário de Ética e Filosofia Moral*, v.1, op. cit., p. 346. Para um cotejo entre as concepções do contrato fundadas sobre os interesses e as concepções democráticas do contrato, ver p. 342 e segs.

emprega para deduzir princípios de justiça que Rawls adota uma posição contratualista. No entanto, acrescenta Merquior, trata-se de um contrato social muito diferente daquele da primeira tradição moderna, em função de seu propósito consistir no estabelecimento de regras de justiça, e não no estabelecimento de autoridade e obrigação legítimas.[240] Conforme sintetiza Nicola Matteucci, John Rawls parte do contrato social para chegar à definição racional de um princípio universal de justiça distributiva[241], ou seja, utiliza o método contratualista para a dedução de princípios morais substantivos.[242]

---

[240] Cf. José Guilherme Merquior, *O Liberalismo Antigo e Moderno*, tradução de Henrique de Araújo Mesquita, Rio de Janeiro, Nova Fronteira, 1991, p. 206.
[241] Cf. Nicola Matteucci, "Contratualismo", in *Dicionário de Política*, op. cit., p. 283.
[242] Ver Maria de Lourdes Borges, Darlei Dall'Agnol e Delamar Volpato Dutra, *Ética*, op. cit., p. 81.

# 2. Princípios de Justiça Distributiva

## 2.1. Esferas de Justiça e Princípios Internos de Distribuição

Em *Spheres of Justice*, Michael Walzer enumera, de modo exemplificativo, diversos bens que concebemos, criamos e distribuímos entre nós, visto que a sociedade humana é uma comunidade distributiva: a segurança e a previdência; o dinheiro e as mercadorias; os cargos públicos; o trabalho duro; o tempo livre; a educação; o parentesco e o amor; a graça divina; a consideração social; e o poder político.[243] De acordo com Wal-

---

[243] Essa lista refere-se às principais categorias de bens distribuídos no âmbito das democracias liberais contemporâneas (e, especialmente, nos Estados Unidos da América), o que significa dizer que não tem validade universal. Esclarecendo e aprofundando tal ponto, David Miller leciona: *"Each community creates its own social goods – their significance depends upon the way they are conceived by the members of that particular society. The roster of such goods will differ from place to place. In Spheres Walzer sees the following as the main categories of goods in contemporary liberal societies: security and welfare, money and commodities, office (i.e. positions of employment), hard work, free time, education, kinship and love, divine grace, recognition (i.e. marks of esteem, public honours, and so forth), political power. Most of these goods are likely to have analogues in other societies, but typically the analogues won't carry precisely the same meanings as the goods do with us. Much of Walzer's study is concerned with such contrasts, comparing, for example, the modern idea of the vacation with the Roman idea of the public holiday, or the old Chinese criteria for entry to the civil service with contemporary debates about appointment to public office. The point of these comparisons is to highlight what is specific about our own understanding of various goods – and by extension to reveal what we believe about their distribution."* Esse raciocínio nos leva a concluir, acrescenta David Miller, que o significado social de cada bem determina o seu critério de distribuição. Conhecendo o significado socialmente compartilhado do bem, saberemos a maneira

zer, como vimos no primeiro capítulo, a essa multiplicidade de bens corresponde uma multiplicidade de processos, de agentes e de critérios distributivos, o que torna necessário o estudo dos bens e das distribuições em épocas e lugares diversos. Nunca houve um meio universal de trocas, assim como nunca existiu um centro único de decisões controlando a totalidade das distribuições, e nem um grupo único de agentes tomando decisões. Da mesma forma, nunca existiu um critério único que permitisse realizar todas as distribuições. Os particularismos da história e da cultura levam o autor a concluir que os bens sociais devem ser distribuídos com fundamento em razões diferentes, de acordo com processos diferentes e por agentes diversos.

Os bens, de acordo com Michael Walzer, não têm uma natureza ou essência: são bens sociais com significados históricos. Quando os significados sociais dos bens são diferentes, conforme assinalado no capítulo anterior, as distribuições devem ser autônomas. Sendo assim, cada bem social (ou conjunto de bens) configura uma esfera[244] distributiva, na qual apenas alguns critérios de distribuição são legítimos (por exemplo, a necessidade na esfera da saúde, o consentimento na esfera do poder político, etc.).

Três critérios ou princípios distributivos – livre-troca, merecimento e necessidade – que satisfazem ao denominado princípio ili-

---

justa de distribuí-lo. De acordo com a lógica walzeriana, conclui David Miller, discordâncias acerca do critério distributivo simplesmente refletem discordâncias em relação ao próprio significado social do bem. Nesse caso, uma vez fixado o significado do bem, a questão distributiva estará automaticamente solucionada. David Miller, "Introduction", in *Pluralism, Justice and Equality*, op. cit., p. 4 e 5.

[244] Esclarecendo o sentido metafórico do termo "esferas", Walzer escreve: *"'Spheres' is a metaphor; I can't provide a diagram nor decide upon a definitive number (my own list was never meant to be exhaustive). There isn't one social good to each sphere, or one sphere for each good. Efforts to construct a systematic account along these lines quickly produce nonsense – so quickly that even minimally generous critics ought to notice that I neither offer nor endorse any such account. Consider the easy example of food, which answers, as it were, to very different descriptions (from which different distributions follow) in a time of extreme scarcity and in time of plenty, or at one and the same time for very poor people and for affluent people. Hence soup kitchens and food stamps on the one hand and the grocery store on the other: needs communally provided and commodities available on the market".* Michael Walzer, "Response", in *Pluralism, Justice and Equality*, op. cit., p. 282.

mitado ou princípio distributivo aberto, reproduzido no primeiro capítulo, são comumente citados como sendo critérios gerais de distribuição. Isso, todavia, não é verdade, o que significa dizer que livre-troca, merecimento e necessidade, embora detenham verdadeira força, nos revelam parte da história, mas não a história toda.[245]

Conforme assinala Ubiratan Borges de Macedo, a livre-troca, responsável pela criação de um mercado no qual todos os bens podem ser convertidos em outros bens através do instrumento neutro do dinheiro, apresenta limitações como critério distributivo geral, uma vez que existem zonas inteiras obstruídas ao dinheiro.

O merecimento, por sua vez, também é insuficiente como critério geral de distribuição visto que, por um lado, não há um processo distributivo centralizado, ou seja, um agente central que distribua recompensas e punições por toda a sociedade; e, por outro, existem problemas técnicos para aferi-lo. Além disso, tal critério é inaplicável em diversas zonas, uma vez que não serve para distribuir poder político, amor, influência, obras de arte, etc.[246] Para Walzer, o merecimento "é uma pretensão sólida, mas que exige um juízo difícil e só em condições muito especiais dá lugar a distribuições específicas".[247]

A necessidade, por fim, também não pode ser vislumbrada como um critério distributivo geral. Trata-se, como acentua Ubiratan Borges de Macedo, de um critério plausível para a alocação de alguns bens, contudo é manifesta a sua insuficiência "como critério alocativo geral fora da esfera onde tem significado".[248] Walzer explicita que o referido critério não tem qualquer utilidade para distribuir poder político, consideração e fama, veleiros, livros raros, etc. A famosa máxima distributiva de Marx – a cada um de acordo com as suas necessidades – é uma proposta plausível, porém totalmente

---

[245] Ver Michael Walzer, *As Esferas da Justiça*, op. cit., p. 37.
[246] Cf. Ubiratan Borges de Macedo, "Liberalismo X Comunitarismo na Universalidade Ética: A Crítica de Walzer a J. Rawls", in *Democracia e Direitos Humanos: Ensaios de Filosofia Prática (Política e Jurídica)*, Londrina, Humanidades, 2003, p. 74.
[247] Michael Walzer, *As Esferas da Justiça*, op. cit., p. 40.
[248] Ubiratan Borges de Macedo, "Liberalismo X Comunitarismo na Universalidade Ética: A Crítica de Walzer a J. Rawls", op. cit., p. 74.

incompleta. A necessidade, em síntese, dá ensejo a uma esfera distributiva autônoma, na qual ela própria configura o princípio distributivo.²⁴⁹ Após constatar a insuficiência da livre-troca, do merecimento e da necessidade como critérios gerais de distribuição, Michael Walzer conclui que "qualquer critério, qualquer que seja a sua força, se ajusta à regra geral [leia-se, ao princípio distributivo aberto] na sua própria esfera e não em qualquer outro lado. O resultado da regra é o seguinte: bens diferentes para grupos diferentes de homens e mulheres, por razões diferentes e de acordo com processos diferentes. E perceber isto bem, ou mais ou menos bem, é como que traçar o quadro completo do universo social".²⁵⁰

Em *Spheres of Justice*, a abordagem propriamente dita de cada uma das esferas de justiça, com seus princípios internos de distribuição, é precedida pelo exame do pertencimento ou qualidade de membro (*membership*), uma vez que a comunidade política é o cenário da discussão relativa à justiça distributiva. No que concerne à cidadania ou ao pertencimento a uma comunidade no seio da qual as esferas distributivas são estabelecidas, Ubiratan Borges de Macedo esclarece:

> Não é automático o ingresso numa comunidade, não basta estar nela. Podemos ser estrangeiros, residentes ou em trânsito, ou sendo nacionais ter perdido direitos políticos ou pertencer a uma minoria privada de alguns direitos políticos e até mesmo civis. O problema da justiça social no século XX começa, pois, com a discussão dos critérios e da justiça da atribuição da cidadania, pois a distribuição da renda, da propriedade, dos direitos trabalhistas e do poder político [...] está pendente da solução que se der à cidadania.²⁵¹

---

²⁴⁹ Cf. Michael Walzer, *As Esferas da Justiça*, op. cit., p. 40 e 41.
²⁵⁰ Michael Walzer, *As Esferas da Justiça*, op. cit., p. 41. Acerca da insuficiência – na qualidade de sistemas distributivos completos – dos três critérios examinados, ver também José Nedel, *A Teoria Ético – Política de John Rawls*, op. cit., p. 101 e 102.
²⁵¹ Ubiratan Borges de Macedo, "Liberalismo X Comunitarismo na Universalidade Ética: A Crítica de Walzer a J. Rawls", op. cit., p. 75. Parece-nos que é possível examinar a "qualidade de membro" tanto como um pressuposto das esferas de justiça quanto como uma esfera de justiça em si mesma. Talvez o próprio Walzer não seja muito claro a esse respeito, embora no segundo capítulo de *Spheres* (especificamente no item inti-

De acordo com Michael Walzer, a comunidade política – embora não seja um universo distributivo autossuficiente, pois somente o mundo poderia ser assim considerado – é o cenário apropriado para a realização da igualdade complexa, pois se encontra o mais próximo possível de um universo de significados compartilhados, visto que a língua, a história e a cultura produzem uma consciência coletiva. Para o autor, não apenas existe indubitavelmente uma partilha de sensibilidades e de intuições entre os membros de uma comunidade histórica, como também o recurso a significados comuns é suficiente para o raciocínio em questões de moralidade.[252] Outro motivo relevante para que a comunidade política seja vista como o cenário adequado para a apreciação da justiça distributiva[253] reside no fato de que a comunidade é, em si mesma, um bem a ser distribuído, podendo até mesmo ser considerada como o bem mais importante.[254] Sintetizando o entendimento de que a comunidade política é o cenário da justiça distributiva, e a vinculação a uma comunidade é o primeiro bem a ser distribuído, Walzer escreve:

> O conceito de justiça distributiva pressupõe um universo limitado em cujo interior têm lugar as distribuições: um grupo de pessoas empenhadas em dividir, trocar e compartilhar bens sociais, começando por elas mes-

---

tulado "Qualidade de membro e justiça") se refira à "esfera da qualidade de membro". Ver Michael Walzer, *As Esferas da Justiça*, op. cit., p. 73. Para um inequívoco enquadramento da "qualidade de membro" (ou vinculação à comunidade) no rol das esferas de justiça, ver José Nedel, *A Teoria Ético – Política de John Rawls*, op. cit., p. 103.

[252] Cf. Michael Walzer, *As Esferas da Justiça*, op. cit., p. 43.

[253] Examinando a possibilidade de uma alternativa à comunidade política como cenário da empreitada distributiva, Walzer conclui: "A única alternativa plausível à comunidade política é a própria Humanidade, a sociedade das nações, o mundo inteiro. Mas se tomássemos o mundo como cenário, teríamos de imaginar uma realidade que ainda não existe: uma comunidade que incluísse todos os homens e mulheres onde quer que se encontrassem. Teríamos de inventar um conjunto de significados comuns para essas pessoas e de evitar, se pudéssemos, a imposição dos nossos próprios valores. E teríamos de pedir aos membros dessa comunidade hipotética (ou aos seus hipotéticos representantes) que acordassem entre eles nas combinações e padrões distributivos a considerar como justos". Michael Walzer, *As Esferas da Justiça*, op. cit., p. 44.

[254] Cf. Michael Walzer, *As Esferas da Justiça*, op. cit., p. 44.

mas. Esse universo [...] é a comunidade política, cujos membros distribuem poder uns aos outros, evitando, se puderem, partilhá-lo com quem quer que seja. Quando pensamos em justiça distributiva, estamos a pensar em cidades ou países independentes, capazes de compor os seus próprios padrões de divisão e troca, com justiça ou sem ela. Estamos a imaginar um grupo constituído e uma população fixa e, assim, negligenciamos a primeira e mais importante questão distributiva: como se constitui esse grupo?

Não pretendo com isso perguntar "Como se constituiu?" O que aqui me preocupa não são as origens históricas dos diferentes grupos e sim as decisões que tomam no presente relativamente às suas populações presentes e futuras. O bem primário que distribuímos uns aos outros é a qualidade de membro de uma comunidade humana. E o que fizermos com respeito à qualidade de membro irá estruturar todas as nossas outras opções distributivas: irá determinar com quem faremos essas opções, a quem exigiremos obediência e cobraremos impostos e a quem atribuiremos bens ou serviços.[255]

Segundo Walzer, há duas formas de igualdade simples no que diz respeito à qualidade de membro. Em primeiro lugar, poderíamos imaginar um mundo no qual ninguém fosse membro de nada. Nesse caso – isto é, se todos os seres humanos fossem estranhos uns em relação aos outros –, não existiria qualidade de membro para ser distribuída, e teríamos um quadro de libertismo global. Em segundo lugar, ao contrário, poderíamos imaginar um mundo no qual todos os seres humanos pertencessem a um Estado global. Nessa situação – isto é, se todos fossem membros de um Estado global singular –, a qualidade de membro já teria sido objeto de uma distribuição igualitária, e estaríamos diante do quadro de uma espécie de socialismo global. Sob qualquer uma dessas duas condições, a distribuição da qualidade de membro não poderia ser realizada, porque não existiria tal qualidade para ser distribuída ou porque esta adviria para todos em função do nascimento. No entanto, conclui o autor, enquanto membros e estranhos configurarem – como efetivamente ocorre – grupos distintos, as decisões de admissão precisarão ser tomadas

[255] Michael Walzer, *As Esferas da Justiça*, op. cit., p. 46.

(sem que haja princípios universais regulando-as), e haverá seres humanos admitidos e rejeitados.[256]

De acordo com Michael Walzer, a teoria da justiça distributiva se inicia com a descrição dos direitos que decorrem da qualidade de membro, pois somente como membros de algo os indivíduos podem compatilhar os bens sociais proporcionados pela comunidade política.[257] Portanto, a qualidade de membro "é importante devido àquilo que os membros de uma comunidade política devem uns aos outros e a mais ninguém, ou a mais ninguém na mesma medida. E o que devem antes de mais é a providência comunitária de segurança e previdência. Esta afirmação pode ser posta ao contrário: a providência comunitária é importante porque nos mostra o valor da qualidade de membro. Se não providenciássemos uns a favor dos outros, se não reconhecêssemos qualquer distinção entre membros e estranhos, não teríamos motivo para criar e manter comunidades políticas".[258]

Para o autor de *Spheres of Justice*, os indivíduos se reúnem e subscrevem (ou ratificam) o contrato social com o intuito de prover suas necessidades, incluindo a necessidade da própria comunidade, pois somente sob a influência da cultura, da religião e da política as outras coisas das quais necessitamos se convertem em necessidades socialmente reconhecidas, assumindo uma forma histórica definida. O contrato social, prossegue Walzer, é um acordo que permite aos indivíduos tomarem uma decisão coletiva a respeito dos bens necessários à sua vida comum, de modo que possam prové-los entre si. Mais do que a simples ajuda mútua que poderiam dever a toda e qualquer pessoa (aos estranhos, por exemplo), os contratantes devem uns aos outros a provisão das coisas em função das quais se diferenciaram da humanidade como um todo, formando uma comunidade específica.[259] No entanto, como acentua Walzer, o contrato social por intermédio do

---

[256] Cf. Michael Walzer, *As Esferas da Justiça*, op. cit., p. 48 e 49.
[257] Cf. Michael Walzer, *As Esferas da Justiça*, op. cit., p. 74.
[258] Michael Walzer, *As Esferas da Justiça*, op. cit., p. 75. Em síntese, pode-se afirmar: "A comunidade política a bem das providências, as providências a bem da comunidade: o processo funciona nos dois sentidos e é esta talvez a sua principal característica".
[259] Cf. Michael Walzer, *As Esferas da Justiça*, op. cit., p. 75 e 76.

qual os cidadãos estabelecem a amplitude da provisão mútua em nada se parece com o contrato rawlsiano:

> Este contrato não é do género hipotético ou ideal, tal como foi descrito por John Rawls. Homens e mulheres racionais, na condição original, destituídos de qualquer conhecimento especial da sua posição social e da sua percepção cultural, optariam provavelmente, como afirmou Rawls, por uma distribuição igual de todos e quaisquer bens de que lhes dissessem terem necessidade. Porém, esta fórmula não ajuda muito na determinação das opções que as pessoas farão ou fariam logo que soubessem quem são e onde estão. Num mundo de culturas especiais, concepções opostas do bem, recursos escassos e necessidades inapreensíveis, não pode haver uma fórmula única e universalmente aplicável. Não pode haver uma via única e universalmente aprovada que nos conduza de uma noção como, por exemplo, a de "justos quinhões" a uma lista que compreenda os bens a que esta noção se aplica. Justos quinhões de quê?[260]

Se, por um lado, constata Walzer, homens e mulheres reúnem-se em virtude do fato de não poderem viver isoladamente, por outro, há de se reconhecer que podem viver comunitariamente de muitas e variadas formas. A sobrevivência e o bem-estar exigem um esforço comum, de modo que a esfera da segurança e da previdência "é tão antiga como a mais antiga comunidade humana"[261]. Os sistemas comunitários de provisão, contudo, não têm uma forma natural, o

---

[260] Michael Walzer, *As Esferas da Justiça*, op. cit., p. 88. Com a intenção de fornecer uma noção mais precisa do contrato social, Michael Walzer acrescenta: "é um acordo, tendo por objecto a redistribuição dos recursos dos membros em conformidade com determinada concepção compartilhada das suas necessidades, sujeito a uma determinação política actual no tocante ao pormenor. Este contrato é um vínculo moral. Une fracos e fortes, afortunados e desafortunados e ricos e pobres, criando uma união que transcende todas as divergências de interesse e vai buscar a sua força à história, à cultura, à religião, à língua, etc. As discussões sobre a provisão comunitária são, ao mais profundo nível, interpretações dessa união. Quanto mais estreita e compreensiva for, mais amplo será o reconhecimento das necessidades e maior a quantidade de bens sociais introduzidos na esfera da segurança e da previdência". Michael Walzer, *As Esferas da Justiça*, op. cit., p. 91.

[261] Michael Walzer, *As Esferas da Justiça*, op. cit., p. 76.

que significa dizer que concepções e experiências diversas acarretam diferentes modelos de provisão. Para o autor, embora existam "alguns bens de que se necessita imperiosamente, não há qualquer bem do qual, mal o vejamos, saibamos a posição face a todos os outros bens, e qual a porção dele que devemos uns aos outros. A natureza da necessidade não é evidente por si mesma".[262]

Michael Walzer assevera que todas as comunidades políticas, em tese, são estados sociais, o que significa dizer que satisfazem – ou tentam satisfazer, ou afirmam satisfazer – as necessidades socialmente reconhecidas de seus membros. Supostamente, todas as autoridades (em função dos deveres do cargo) se encontram empenhadas na provisão de segurança e previdência, assim como todos os indivíduos (em função dos deveres decorrentes do pertencimento) estão empenhados em arcar com os esforços necessários para garantir a provisão. No entanto, questões relativas à quantidade necessária de segurança e previdência, bem como às suas espécies e modos de distribuição, admitem variadas soluções, sendo estas adequadas ou não em relação a cada comunidade específica. Para Walzer, portanto, a atividade comunitária se estrutura com base em valores coletivos e em escolhas políticas[263]. De acordo com seu entendimento:

> A justiça distributiva na esfera da segurança e da previdência tem um duplo significado: reporta-se, em primeiro lugar, ao reconhecimento da necessidade e, em segundo, ao reconhecimento da qualidade de membro. Os bens devem ser fornecidos aos membros necessitados por causa da sua necessidade, mas devem sê-lo também de modo a apoiar a sua posição de membros. Não se trata, porém, aqui de os membros poderem reivindicar um conjunto específico de bens. O direito à previdência só se fixa quando uma comunidade adopta um determinado programa de provisão mútua. Num dado condicionalismo histórico, há fortes argumentos a favor da adopção de tal e tal programa. Porém, estes argumentos não se reportam aos direitos individuais e sim à natureza de uma comunidade política em especial. Não se violavam quaisquer direitos por os atenienses não atribuírem

---

[262] Michael Walzer, *As Esferas da Justiça*, op. cit., p. 76.
[263] Ver Michael Walzer, *As Esferas da Justiça*, op. cit., p. 78-9 e 83-4.

fundos públicos à educação das crianças. Talvez pensassem e talvez tivessem razão, que a vida pública da cidade já constituía educação suficiente.[264]

Como se percebe, Walzer entende que somente a comunidade – com sua cultura, seu caráter e suas concepções comuns – pode estabelecer as carências que devem ser satisfeitas. A categoria das necessidades socialmente reconhecidas, conforme ressalta, não conhece limites, visto que a ideia que os indivíduos têm a respeito do que necessitam abrange não apenas a vida em si mesma, como também a noção que possuem acerca da vida boa.[265] De acordo com esse raciocínio, em suma, pode-se afirmar que "não é possível determinar *a priori* quais as necessidades que devem ser reconhecidas nem há qualquer meio de determinar *a priori* quais os níveis de provisão adequados".[266]

Ao examinar o tipo adequado de provisão comunitária de segurança e previdência no âmbito do estado social norte-americano, Michael Walzer afirma – embora não tenha a intenção de antecipar os resultados do debate democrático, nem de detalhar a extensão e as formas da provisão – que os cidadãos de uma moderna democracia industrial muito devem uns em relação aos outros, o que permite avaliar a capacidade crítica de três princípios (muito gerais e destinados a ser aplicados a um significativo conjunto de comunidades políticas) que defende, quais sejam: "que todas as comunidades políticas devem ter em conta as necessidades dos seus membros como eles colectivamente as concebem; que os bens a distribuir o devem ser de

---

[264] Michael Walzer, *As Esferas da Justiça*, op. cit., p. 87. No que concerne ao direito de reivindicação dos membros, Walzer acrescenta: "O direito que os membros podem legitimamente reivindicar é de carácter mais geral. Nele se inclui, sem dúvida, uma certa versão do direito hobbesiano à vida, uma certa pretensão sobre os recursos comunitários, tendo em vista a subsistência básica. Nenhuma comunidade pode permitir que os seus membros morram de fome, havendo víveres disponíveis para os alimentar; nenhum governo pode pôr-se passivamente de fora numa altura dessas – não o pode fazer, se se afirmar como um governo de, por ou para a comunidade". Michael Walzer, *As Esferas da Justiça*, op. cit., p. 88.
[265] Ver Michael Walzer, *As Esferas da Justiça*, op. cit., p. 88 e 91.
[266] Michael Walzer, *As Esferas da Justiça*, op. cit., p. 98.

acordo com as necessidades; e que a distribuição deve reconhecer e apoiar a igualdade subjacente das posições de membro".[267]

No entendimento de Walzer, os Estados Unidos – país no qual os princípios acima adquirem uma força considerável, em razão da abastança da comunidade e da compreensão acerca das necessidades individuais – têm, contraditoriamente, um péssimo sistema de provisão comunitária, de modo que "o modelo de provisão vigente não está à altura das exigências inerentes à esfera da segurança e da previdência e a opinião comum dos cidadãos aponta para um modelo mais complexo".[268]

No que diz respeito especificamente ao campo da assistência médica, constata-se, nos Estados Unidos da atualidade, um evidente distanciamento entre as práticas institucionais efetivas e as crenças comunitariamente compartilhadas, na medida em que existe "uma maior correlação entre as consultas médicas e hospitalares e a classe social do que entre aquelas e o grau ou incidência da doença".[269] Se a assistência médica fosse um luxo, não haveria problema no fato de os americanos de classe média e alta, ao contrário do que ocorre com os pobres, frequentemente terem um médico particular lhes prestando constante assistência. No entanto, a situação muda de figura a partir do momento em que a assistência médica é vista como uma necessidade socialmente reconhecida. Conforme esclarece Gisele Cittadino, Walzer entende que "o povo americano partilha da ideia de que a assistência médica é um bem muito importante para que seja distribuído de acordo com a capacidade de pagamento das pessoas que dele necessitam. Há, neste caso, uma violação do significado social

---

[267] Michael Walzer, *As Esferas da Justiça*, op. cit., p. 92. Estes princípios, acrescenta Walzer, provavelmente não se aplicariam no âmbito de uma comunidade política hierarquicamente organizada, como é o caso da Índia, onde a distribuição dos frutos da colheita se faz de acordo com a casta, e não com as necessidades. Mais adiante, o autor sugere que os três princípios mencionados poderiam ser resumidos "numa versão revista da famosa máxima de Marx: de cada um, segundo a sua capacidade (ou os seus recursos); a cada um, segundo as suas necessidades socialmente reconhecidas". Michael Walzer, *As Esferas da Justiça*, op. cit., p. 98.
[268] Michael Walzer, *As Esferas da Justiça*, op. cit., p. 92.
[269] Michael Walzer, *As Esferas da Justiça*, op. cit., p. 96.

do bem e dos seus critérios de distribuição".[270] Pode-se acrescentar, de acordo ainda com Gisele Cittadino, que a compra de assistência médica através do dinheiro configura o rompimento da autonomia de uma esfera distributiva, com a consequente violação do significado social de um bem e de seu critério distributivo[271].

Michael Walzer, portanto, questiona violentamente o sistema norte-americano de livre-iniciativa no domínio da assistência médica. Considera que enquanto esse sistema existir, a riqueza predominará nesse setor da esfera da provisão comunitária de segurança e previdência, sendo os indivíduos assistidos não de acordo com as suas necessidades, mas em função de suas possibilidades de pagamento.[272] Para Walzer, em síntese, a existência nos Estados Unidos de um serviço nacional de saúde completo é um imperativo da justiça. A assistência médica – uma vez que pertence à esfera da necessidade e não à esfera do mercado – deve ser distribuída em razão da necessidade de assistência, e não da possibilidade de pagamento.[273]

A próxima esfera distributiva examinada por Michael Walzer é a esfera do dinheiro e das mercadorias. No que concerne ao dinheiro, duas questões fundamentais podem ser levantadas: "o que pode comprar?" e "como é distribuído?", devendo-se enfatizar o fato de que só é possível analisar razoavelmente a distribuição do dinheiro após des-

---

[270] Gisele Cittadino, *Pluralismo, Direito e Justiça Distributiva*, op. cit., p. 126. Ver Michael Walzer, *As Esferas da Justiça*, op. cit., p. 96 e 97.
[271] Cf. Gisele Cittadino, *Pluralismo, Direito e Justiça Distributiva*, op. cit., p. 126.
[272] Cf. Michael Walzer, *As Esferas da Justiça*, op. cit., p. 96.
[273] O autor acentua que "o que fazemos ao declarar que este ou aquele bem é necessário é bloquear ou restringir a sua livre troca. Também bloqueamos quaisquer outros processos distributivos que não tenham em conta a necessidade: eleição popular, competição meritocrática, favoritismo pessoal ou familiar, etc. O mercado é, porém, pelo menos actualmente nos Estados Unidos, o principal concorrente da esfera da segurança e da previdência e é também o objecto principal de apropriação por parte do Estado Social. Os bens necessários não podem ser deixados ao arbítrio nem distribuídos de acordo com os interesses de um qualquer grupo poderoso de proprietários ou profissionais". Michael Walzer, *As Esferas da Justiça*, op. cit., p. 97.

crever não apenas a esfera na qual atua, como também a finalidade dessa atuação.[274]

Embora o preço e o valor algumas vezes coincidam, assinala Walzer, frequentemente o dinheiro não pode representar o valor: as conversões são feitas, porém algo se perde em meio ao processo. Consequentemente, só é possível comprar e vender universalmente se os valores reais forem desprezados, na medida em que, do contrário, ou seja, se verdadeiramente levarmos em conta os valores, haverá coisas especiais que não poderemos comprar nem vender, o que implica reconhecer que "a universalidade abstracta do dinheiro é enfraquecida e limitada pela criação de valores a que se não pode facilmente pôr um preço ou a que não queremos pôr um preço".[275]

Uma pesquisa empírica, assegura Walzer, nos permite verificar quais são os valores – embora estes sejam objeto de frequente discussão – insuscetíveis de serem expressos em termos monetários, ou, em outras palavras, quais são as trocas monetárias bloqueadas e proibidas, isto é, convencionalmente censuradas e tidas como inadmissíveis.[276] O autor tem a intenção de apresentar, em *Spheres of Justice*, a série completa das trocas bloqueadas (intercâmbios obstruídos) nos Estados Unidos da atualidade. Embora exista a hipótese de alguma categoria essencial ter sido omitida, a lista de intercâmbios obstruídos se pretende exaustiva; de qualquer modo, a lista é extensa o suficiente para demonstrar que se o dinheiro paga todas as coisas, muitas vezes o faz violando seus significados sociais.[277] A seguir reproduzimos, de acordo com o relato walzeriano, o elenco das trocas bloquea-

---

[274] Cf. Michael Walzer, *As Esferas da Justiça*, op. cit., p. 102.
[275] Michael Walzer, *As Esferas da Justiça*, op. cit., p. 104.
[276] Michael Walzer, *As Esferas da Justiça*, op. cit., p. 104. Nas palavras de Gisele Cittadino: "As sociedades democráticas contemporâneas, e a sociedade norte-americana em particular, criaram determinados valores aos quais não se pode atribuir nenhum preço. Segundo Walzer, por mais controvertidos que possam ser, é possível, empiricamente, identificar certos intercâmbios obstruídos. Em outras palavras, as sociedades democráticas definem aquilo que o dinheiro não pode comprar [...]". Gisele Cittadino, *Pluralismo, Direito e Justiça Distributiva*, op. cit., p. 126.
[277] Cf. Michael Walzer, *As Esferas da Justiça*, op. cit., p. 106 e 109.

das, que cumprem a importante finalidade de estabelecer limites ao predomínio da riqueza:[278]

a) seres humanos não podem ser comprados ou vendidos, de forma que a venda de escravos (incluindo a nossa própria venda na qualidade de escravo) se encontra proibida. A liberdade pessoal também não pode ser objeto de compra e venda, embora não esteja a salvo de recrutamento ou prisão;

b) o poder político e a influência não podem ser comprados ou vendidos. Assim como os cidadãos em relação aos seus votos, as autoridades não podem negociar as suas decisões. O suborno constitui uma operação ilegal;

c) a justiça penal não está à venda, o que significa, em primeiro lugar, que juízes e jurados não podem ser subornados e, em segundo lugar, que os serviços dos advogados de defesa constituem matéria de provisão comunitária;

d) as liberdades de expressão, imprensa, religião e reunião independem de pagamento em dinheiro, sendo garantidas a todos os cidadãos;

e) os direitos ao casamento e à procriação não se encontram à venda. Os cidadãos, estando limitados a um cônjuge, não podem adquirir uma licença de poligamia e, se porventura houver alguma limitação ao número de filhos, não é possível admitir que tal restrição venha a ser objeto de negociação no âmbito do mercado;

f) o direito a abandonar a comunidade política não é objeto de compra e venda. Embora o Estado moderno invista nos cidadãos (o que lhe poderia conferir legitimidade para exigir a restituição de parte do investimento antes de permitir a emigração), estes podem argumentar – depreciando os benefícios da cidadania, porém captando habilmente o seu caráter consensual – que, como não haviam pedido a educação ou a assistência médica que receberam, nada devem em contrapartida. Consequentemente, o melhor é deixá-los livres para partir, desde que estejam quites com as obrigações (o ser-

---

[278] Para uma leitura mais detalhada acerca das trocas bloqueadas examinadas pelo autor, ver Michael Walzer, *As Esferas da Justiça*, op. cit., p. 106 a 109.

viço militar, por exemplo) que devem ser cumpridas pelos jovens que ainda não se converteram em cidadãos plenos;

g) isenções – quer se refiram ao serviço militar, à obrigação de participar em júris ou a qualquer forma de trabalho comunitariamente imposto – não podem ser vendidas pelo governo nem compradas pelos cidadãos;

h) os cargos políticos, assim como a posição profissional, não podem ser comprados. A compra dos primeiros configuraria uma espécie de simonia: a riqueza material, por si só, não revela capacidade para administrar os serviços que a comunidade política fornece aos seus membros. Por sua vez, a posição profissional, na medida em que é regulamentada pela comunidade, também não pode ser comprada; afinal, devemos ter certeza da qualificação dos médicos, advogados, etc.;

i) os serviços sociais básicos – tais como a proteção policial e a educação primária e secundária – só podem ser comprados na medida em que excederem a parcela mínima, insuscetível de compra, que deve ser garantida para cada cidadão. Obedecendo a essa lógica, os comerciantes podem contratar seguranças caso desejem obter um nível de proteção superior àquele que a comunidade política está disposta a financiar. Analogamente, os pais podem matricular seus filhos em estabelecimentos privados de ensino ou contratar professores particulares para reforçar o aprendizado. Contudo, o mercado de serviços estará sujeito a restrições, caso distorça o caráter ou diminua o valor da provisão comunitária;

j) as trocas desesperadas ou "negócios de último recurso" (*trades of last resort*), embora o significado do desespero esteja sempre aberto à discussão, são proibidas. Os trabalhadores, na disputa pelos empregos, não podem abrir mão do salário mínimo, da jornada de trabalho de oito horas por dia, etc., o que significa dizer que os empregos só podem ser leiloados obedecendo a certos limites. Estamos diante de uma restrição à liberdade do mercado, estabelecida em função de determinada concepção comunitária acerca da liberdade individual;

k) os prêmios e as distinções, sejam públicos ou privados, não se encontram à venda. O bom nome, ao contrário da celebridade, não está à venda;

l) a graça divina é insuscetível de compra. A venda de indulgências é inadmissível;

m) o amor e a amizade, levando-se em conta a concepção compartilhada a respeito do que significam, não podem ser comprados. Trata-se de uma venda bloqueada em decorrência da moral e da sensibilidade comuns, e não propriamente da lei;

n) por fim, de acordo com o relato walzeriano, existe um amplo leque de vendas criminosas proibidas: assassinos não podem vender os seus serviços, não se podem vender drogas, bens roubados, produtos adulterados, informações vitais para a segurança do Estado, etc. Há ainda vendas polêmicas (armas, automóveis inseguros, remédios com determinados efeitos colaterais, e assim por diante), que nos revelam o quanto a esfera do dinheiro e das mercadorias está sujeita a uma contínua redefinição.

Estabelecido – de acordo com a interpretação de Walzer – o rol dos intercâmbios obstruídos, é necessário mencionar o que o dinheiro pode comprar e como é distribuído. O dinheiro, nas palavras do autor de *Spheres of Justice*, tem como funções servir como medida de equivalência e como meio de troca. O mercado, que está aberto a todos aqueles que nele queiram ingressar, é o *locus* no qual desempenha as referidas funções. O dinheiro pode comprar "todos aqueles objectos, mercadorias, produtos e serviços, para além do que é comunitariamente fornecido, que os indivíduos acham úteis ou aprazíveis e constituem a existência normal nos bazares, lojas e entrepostos comerciais"[279]; esta, portanto, é a esfera na qual atua. No que concerne à distribuição, pode-se dizer, lembrando que o significado social do bem determina seu critério de justa distribuição, que o dinheiro (assim como as mercadorias) deve ser distribuído de acordo com o critério da livre-troca no mercado, isto é, de acordo com o êxito nos negócios.[280]

A terceira esfera distributiva examinada por Michael Walzer (considerando-se a "qualidade de membro" como um pressuposto à discussão das esferas, e não como uma esfera propriamente dita) é a dos

[279] Michael Walzer, *As Esferas da Justiça*, op. cit., p. 110.
[280] Cf. David Miller, "Introduction", in *Pluralism, Justice and Equality*, op. cit., p. 5.

cargos públicos. Para o autor, "um cargo público é uma posição pela qual se interessa a comunidade política no seu todo, escolhendo a pessoa que vai ocupá-la ou regulamentando o processo de escolha".[281] A distribuição dos cargos, acrescenta Walzer, não pode ficar submetida à discricionariedade de indivíduos ou pequenos grupos, sendo fundamental o controle sobre as nomeações. Os cargos, portanto, não podem ser vendidos no mercado, assim como não podem ser apropriados por particulares ou cedidos entre os familiares.[282]

No mundo ocidental, o conceito de cargo público se desenvolveu inicialmente no seio da Igreja Cristã, a fim de combater o nepotismo e a simonia existentes na época em que os particulares controlavam a distribuição dos cargos religiosos. Num segundo momento, os defensores de um funcionalismo público secularizaram a ideia de cargo público, introduzindo-a no âmbito do Estado. Assim como ocorrera com o serviço de Deus, escreve Walzer, o serviço da comunidade política também se transformou, através de um lento processo, no ofício de pessoas qualificadas. Por fim, a ideia de cargo público tem sido gradualmente estendida para o âmbito da sociedade civil. Conforme explica o autor:

> Presentemente, a qualidade de membro da maior parte das profissões tornou-se "oficial", na medida em que o Estado controla os processos de autorização e participa na imposição de padrões para a prática profissional. Efectivamente, todo e qualquer emprego para o qual se exija um diploma académico, é como que um cargo público, uma vez que o Estado controla o reconhecimento das instituições académicas, dirigindo-as frequentemente ele próprio. Pelo menos em princípio, as classificações e licenciaturas não estão à venda. Talvez seja a pressão do mercado que obriga os patrões a exigir diplo-

---

[281] Michael Walzer, *As Esferas da Justiça*, op. cit., p. 133.

[282] Cf. Michael Walzer, *As Esferas da Justiça*, op. cit., p. 133. Walzer observa que nas sociedades que Max Weber denominou patrimoniais "até mesmo posições no aparelho de Estado eram detidas como propriedade de indivíduos poderosos e passadas de pais para filhos. Não eram necessárias nomeações; o filho sucedia no cargo como na terra e embora o soberano pudesse reivindicar o direito de reconhecer o título, não podia discuti-lo. Actualmente, o mercado é a principal alternativa ao sistema dos cargos e os detentores do poder do mercado ou os seus representantes autorizados – directores de pessoal, capatazes, etc. – são as principais alternativas às autoridades constituídas. Porém, a distribuição das posições e lugares no mercado vem sendo cada vez mais submetida a regulamentação política".

mas (cada vez mais adiantados); porém, no processo da selecção académica, dos estágios e dos exames, os padrões praticados não são simplesmente os do mercado, estando nisso activamente interessados os agentes do Estado.[283]

Em *Spheres of Justice*, Michael Walzer questiona duas espécies de igualdade simples no que diz respeito à esfera dos cargos públicos: o serviço civil universal e o radicalismo populista. De acordo com o primeiro, todos os empregos constituem cargos, devendo ser distribuídos por razões meritocráticas (as carreiras abertas aos talentos, conforme o lema revolucionário francês). O importante é democratizar o processo de escolha dos titulares dos cargos, em consideração ao princípio da igualdade de oportunidades. De acordo com o segundo, por sua vez, todos os cidadãos são convertidos em detentores de cargos. O importante é fazer a distribuição dos cargos ao acaso, por intermédio de sorteio, rotação, etc. No entendimento de Walzer, um serviço civil universal nada mais é do que uma vasta e intrincada hierarquia, na qual predomina uma mistura de virtudes intelectuais e burocráticas. Ademais, "limitar-se-ia a substituir o predomínio do poder privado pelo predomínio do poder estatal – e, portanto, pelo poder do talento ou da instrução ou de qualquer outra qualificação que as autoridades públicas pensassem ser necessária ao desempenho de cargos".[284] Por outro lado, a participação de todos os cidadãos em todos os aspectos da atividade social e política – tal como preconizada pelo radicalismo populista – só é viável em sociedades economicamente simples, além de pequenas e homogêneas. Como sugere Walzer, a desvalorização do saber leva ao predomínio da ideologia, ou seja, quando "o desempenho de cargos públicos se universaliza, igualmente se desvaloriza, ficando aberto o caminho à tirania do conselheiro político e do comissário".[285] Acrescente-se a isso o fato de que é muito difícil universalizar cargos que exigem grande capacita-

---

[283] Michael Walzer, *As Esferas da Justiça*, op.cit., p. 134. Convém explicitar que nos Estados Unidos a ideia de cargo foi implantada nas três dimensões mencionadas: Igreja, Estado e sociedade civil.
[284] Michael Walzer, *As Esferas da Justiça*, op. cit., p. 138.
[285] Michael Walzer, *As Esferas da Justiça*, op. cit., p. 137.

ção ou qualidades especiais de chefia: nem todo indivíduo pode ser médico, engenheiro-chefe em uma fábrica, etc.

Michael Walzer defende, em contraposição às duas espécies de igualdade simples examinadas, um conjunto mais complexo de arranjos sociais e econômicos. Conforme entende o autor, é necessário estabelecer uma distinção (que vai variar de cultura para cultura) entre os processos de seleção que devem efetivamente ser controlados pela comunidade política, por serem relativos aos cargos públicos, e aqueles processos que, sendo relativos aos empregos, podem ficar submetidos aos particulares e aos organismos colegiados. Portanto, nem todos os empregos devem ser convertidos em cargos, e somente esses últimos têm sua distribuição não apenas vinculada à comunidade política, como também baseada no critério da qualificação. O importante, revela Walzer, não é quebrar o monopólio que as pessoas qualificadas exercem na esfera dos cargos, mas sim estabelecer limites às suas prerrogativas. Desse modo:

> Sejam quais forem as qualificações que optemos por exigir – o conhecimento do latim ou a capacidade para passar num exame, fazer uma conferência ou elaborar cálculos de perdas e ganhos -, devemos batalhar para que aquelas [qualificações] se não convertam em argumentos a favor de reivindicações tirânicas de poder e privilégios. Os detentores de cargos devem manter-se estritamente amarrados aos objectivos destes. Assim como exigimos contenção, também exigimos humildade. Se ambas forem convenientemente entendidas e obrigatoriamente praticadas, o pensamento igualitário preocupar-se-á menos com a distribuição de cargos do que o que actualmente acontece.[286]

Segundo a conclusão de Michael Walzer, embora o controle político das atividades e dos empregos essenciais ao bem-estar comunitário e a defesa da justa igualdade de oportunidades forneçam boas razões para a expansão dos cargos, na verdade não exigem a imposição de um serviço civil universal, mas apenas "a eliminação ou a redução do arbítrio privado (individual ou de grupo), no que se refere

---

[286] Michael Walzer, *As Esferas da Justiça*, op. cit., p. 138.

a certas espécies de empregos".[287] A instituição de um serviço civil universal, assegura o autor, exigiria uma guerra contra o pluralismo democrático e a complexidade, ou, mais genericamente, contra o pluralismo e a complexidade presentes em qualquer sociedade.[288]

Em *Spheres of Justice*, o exame da esfera dos cargos públicos é procedido pelo exame da esfera do trabalho duro. O trabalho duro (*hard work*) não se confunde com o trabalho exigente ou árduo (*demanding or strenuous work*). Neste último sentido do termo, esclarece Michael Walzer, podemos trabalhar duramente ou arduamente na grande maioria dos cargos e dos empregos (pensemos no escritor que trabalha duramente na elaboração de seu livro). A esfera do trabalho duro diz respeito aos trabalhos irritantes, desagradáveis, amargos e difíceis de suportar: trabalhos que as pessoas, diante de opções minimamente atraentes, certamente não escolheriam. Esse gênero de trabalho, acrescenta Walzer, constitui "um bem negativo e arrasta normalmente consigo outros bens negativos: pobreza, insegurança, falta

---

[287] Michael Walzer, *As Esferas da Justiça*, op. cit., p. 161.
[288] Cf. Michael Walzer, *As Esferas da Justiça*, op. cit., p. 164. Aos que perguntam se não estaríamos diante de uma guerra justa, em prol da "igualdade de oportunidades", Walzer responde que esta "é um padrão para a distribuição de alguns empregos, mas não de todos os empregos. É o mais adequada [*sic*] possível aos sistemas centralizados, profissionalizados e burocratizados e a sua prática tende provavelmente a fomentar esses sistemas. Aqui são necessários o controlo comunitário e a qualificação individual e o princípio essencial é o da 'justiça'. E aqui temos de suportar o domínio da maioria e, por conseguinte, das autoridades públicas e a autoridade de homens e mulheres qualificados. Porém, obviamente, há empregos desejáveis que estão fora daqueles sistemas e que são justamente (ou não injustamente) controlados por pessoas privadas ou por grupos e que não têm de ser distribuídos 'justamente'. A existência de tais empregos abre caminho a um tipo de êxito para o qual as pessoas não têm de se qualificar – na verdade, nem se podem qualificar – estabelecendo assim limites à autoridade dos qualificados. Há áreas da vida social e econômica onde a sua autoridade não prevalece. As fronteiras exactas destas áreas serão sempre problemáticas, mas a sua realidade não o é de modo algum. Distinguimo-las do serviço civil porque o modelo das relações humanas no seu interior é melhor do que seria se o não fizéssemos – melhor, quer dizer, atenta determinada concepção das boas relações humanas". A igualdade complexa na esfera dos cargos públicos, portanto, se por um lado exige que as carreiras estejam abertas aos talentos, por outro impõe limites às prerrogativas dos indivíduos talentosos.

de saúde, perigo físico, desonra e degradação. E, todavia, é um trabalho socialmente necessário; tem de ser feito, o que quer dizer que é preciso encontrar quem o faça".[289]

De acordo com a síntese de José Nedel, o trabalho duro se apresenta sob as formas de trabalho perigoso ou arriscado (carreira militar, trabalho nas minas, etc.), trabalho extenuante ou exaustivo (construção de estradas, trabalho de limpeza e lavagem nas cozinhas, etc.), e trabalho sujo (coleta de lixo, limpeza de sanitários, etc.).[290] Conforme assinala Walzer, a solução convencional para o problema do trabalho duro (visto que, como fora afirmado, sendo socialmente necessário deve ser realizado) obedece a uma equação simples, segundo a qual é distribuído entre os indivíduos degradados, isto é, entre os escravos, os estrangeiros residentes e os trabalhadores-hóspedes, todos eles intrusos, ou então, alternativamente, entre nativos que, nesta situação, se convertem em estrangeiros de dentro, como os intocáveis indianos e os negros norte-americanos após a emancipação. É necessário ainda lembrar que, em um grande número de sociedades, "as mulheres têm constituído o grupo mais importante de estrangeiros de 'dentro', fazendo o trabalho desprezado pelos homens e libertando estes, não só para actividades económicas compensadoras, mas também para o exercício da cidadania e para a política. Efectivamente, o trabalho doméstico que as mulheres tradicionalmente têm vindo a fazer – cozinhar, limpar, cuidar dos doentes e dos velhos – constitui uma parte substancial da economia dos nossos dias, sendo para ele recrutados estrangeiros (e entre estes, sobretudo mulheres)".[291]

Segundo Walzer, há duas formas de igualdade simples na esfera do trabalho duro. A primeira vincula-se ao velho sonho de que ninguém precisará realizá-lo, ou seja, o trabalho duro será abolido através da substituição de homens e mulheres por máquinas. Essa solução, asse-

---

[289] Michael Walzer, *As Esferas da Justiça*, op. cit., p. 166.
[290] Cf. José Nedel, *A Teoria Ético-Política de John Rawls*, op. cit., p. 105.
[291] Michael Walzer, *As Esferas da Justiça*, op. cit., p. 166. Como ressalta o autor, a solução convencional para o problema do trabalho duro baseia-se no entendimento cruel segundo o qual os bens negativos devem ser alocados para indivíduos negativos.

vera Walzer, sempre foi irrealista, entre outros motivos pelo fato de que a automação nunca constituiu uma alternativa real em diversas ocupações humanas que exigem um trabalho duro. A segunda forma de igualdade simples requer que o trabalho duro seja compartilhado ou rotativamente distribuído entre os cidadãos. Com exceção dos presos – pois deve ficar claro que não se trata de um estigma ou de uma condenação –, todos devem realizá-lo, para que assim um exército de cidadãos possa tomar o lugar do exército de reserva do proletariado. Tal proposta, reconhece Walzer, tem os seus atrativos, contudo, não pode ser defendida em todos os setores do trabalho duro (o trabalho nas minas de carvão, por exemplo, é insuscetível de ser compartilhado ou rotativamente exercido). Uma vez afastados os argumentos que remetem à ideia de igualdade simples, Michael Walzer propõe formas mais complexas de distribuição dos bens negativos, de modo que estes venham a ser repartidos não apenas entre os indivíduos, mas também entre as esferas distributivas, o que significa dizer que alguns podem ser comprados e vendidos no mercado, outros devem ser compartilhados (assim como são compartilhados os custos da provisão comunitária), etc.[292] Ao contrário do que ocorre com os bens positivos, os bens negativos não têm um destino adequado. Consequentemente, conclui Walzer, não há solução fácil, elegante ou plenamente satisfatória para o problema do trabalho duro:

> Poderemos compartilhar (e modificar parcialmente) o trabalho duro através de uma forma qualquer de serviço nacional; poderemos remunerá-lo com dinheiro ou com lazer; poderemos torná-lo mais vantajoso, aliando-o a outros tipos de actividade (política, directiva e profissional por sua natureza). Poderemos recrutar, revezar, cooperar e compensar; poderemos reorganizar o trabalho e rectificar os seus nomes. Poderemos fazer tudo isto que não aboliremos o trabalho duro nem a classe dos que trabalham duramente. A primeira espécie de abolicionismo é [...] impossível e a segunda não faria mais do que acrescentar a coerção à dureza. As medidas que propus são, na melhor das hipóteses, parciais e incompletas. Têm um objectivo adequado a um bem negativo: uma distribuição do trabalho duro que não corrompa

---

[292] Cf. Michael Walzer, *As Esferas da Justiça*, op. cit., p. 167 e 168.

as esferas distributivas às quais se sobrepõe, levando a pobreza para a esfera do dinheiro, o aviltamento para a esfera da honra, a fraqueza e a resignação para a esfera do poder. Banir o predomínio negativo; é este o propósito da negociação colectiva, da gestão cooperativa, do conflito profissional e da rectificação dos nomes: a política do trabalho duro. Os resultados desta política são imprecisos, mas seguramente diferentes de época para época e de lugar para lugar, condicionados por hierarquias previamente estabelecidas e por concepções sociais. Serão, porém, também condicionados pela solidariedade, pela competência e pela energia dos próprios trabalhadores.[293]

O tempo livre (lazer) é a quinta esfera abordada por Michael Walzer. Constitui, consequentemente, uma questão essencial de justiça distributiva. Para o autor, todavia, o tempo livre – ao contrário do dinheiro, dos cargos públicos, da educação e do poder político – não é um bem perigoso, uma vez que, além de não poder ser convertido facilmente em outros bens, não pode ser utilizado com o intuito de dominar outras distribuições.[294] O tempo livre pode se manifestar de variadas formas, quais sejam: férias, feriados (dias festivos), fins de semana, e tempo livre após o trabalho (fins de tarde).[295]

A igualdade simples no âmbito da presente esfera exige que todos tenham exatamente a mesma porção de tempo livre. Walzer, porém, rejeita tal solução, afirmando que "uma considerável variação é não só possível como desejável, atentos os vários tipos de trabalho que as pessoas fazem".[296] De acordo com a lógica walzeriana, ao que parece,

---

[293] Michael Walzer, *As Esferas da Justiça*, op. cit., p. 182.
[294] Cf. Michael Walzer, *As Esferas da Justiça*, op. cit., p. 183. Walzer observa que, em seu sentido mais comum, o termo lazer – tendo por essência a ideia de ociosidade – designa o oposto de trabalho. Alternativamente, porém, lazer – não significando ociosidade – contrapõe-se apenas a trabalho obrigatório, fruto de uma imposição da natureza, do mercado, do capataz, do patrão, etc. Portanto, há "uma maneira livre de trabalhar (ao ritmo de cada um) e géneros de trabalho compatíveis com uma vida de lazer". Michael Walzer, *As Esferas da Justiça*, op. cit., p.184.
[295] Ver José Nedel, *A Teoria Ético - Política de John Rawls*, op. cit., p.105; e Michael Walzer, *As Esferas da Justiça*, op. cit., p. 183.
[296] Michael Walzer, *As Esferas da Justiça*, op. cit., p. 187.

a igualdade complexa na esfera do tempo livre requer apenas que os indivíduos não sejam privados das formas de descanso fundamentais ao seu tempo e lugar, mas sim usufruam de férias (embora não das mesmas férias), caso estas tenham um significado essencial, e participem dos festivais que configuram uma vida comum. O tempo livre, portanto, não apresenta uma estrutura moralmente obrigatória singular. Nesse sentido, escreve Walzer, o "que é moralmente obrigatório é que a sua estrutura, seja ela qual for, não venha a ser distorcida por aquilo a que Marx chamava 'os esbulhos' do capital, ou pelo malogro da provisão comunitária quando a provisão é reclamada, ou pela exclusão dos escravos, estrangeiros e párias. Uma vez libertado destas distorções, o tempo livre será experimentado e gozado pelos membros de uma sociedade livre de todas aquelas diferentes formas que, individual ou colectivamente, forem capazes de inventar".[297]

A esfera da educação, de acordo com Michael Walzer, abrange um conjunto de bens sociais – escolas, professores e conhecimentos – que, por serem concebidos independentemente dos outros bens, exigem processos distributivos próprios ou autônomos.[298] A educação, afirma o autor, é um programa de sobrevivência social, na medida em que expressa o nosso profundo desejo de permanência diante do tempo. Por isso, toda a sociedade humana educa suas crianças, ou seja, seus membros novos e futuros. As escolas não apenas

---

[297] Michael Walzer, *As Esferas da Justiça*, op. cit., p. 194.
[298] Cf. Michel Walzer, *As Esferas da Justiça*, op. cit., p. 196. Aprofundando seu raciocínio, Walzer escreve: "Os lugares de professor, o destino dos alunos, a autoridade nas escolas, as classes e promoções e os diferentes tipos e níveis de conhecimento, todos têm de ser distribuídos e os padrões distributivos não podem limitar-se a reproduzir os padrões económicos e a ordem política, pois os bens em causa são de natureza diferente. É claro que a educação favorece sempre um determinado modo de vida adulto e o apelo feito pela escola à sociedade, por uma concepção de justiça educativa a uma concepção de justiça social, é sempre legítimo. Mas ao fazer este apelo, devemos também atender à natureza especial da escola, à relação professor-aluno e, em geral, à disciplina intelectual. A autonomia relativa é função do que for o processo educativo e dos bens sociais que este implica, logo que deixa de ser directo e imediato". Cabe esclarecer que o processo educativo é direto e imediato quando não há escolas e os próprios pais instruem os filhos para a realização de seus futuros ofícios.

preenchem um espaço intermediário entre a família e a sociedade, como também preenchem um tempo intermediário entre a infância e a idade adulta. Não é verdade, além do mais, que sempre e obrigatoriamente reproduzam a realidade social com suas hierarquias estabelecidas, ideologias dominantes, etc. Caso fosse verdade, não haveria uma esfera independente com sua lógica interna, e não teria sentido falar em uma distribuição justa dos bens educacionais. As escolas, acredita Walzer, proporcionam um contexto fundamental para o desenvolvimento do espírito crítico e a formação de críticos sociais. A crítica social, portanto, é uma consequência da relativa autonomia das escolas em relação à própria sociedade.[299]

A despeito disso, relata o autor de *Spheres of Justice*, a divisão mais simples e comum do conjunto das crianças, para fins educativos, tem obedecido à seguinte fórmula: educação mediata ou indireta (*mediated education*) para uma minoria privilegiada e educação direta (*direct education*) para o restante, o que demonstra que "as escolas têm sido, na sua maioria, instituições de elite, influenciadas pelo nascimento e pelo sangue ou pela riqueza, o sexo ou a posição hierárquica e influenciando, por sua vez, os cargos religiosos e políticos".[300] Essa realidade, contudo, pouco tem a ver com o caráter interno da escola, de modo que (exceto na Índia descrita pelo geógrafo e navegador Silax, onde existe um abismo a separar os reis dos súditos) nenhuma criança deve ser excluída da comunidade fechada (*enclosed community*) na qual as doutrinas (incluindo a doutrina do governo) são ensinadas. Como bem sintetiza Walzer, quando as escolas são exclusivas (*exclusive*) – o que significa dizer que não atendem a todas as crianças – isso se deve ao fato não de serem escolas, mas de terem sido apoderadas por uma elite social.[301]

---

[299] Cf. Michael Walzer, *As Esferas da Justiça*, op. cit., p. 195 e 196.
[300] Michael Walzer, *As Esferas da Justiça*, op. cit., p. 198.
[301] Cf. Michael Walzer, *As Esferas da Justiça*, op. cit., p. 198 e 199. A referência que Walzer faz à Índia de Silax é retirada de Aristóteles, que, em *A Política*, afirma: "Visto que toda a sociedade política se compõe de homens que mandam e homens que obedecem, é preciso examinar se os chefes e os subordinados devem ser sempre os mesmos, ou se devem trocar de função. É evidente que a educação deve responder por essa grande

Nos Estados democráticos as escolas devem ser inclusivas (*inclusive schools*), ou seja, abertas a todas as crianças, para que os futuros cidadãos possam ser preparados para a vida política; afinal, escreve Walzer, se "existe um conjunto de conhecimentos que os cidadãos devem apreender (ou julgam que devem apreender) de modo a desempenharem o seu papel, terão de ir para a escola e terão todos de o fazer".[302] A igualdade simples dos estudantes, prossegue o autor, está vinculada à igualdade simples dos cidadãos; sendo assim, se em relação aos últimos a cada pessoa corresponde um voto, em relação aos primeiros, a cada criança corresponde um lugar no sistema educativo. A igualdade simples determina a política da escola democrática, de maneira que é possível conceber a "qualidade educativa como uma forma de provisão de previdência no âmbito da qual todas as crianças, concebidas como futuros cidadãos, têm a mesma necessidade de conhecimento, sendo o ideal da qualidade de membro mais bem servido se a todas forem ensinadas as mesmas coisas".[303] Para o autor, como a educação escolar fundamental está relacionada com a necessidade, não pode depender da capacidade econômica ou da posição social dos pais. Portanto, o critério para a justa distribuição da escolaridade básica é a necessidade (acrescida do interesse e da capacidade dos alunos para aprender), obedecendo à ideia de igualdade simples, embora a simplicidade não permaneça por muito tempo, visto que, uma vez entrando na escola, as crianças logo come-

---

divisão. Se houvesse, pois, entre uns e outros, tanta diferença como julgamos existir, de um lado entre os deuses e os heróis, e os homens do outro lado, primeiro na relação do corpo e depois na da alma, de modo que a superioridade dos chefes sobre os súditos fosse clara e incontestável, não se poderia negar que melhor seria que os mesmos homens mandassem sempre ou obedecessem. Mas como não é fácil encontrar esses mortais privilegiados, e não sendo possível descobrir uma superioridade semelhante à que Silax atribui aos reis indianos sobre os seus súditos, vê-se claramente que, por muitas razões, devem todos os cidadãos mandar e obedecer alternadamente. A igualdade é a identidade de funções entre seres semelhantes, e é difícil ao Estado subsistir quando obra contra as leis da justiça". Aristóteles, *A Política*, 15ª ed., tradução de Nestor Silveira Chaves, Rio de Janeiro, Ediouro, 1988, p. 90.

[302] Michael Walzer, *As Esferas da Justiça*, op. cit., p. 199.
[303] Michael Walzer, *As Esferas da Justiça*, op. cit., p. 199.

çam a se diferenciar.[304] Em um parágrafo esclarecedor, Michael Walzer escreve:

> A educação democrática começa pela igualdade simples: um trabalho comum para um fim comum. A educação é distribuída igualmente por todas as crianças ou, mais precisamente, todas as crianças são ajudadas a dominar o mesmo conjunto de conhecimentos. Isto não significa que todas sejam tratadas exactamente da mesma maneira. Os louvores são, por exemplo, copiosamente distribuídos nas escolas japonesas, mas não o são igualmente por todas as crianças. Algumas desempenham regularmente as funções de professores-alunos; outras são sempre alunos. As atrasadas e apáticas recebem provavelmente uma parcela desproporcionada da atenção do professor. O que as mantém juntas é a solidez da escola e a essência do programa.[305]

A igualdade dos cidadãos, assegura Walzer, exige um ensino comum, cujo tempo de duração deve ser objeto de um debate democrático no interior da comunidade política. Fora do âmbito do ensino básico, contudo, a igualdade simples mostra-se totalmente inadequada. O ensino especializado, portanto, não pode ser distribuído com base nos mesmos critérios (necessidade, interesse e capacidade) que norteiam a distribuição da escolaridade obrigatória. Partindo do pressuposto de que a educação especializada é normalmente concebida como uma espécie de cargo, sendo aspirada por considerável número de indivíduos interessados e capazes, Walzer conclui que os estudantes devem se qualificar para recebê-la, submetendo-se a um processo de seleção, o que significa dizer que a educação superior é um legítimo monopólio dos talentosos.[306]

O parentesco e o amor – contrariando uma opinião frequente, segundo a qual os laços de parentesco e as relações sexuais estariam fora do alcance da justiça distributiva – constituem a sétima esfera distributiva analisada por Michael Walzer. Estamos diante não de

---

[304] Cf. Michael Walzer, *As Esferas da Justiça*, op. cit., p. 199 e 200.
[305] Michael Walzer, *As Esferas da Justiça*, op. cit., p. 203. Para um exame do ensino japonês, ver p. 201 e 202.
[306] Cf. Michael Walzer, *As Esferas da Justiça*, op. cit., p. 203 a 207. Ver também José Nedel, *A Teoria Ético-Política de John Rawls*, op. cit., p. 106 e 107.

uma zona sagrada insuscetível de crítica filosófica, mas sim de uma esfera como qualquer outra, capaz de influenciar e ser influenciada pelas demais. As fronteiras da esfera do parentesco e do amor, afirma Walzer, constantemente precisam ser defendidas contra intromissões tirânicas, como a demanda por trabalho infantil em fábricas e em minas, o aquartelamento de tropas em casas particulares, as "visitas" de agentes do Estado, etc. Em contrapartida, acrescenta o autor, muitas vezes outras esferas devem ser defendidas contra intromissões oriundas da esfera do parentesco e do amor, visto que o nepotismo e o favoritismo configuram atos de amor bloqueados na sociedade norte-americana, embora não obrigatoriamente em outras sociedades. De acordo com sua lição:

> Na família e por meio da aliança de famílias, realizam-se importantes distribuições. Dotes, presentes, heranças, pensões de alimentos e ajuda mútua de muitos e variados tipos, todos estão sujeitos a regras de natureza convencional e que revelam concepções profundas, mas nunca permanentes. Mais importante do que isso, o próprio amor e também o casamento, a preocupação paternal e o respeito filial estão igualmente sujeitos e são igualmente reveladores. "Honra o teu pai e a tua mãe" é uma regra distributiva. Igualmente o é a máxima confuciana a respeito dos irmãos mais velhos. E igualmente o são os muitos preceitos que os antropólogos revelaram e que ligam as crianças, por exemplo, aos tios maternos ou as esposas às sogras. Também estas distribuições dependem de concepções culturais que mudam com o andar dos tempos. Se as pessoas amam e se casam livremente como é suposto fazerem, é devido ao significado que o amor e o casamento têm na nossa sociedade. E não somos inteiramente livres, apesar de uma série de lutas de libertação. O incesto continua proibido. [...] A poligamia é igualmente proibida. O casamento homossexual continua a não ser legalmente reconhecido e é politicamente controverso. A miscigenação acarreta sanções sociais, embora já não legais. Em cada um destes (muito diferentes) casos, a "libertação" seria um acto redistributivo, constituindo um novo sistema de compromissos, obrigações, responsabilidades e alianças.[307]

---

[307] Michael Walzer, *As Esferas da Justiça*, op. cit., p. 221.

## 2. PRINCÍPIOS DE JUSTIÇA DISTRIBUTIVA

Michael Walzer observa que o amor e o matrimônio, ao longo da história humana, têm sido regulamentados de modo muito mais detalhado do que são atualmente nos Estados Unidos. As regras de parentesco, com suas profundas variações, propiciam um banquete antropológico. A pergunta distributiva básica "quem... quem?" admite infindáveis formulações (Quem pode dormir com quem? Quem pode casar com quem? Quem vive com quem? Quem festeja com quem? Quem deve respeitar quem? Quem é responsável por quem?) e respostas, sendo que estas últimas configuram um complexo sistema de regras cuja violação transforma os dirigentes ou príncipes que a perpetraram em tiranos, uma vez que, acrescenta o autor, o predomínio do poder sobre o parentesco representa muito provavelmente o conceito mais profundo de tirania.[308]

Conforme assinala Walzer, a abolição da família – tal como imaginada por Platão, em *A República*, no que concerne à sociedade dos guardiães – constitui a forma mais radical de igualdade simples na esfera do parentesco e do amor, traduzindo a absoluta primazia da comunidade política sobre os laços sanguíneos, visto que um parentesco universal nada mais é do que um parentesco inexistente.[309] Para Walzer, o importante – a fim de possibilitar o triunfo da igualdade complexa – é traçar as fronteiras não só entre a família e a política, mas também entre a família e a economia, de modo que a liberdade

---

[308] Cf. Michael Walzer, *As Esferas da Justiça*, op. cit., p. 222.

[309] Cf. Michael Walzer, *As Esferas da Justiça*, op. cit., p. 223 e 224. O autor de *Spheres of Justice* critica John Rawls pelo fato de este afirmar que, enquanto existir uma forma qualquer de estrutura familiar, o princípio da igualdade de oportunidades só poderá ser aplicado de modo imperfeito. Contudo, é preciso ressaltar que Rawls, como reconhece o próprio Walzer, não chega a se definir pelo abolicionismo, como se constata a partir da leitura da seguinte passagem de *A Theory of Justice*: "Deve a família ser abolida? Em si mesma, e desde que lhe seja atribuída alguma primazia, a ideia da igualdade de oportunidades inclina-se nessa direcção. Mas, dentro do contexto da teoria da justiça, no seu conjunto, tal orientação torna-se menos imperiosa". John Rawls, *Uma Teoria da Justiça*, op. cit., p. 387. Ver também p. 77. A respeito da crítica de Walzer, ver *As Esferas da Justiça*, op. cit., p. 223.

de escolha, embora não seja o único princípio distributivo na esfera do parentesco, seja o princípio distributivo do amor romântico.[310]

A próxima esfera distributiva examinada por Michael Walzer é a esfera da graça divina.[311] Segundo Walzer, a graça nos fornece, no âmbito cultural do Ocidente democrático, um perfeito exemplo de esfera autônoma, na medida em que não pode ser comprada, herdada ou imposta, assim como não pode ser conquistada em decorrência da ocupação de um cargo ou da aprovação em um exame. Além do mais, não é objeto hoje em dia de provisão comunitária, embora no passado já o tenha sido. Em síntese, "a aspiração à graça (e, obviamente, a sua distribuição por um Deus onipotente) é necessariamente livre".[312]

Walzer nos lembra que John Locke, em sua *Carta acerca da Tolerância*, ao diferenciar as jurisdições do magistrado civil e de Deus (ou das autoridades religiosas), afirma a separação entre o Estado e a Igreja (leia-se: entre a esfera do poder político e a esfera da graça divina). Aproximadamente um século depois, continua Walzer, as ideias de Locke vão encontrar respaldo legal na primeira emenda (1791) à Constituição dos Estados Unidos da América (1787), na medida em que esta, rechaçando qualquer tentativa de provisão comunitária na esfera da graça divina, estabelece que o congresso não poderá legislar a fim de instituir uma religião ou proibir o livre culto.[313] Na interpre-

---

[310] Cf. Michael Walzer, *As Esferas da Justiça*, op. cit., p. 227 e 228.

[311] Acerca da definição e da importância deste bem, o autor escreve: "A graça é o dom que se crê provir de um Deus misericordioso. Concede-a a quem Lhe apraz, aos que merecem (como se tal fosse reconhecido por um júri de anjos) ou aos que torna merecedores dela por razões que só Ele sabe. Nada sabemos, porém, sobre este dom. Na medida em que homens e mulheres acreditem estar salvos ou sejam julgados pelos outros como estando salvos, são destinatários de um bem social cuja distribuição é mediada por uma organização eclesiástica ou por uma doutrina religiosa. Este bem não está disponível em todas as culturas e sociedades e talvez nem na sua maior parte. Tem, contudo, sido tão importante na história do Ocidente que tenho que me ocupar dele aqui". Michael Walzer, *As Esferas da Justiça*, op. cit., p. 235.

[312] Michael Walzer, *As Esferas da Justiça*, op. cit., p. 235.

[313] Cf. Michael Walzer, *As Esferas da Justiça*, op. cit., p. 236 e 237. A redação integral da primeira emenda à Constituição dos Estados Unidos da América é a seguinte: "*Congress shall make no law respecting an establishment of religion, or prohibiting the free exercise thereof; or abriding the freedom of speech, or of the press; or the right of the people peaceably to*

tação do autor de *Spheres of Justice*, a primeira emenda é uma norma de igualdade complexa, pois não distribui a graça uniformemente (na verdade, sequer a distribui). Todavia, conclui Walzer,

> [...] o muro que ergue tem consequências distributivas profundas. Determina no campo religioso o sacerdócio de todos os crentes, ou seja, deixa a todos os crentes o encargo da própria salvação. Podem reconhecer a hierarquia eclesiástica que quiserem, mas o reconhecimento ou a rejeição são da sua inteira responsabilidade; não lhes é legalmente imposto nem é legalmente obrigatório. E aquele muro produz, no campo político, a igualdade entre crentes e não-crentes, santos e pessoas mundanas, salvos e réprobos: todos são igualmente cidadãos, possuindo o mesmo conjunto de direitos constitucionais. A política não domina a graça nem a graça a política.[314]

A penúltima esfera distributiva examinada por Michael Walzer é a esfera do reconhecimento ou da consideração social. Conforme escreve o professor de Princeton, um título – tendo-se em mente uma sociedade hierarquizada como a da Europa feudal – é a denominação de uma posição social ligada ao nome de uma pessoa. Ao designarmos uma pessoa por seu título, a inserimos na ordem social, honrando-a ou desonrando-a, dependendo do lugar ocupado. Normalmente, os títulos proliferam "nas posições superiores onde assinalam nítidas distinções e revelam a intensidade e a importância da luta pela consideração social. As posições inferiores recebem títulos mais humildes e os homens e mulheres da classe mais baixa não têm quaisquer títulos e são chamados pelos seus primeiros nomes ou por qualquer designação depreciativa ('escravo', 'rapaz', 'rapariga', etc.)".[315] De acordo com Walzer, quando conhecemos os títulos de todas as pessoas (o que não é difícil nas sociedades hierarquizadas), estamos preparados para todos os encontros, uma vez que conhecemos a ordem social, sabendo a quem nos devemos submeter e, em

---

*assemble, and to petition the Government for a redress of grievances*". The Oxford Companion to the Supreme Court of the United States, Kermit Hall (Org.), New York, Oxford University Press, 1992, p. 960.
[314] Michael Walzer, *As Esferas da Justiça*, op. cit., p. 237.
[315] Michael Walzer, *As Esferas da Justiça*, op. cit., p. 240.

contrapartida, quem deve se submeter a nós. Em uma sociedade hierarquizada, acrescenta o autor, só é possível elogiar ou censurar os inferiores e os iguais, pois o reconhecimento aos superiores deve ser incondicional, o que demonstra que a posição (*rank*) predomina sobre a consideração social ou reconhecimento.[316]

Se a consideração social nas sociedades hierárquicas, prossegue Walzer, depende de preconceitos sociais (consagrados em denominações como escudeiro, dom, reverendo bispo, etc.), e não de juízos independentes, as revoluções democráticas da era moderna vão representar um ataque ao sistema de preconceitos sociais em sua totalidade, acarretando a substituição da hierarquia de títulos por um título único. Nesse novo cenário, o título que, considerando-se a língua inglesa, passa a prevalecer, oriundo do escalão mais baixo da aristocracia ou da nobreza, é o de *"master/Mr."* (em outros idiomas: *monsieur, Herr, signor, señor,* senhor, etc.), o que significa dizer que um título de honra, embora não da mais alta honra, foi transformado no título comum.[317] Em uma sociedade de senhores, as carreiras estão abertas aos talentos, e todos podem almejar o reconhecimento. A igualdade dos títulos produz uma igualdade de esperanças, acarretando uma competição generalizada. Conforme escreve Walzer:

> A luta pela honra que grassava entre os aristocratas e que desempenhou um papel tão importante no primeiro período da literatura moderna é hoje travada pelo homem comum. Não é, porém, a honra aristocrática

---

[316] Cf. Michael Walzer, *As Esferas da Justiça*, op. cit., p. 240 e 241.

[317] Cf. Michael Walzer, *As Esferas da Justiça*, op. cit., p. 242 e 243. Walzer chama a atenção para o fato de "não haver para as mulheres qualquer título comparável ao de Mr. para os homens. Mesmo após a revolução democrática, continuaram a ser chamadas por designações (como Miss ou Mrs.) que se reportam ao seu lugar na família e não na sociedade em geral. As mulheres eram 'classificadas' conforme o lugar da sua família e não se esperava que seguissem o seu próprio caminho. A invenção de Ms. é uma solução desesperada: uma abreviatura para a qual não existe a palavra correspondente. Em parte, a conclusão a que quero chegar aplica-se tanto às mulheres como aos homens, mas só em parte. A ausência de um título universal revela a permanente exclusão das mulheres – ou de muitas mulheres – do universo social, da esfera da consideração social tal como se encontra presentemente constituída". Michael Walzer, *As Esferas da Justiça*, op. cit., p. 243.

que o homem comum procura. À medida que a luta alastra, assim também o bem social em disputa se diversifica infinitamente, multiplicando-se os seus nomes. Honra, respeito, estima, louvor, prestígio, posição, reputação, dignidade, categoria, atenção, admiração, valor, distinção, deferência, homenagem, apreciação, glória, fama, celebridade: estas palavras foram-se acumulando ao longo dos tempos, tendo sido originalmente usadas em diferentes cenários sociais e com diferentes objectivos. Podemos, porém, apreender facilmente o seu elemento comum. Trata-se dos nomes dados a uma consideração social favorável, hoje largamente desprovidos de qualquer especificidade em termos de classe. Os seus antónimos significam, ou uma consideração desfavorável (desonra) ou uma não-consideração (desatenção).[318]

A igualdade simples, afirma Walzer, não é possível no que concerne ao reconhecimento (o fato de os indivíduos serem tratados pelo mesmo título não significa que desfrutem do mesmo grau de consideração). Diferentemente das mercadorias e da riqueza, que podem ser redistribuídas, a consideração social é um bem extremamente complexo, dependente – abstraindo-se os casos de reconhecimento público e desonra pública – de atos individuais de respeito e desrespeito, bem como de atenção e desatenção.[319] Segundo Walzer,

---

[318] Michael Walzer, *As Esferas da Justiça*, op. cit., p. 243. Walzer acrescenta que assim como existem diversas formas de consideração, também existem diversos métodos para obtê-la, de modo que os concorrentes "especulam no mercado, intrigam contra os rivais que lhes estão perto e regateiam pequenos lucros: admiro-te se me admirares. Exercem poder, gastam dinheiro, ostentam bens, dão presentes, espalham mexericos, e encenam proezas, tudo pela consideração social. E tendo feito tudo isto, voltam a fazê-lo, lendo os seus ganhos e perdas diários nos olhos dos outros como os corretores de bolsa nos jornais da manhã". Michael Walzer, *As Esferas da Justiça*, op. cit., p.244.

[319] Cf. Michael Walzer, *As Esferas da Justiça*, op. cit., p. 245 e 246. Mais adiante, estabelecendo uma distinção entre "reconhecimento simples" e "modalidades mais complexas de reconhecimento", Walzer admite que "talvez um respeito mínimo seja [...] característica comum da sociedade de senhores. Poderemos distinguir com proveito aquilo a que chamamos consideração social simples das formas mais complexas de consideração como isto ou aquilo. A consideração simples é hoje uma exigência moral: temos de reconhecer que todas as pessoas com quem nos relacionamos são, pelo menos em potência, destinatários de honra e admiração, concorrentes ou mesmo ameaças.

não pode existir igualdade de resultados na luta pela consideração social, embora possa existir, como promete a sociedade de senhores, igualdade de oportunidades.[320] Todavia, como esclarece José Nedel, a igualdade de oportunidades "não garante que os reconhecimentos se distribuam a indivíduos verdadeiramente dignos de recebê-los: eles nem sempre são sinceros, por causa da competição geral e da influência de outros bens, como a riqueza e o poder".[321]

Após examinar a consideração social ou reconhecimento como se estivéssemos diante de um sistema de livre-iniciativa (ao que parece, o reconhecimento deveria ser distribuído livremente, não de acordo com a posição social ou *status*, mas sim de acordo com as qualidades de reputação), Michael Walzer aborda o denominado reconhecimento público, visto que "paralelamente às distribuições individuais, há uma variedade de distribuições colectivas, recompensas, prémios, medalhas, menções honrosas e coroas de louros".[322]

O merecimento é o critério essencial para a distribuição do reconhecimento público, sendo esta distribuição realizada por autoridades públicas, associações privadas, fundações e comissões. Entretanto, escreve Walzer, para que seja aceito e reiterado pelos

A frase 'Trate-me por senhor' aposta numa reivindicação, não de um determinado grau de honra, mas sim da possibilidade de honra. Eis aqui alguém que não conhecemos e que nos surge pela frente sem sinais distintivos de nascimento e categoria. Apesar disso, não podemos pô-lo fora do jogo. É pelo menos digno da nossa apreciação e somos vulneráveis à sua". Michael Walzer, *As Esferas da Justiça*, op. cit., p. 248. Ver também José Nedel, *A Teoria Ético-Política de John Rawls*, op. cit., p. 109.

[320] Cf. Michael Walzer, *As Esferas da Justiça*, op. cit., p. 246. Se a igualdade de oportunidades foi alcançada em alguma sociedade real, é uma questão difícil de responder.

[321] José Nedel, *A Teoria Ético-Política de John Rawls*, op. cit., p. 109. Walzer explicita que a posição social (*status*) predomina sobre o reconhecimento, o que é "muito diferente do domínio da posição hierárquica, mas ainda não é a livre avaliação de uma pessoa por outra. A livre avaliação exigiria a desagregação dos bens sociais e a autonomia relativa da honra". Michael Walzer, *As Esferas da Justiça*, op. cit., p. 247.

[322] Michael Walzer, *As Esferas da Justiça*, op. cit., p. 249. As honras públicas, acrescenta o autor, correm o risco de ser ineficazes, quando não se submetem aos padrões dos particulares, sendo importante assinalar, contudo, que os indivíduos "estabelecem padrões mais exigentes para a consideração que lhes é concedida do que para aquela que concedem".

particulares, o reconhecimento público deve estar sujeito a um critério objetivo, advindo daí o fato de ser distribuído por júris cujos membros emitem um veredicto acerca das qualidades dos destinatários da honraria, e não apenas mera opinião. Os julgamentos efetuados pelos júris, portanto, não são livres, mas determinados por provas e regras. Dessa forma, conclui o autor, quando a Igreja e o Estado designam, respectivamente, seus santos e heróis, as perguntas (O milagre ocorreu? O ato de coragem foi praticado?) devem ser respondidas por meio de um "sim" ou de um "não".[323]

---

[323] Cf. Michael Walzer, *As Esferas da Justiça*, op. cit., p. 249 e 250. Em um parágrafo de destacada importância, Walzer, após explicitar o papel desempenhado pelo merecimento na distribuição dos bens sociais, critica a visão dos filósofos igualitários – e de John Rawls em especial – acerca deste critério distributivo: "O merecimento tem pouca influência na distribuição dos bens sociais. Mesmo nos casos dos cargos públicos e da educação, o seu papel é indirecto e muito reduzido. No tocante à qualidade de membro, à previdência, à riqueza, ao trabalho duro, ao lazer, ao amor de família e ao poder político, a sua influência é nula (e relativamente à graça divina, não sabemos que influência tem). A desqualificação do merecimento não resulta, porém, do facto de o adjectivo merecedor não caracterizar com precisão os indivíduos de ambos os sexos, pois efectivamente realiza essa caracterização precisa. Os defensores da igualdade têm-se frequentemente sentido compelidos a negar a realidade do merecimento. Aqueles a quem chamamos merecedores – afirmam – são simplesmente pessoas com sorte. Tendo nascido com certas aptidões, educados por pais amantes, exigentes ou estimulantes, encontram-se mais tarde a viver, por mero acaso, num tempo e lugar em que essas suas especiais aptidões, tão cuidadosamente estimuladas, são também apreciadas. É que não podem, por isso, reclamar qualquer crédito; no melhor sentido, não são responsáveis pelos seus êxitos. Mesmo o esforço que fizeram e a penosa aprendizagem a que se submeteram, não provam a existência de qualquer mérito pessoal, pois a capacidade de esforço ou de sacrifício é, como todas as suas outras capacidades, apenas um dom arbitrário da natureza ou da educação. Este argumento é, porém, estranho, pois embora o seu objectivo seja o de nos deixar perante pessoas com iguais direitos, é difícil admitir que nos deixe perante pessoas no sentido integral do termo. Como poderemos conceber estes homens e mulheres se opinarmos no sentido de que as suas capacidades e êxitos são acessórios acidentais, como se fossem chapéus e casacos que por acaso trouxessem vestidos? Que ideia farão, efectivamente, de si mesmos? As formas reflexas da consideração social, a autoconfiança e o amor-próprio, o que de mais importante possuímos [...], devem aparecer desprovidas de sentido àqueles cujas qualidades não são, na sua totalidade, mais do que fruto de uma lotaria". Michael Walzer, *As Esferas da Justiça*, op. cit., p. 250. A tese rawlsiana de acordo com a qual não merecemos

A última esfera distributiva examinada por Michael Walzer é a esfera do poder político. Para o autor, a soberania ou autoridade política, embora não esgote o tema do poder, representa sua mais expressiva e perigosa forma. Isso se deve ao fato de que o poder político, além de ser um bem social em si mesmo, regula o acesso às várias esferas distributivas (incluindo o acesso à própria esfera do poder político). A soberania, portanto, na qualidade de poder estatal, constitui um fator essencial para a realização da justiça distributiva, na medida em que protege as fronteiras dentro das quais cada bem social é distribuído e utilizado. Se, por um lado, o poder político nos protege contra o despotismo, por outro, ele mesmo pode se converter em poder tirânico, daí resultando que deva ser, simultaneamente, defendido e restringido.[324]

Conforme assinala Walzer, compete aos agentes da soberania (os dirigentes políticos), no exercício de suas prerrogativas oficiais, a realização de um vasto rol de tarefas: abolir títulos hereditários; reconhecer os heróis; pagar a acusação e a defesa de criminosos; vigiar o muro que separa a Igreja do Estado; regulamentar a autoridade dos pais; ministrar o casamento civil e fixar pensões alimentícias em casos de separação ou divórcio; definir a competência das escolas e exigir a frequência das crianças; declarar e extinguir feriados públicos; decidir o modo de recrutamento do exército; garantir a probidade do serviço público e dos exames profissionais; obstruir as trocas ilegítimas;

---

os nossos talentos naturais é explicitada na seguinte passagem de *A Theory of Justice*: "não é correcto defender que os sujeitos que possuam maiores talentos naturais e uma maneira de ser que lhes permita desenvolvê-los têm direito a um sistema de cooperação que lhes possibilite obter ainda maiores vantagens por formas que não contribuam para o benefício de outros. Não merecemos o lugar que ocupamos na distribuição dos talentos naturais, tal como não merecemos a nossa posição inicial na sociedade; é também discutível que mereçamos o modo de ser que nos permite cultivar as nossas capacidades; tal modo de ser depende em boa parte de se beneficiar de condições familiares e sociais durante a infância para as quais não podemos reivindicar qualquer crédito. A noção de merecimento não se aplica aqui". John Rawls, *Uma Teoria da Justiça*, op. cit., p. 97.

[324] Cf. Michael Walzer, *As Esferas da Justiça*, op. cit., p. 269. Ver também José Nedel, *A Teoria Ético-Política* de *John Rawls*, op. cit., p. 109.

redistribuir a riqueza; facilitar a organização de sindicatos; determinar a amplitude e a natureza da provisão comunitária; aceitar e rejeitar pedidos de cidadania; e, por fim, submetendo-se aos limites constitucionais, restringir o próprio poder.[325]

Michael Walzer assegura que grandes esforços intelectuais e políticos têm sido despendidos com o intuito de limitar o emprego e a conversibilidade do poder, o que requer uma definição dos intercâmbios obstruídos na esfera política. Para o autor de *Spheres of Justice*, assim como existem coisas que o dinheiro não pode comprar, configurando as denominadas trocas bloqueadas, existem coisas que as autoridades públicas (os representantes da soberania) não podem fazer, configurando os chamados bloqueios ao exercício do poder. Quando as autoridades públicas ignoram tais bloqueios, não estão exercendo o poder político na sua verdadeira acepção, mas apenas se utilizando da força, que nada mais é do que a utilização do poder com violação de seu significado social. Walzer vê no governo limitado – assim como nos intercâmbios obstruídos – um meio fundamental para a obtenção da igualdade complexa. Os limites ao exercício do poder soberano, consequentemente, devem ser concebidos não apenas em termos de liberdade, como se faz comumente, mas também em termos de igualdade. Afinal, acrescenta o autor, a arrogância das

---

[325] Cf. Michael Walzer, *As Esferas da Justiça*, op. cit., p. 269 e 270. Se, em tese, acrescenta Walzer, os dirigentes políticos atuam no interesse e em nome dos cidadãos, é preciso lembrar, contudo, que na maior parte dos países e na maior parte do tempo, eles atuam, na realidade, como "agentes dos maridos e pais, das famílias aristocráticas, dos possuidores de licenciaturas ou dos capitalistas. O poder do Estado é colonizado pela riqueza, pelo talento, pelo sangue ou pelo sexo e uma vez colonizado, raramente é limitado. Por outro lado, o poder do Estado é imperialista em si mesmo; os seus agentes são déspotas por direito próprio. Não fiscalizam as esferas de distribuição, mas invadem-nas; não defendem os propósitos sociais, mas desprezam-nos. Esta é a mais evidente das formas de despotismo [...]. As conotações imediatas da palavra déspota são políticas; o seu sentido pejorativo deriva de séculos de opressão praticada por chefes e reis e, mais recentemente, por generais e ditadores. Ao longo da maior parte da história da Humanidade, a esfera da política tem-se baseado no modelo absolutista em que o poder é monopolizado por uma única pessoa cujas energias são, na sua totalidade, aplicadas em torná-lo dominante não só dentro dos limites, mas também para além deles, em todas as esferas distributivas". Michael Walzer, *As Esferas da Justiça*, op. cit., p. 270.

autoridades, além de ameaçar a liberdade, representa uma afronta à igualdade, na medida em que subordina todos os grupos de homens e mulheres (pais; membros da Igreja; professores e estudantes; trabalhadores, profissionais e titulares de cargos; compradores e vendedores; cidadãos) ao grupo daqueles que detêm e exercem o poder estatal.[326] A exemplo do que anteriormente havíamos feito em relação às trocas bloqueadas, reproduzimos a seguir, com base no relato walzeriano e tendo em mente os Estados Unidos da atualidade, a lista aproximada[327] dos bloqueios ao exercício do poder (*blocked uses of power*):

a) a soberania, antes de mais nada, não abrange a escravização, o que significa dizer que as autoridades públicas – a não ser em decorrência de procedimentos acordados pelos próprios súditos ou por seus representantes e obedecendo a razões provenientes das concepções comuns a respeito da justiça penal, do serviço militar, etc. – não têm permissão para se apoderar dos súditos, obrigando-os a trabalhar, prendendo-os, matando-os, etc.;

b) aos funcionários estatais é vedado controlar os casamentos dos súditos, interferir em suas relações familiares ou regular a educação doméstica das crianças. Tampouco lhes é permitido – a não ser em decorrência de um processo – apreender bens pessoais dos súditos;

c) as autoridades públicas devem respeitar as noções compartilhadas de culpa e inocência. Não podem corromper o sistema de justiça penal, fazer da punição uma forma de repressão política e estabelecer penas cruéis;

d) às autoridades públicas não é permitido vender o poder político ou leiloar decisões;

e) em virtude do fato de que todos os súditos cidadãos são iguais perante a lei, as autoridades públicas não podem discriminar grupos raciais, étnicos ou religiosos, assim como, exceto em decorrência de um processo criminal, degradar ou humilhar os indivíduos. Pelo mesmo motivo, as autoridades públicas não podem impedir o acesso de qualquer pessoa aos bens que são objeto de provisão comunitária;

---

[326] Cf. Michael Walzer, *As Esferas da Justiça*, op. cit., p. 270 a 272.
[327] Para uma abordagem mais detalhada do rol de bloqueios ao exercício do poder, ver Michael Walzer, *As Esferas da Justiça*, op. cit., p. 270 e 271.

f) não é permitido às autoridades públicas – partindo-se do pressuposto de que a esfera do dinheiro e das mercadorias esteja convenientemente delimitada – interferir na livre-troca e nas doações operadas no âmbito da referida esfera. A propriedade privada não pode ser objeto de tributação ou expropriação arbitrárias;

g) aos funcionários estatais é vedado controlar a vida religiosa dos súditos, assim como tentar intervir na distribuição da graça divina;

h) as autoridades públicas – embora tenham a prerrogativa de legislar a respeito dos currículos acadêmicos – não podem interferir na liberdade acadêmica dos professores;

i) por fim, não é permitido às autoridades públicas regular ou censurar, no âmbito de qualquer esfera, discussões acerca do significado dos bens sociais e das fronteiras distributivas adequadas. Consequentemente, as autoridades públicas devem garantir as liberdades civis (liberdade de expressão, liberdade de imprensa, liberdade de reunião, etc.).

De acordo com Michael Walzer, o fundamento do poder político democrático é o consentimento dos cidadãos, e não a propriedade, a especialização, a sabedoria religiosa, etc., o que equivale a dizer que o consentimento – nas democracias liberais ocidentais – é o critério para a justa distribuição do poder político. A concepção democrática do poder, portanto, requer que este seja "possuído, ou pelo menos controlado, por aqueles que mais directamente lhe sentem os efeitos".[328]

---

[328] Michael Walzer, *As Esferas da Justiça*, op. cit., p. 272. Explicitando o modo pelo qual concebe a democracia, Walzer escreve: "Os cidadãos devem governar-se a si próprios. 'Democracia' é o nome deste governo, mas aquele termo não exprime nada que se pareça com um sistema único e nem a democracia é o mesmo que a igualdade simples. Na verdade, o governo nunca pode limitar-se a ser igualitário, pois a um dado momento, alguém ou algum grupo vai ter de decidir esta ou aquela questão e de impor seguidamente a decisão e outro alguém ou algum outro grupo vai ter de aceitar essa mesma decisão e sujeitar-se à sua imposição. A democracia é uma forma de atribuição do poder e de legitimação do seu uso, ou melhor, é a forma política de distribuir o poder. Toda e qualquer razão extrínseca está excluída. O que conta é a discussão entre os cidadãos. A democracia encoraja a palavra, a persuasão, a habilidade retórica. De um ponto de vista ideal, o cidadão que produzir os argumentos mais persuasivos, quer dizer, os argumentos que realmente convençam o maior número de cidadãos, consegue o que pretende. Não pode, porém, usar a força nem fazer valer a sua posição nem

Rechaçada a pertinência de qualquer espécie de igualdade simples na esfera política (por exemplo: a escolha das autoridades públicas por intermédio de um sorteio), Walzer assegura que a atividade política democrática é um monopólio legítimo dos políticos.[329] Para o autor, a democracia não exige igualdade de poder, mas apenas igualdade de direitos, o que o leva a concluir que a igualdade complexa na esfera política não está relacionada à existência de um poder partilhado, mas sim ao fato de que todos os cidadãos têm oportunidades de acesso ao poder, sendo cada qual um político em potencial.[330]

A análise das diversas esferas de justiça com seus princípios internos de distribuição, assim como a crítica ao predomínio do dinheiro, levam Michael Walzer a concluir que – nos Estados Unidos da atualidade – os arranjos institucionais mais adequados para assegurar a igualdade complexa são aqueles próprios a um socialismo democrático descentralizado, ou seja, "um Estado Social forte dirigido, pelo menos em parte, por autoridades locais e amadoras, um mercado limitado, um serviço civil aberto e desmistificado, escolas públicas independentes, partilha do trabalho duro e dos tempos livres, protecção da vida religiosa e familiar, um sistema de reconhecimento e descrédito públicos liberto de toda e qualquer consideração de posição ou classe social, controlo operário das empresas e fábricas e uma política de partidos, movimentos, comícios e debates públicos".[331]

---

distribuir dinheiro; deve falar sobre as questões em causa. E todos os outros cidadãos devem igualmente usar da palavra, ou pelo menos, ter oportunidade de o fazer. Não é, porém, apenas a participação que produz o governo democrático. Igualmente importante é aquilo a que poderíamos chamar o império da argumentação. Os cidadãos trazem ao fórum os seus argumentos e mais nada. Todos os bens de natureza não-política têm de ser depositados no exterior: armas e carteiras, títulos e graus acadêmicos". Michael Walzer, *As Esferas da Justiça*, op. cit., p. 289.

[329] Cf. Michael Walzer, *As Esferas da Justiça*, op. cit., p. 290. Conforme assinala o autor: "O poder 'pertence' à persuasão e, por isso, os políticos não são déspotas desde que o seu poder seja convenientemente limitado e a sua persuasão não seja constituída pela 'linguagem do dinheiro' ou por deferência para com o nascimento e a linhagem". Michael Walzer, *As Esferas da Justiça*, op. cit., p. 291.

[330] Cf. Michael Walzer, *As Esferas da Justiça*, op. cit., p.293 e 294.

[331] Michael Walzer, *As Esferas da Justiça*, op. cit., p. 301. É preciso ressaltar, acrescenta Walzer, que "instituições desta espécie são de pouca utilidade se não forem ocupadas

## 2.2. Construtivismo Ético e Princípios Racional-Dedutivos de Distribuição

Na terceira conferência (terceiro capítulo) de *O Liberalismo Político*, intitulada "O Construtivismo Político", John Rawls discute sua concepção de construtivismo político, contrastando-a, em primeiro lugar, com o intuicionismo racional (como forma de realismo moral), e, em segundo lugar, com o construtivismo moral de Kant (o que evidencia que o construtivismo político da justiça como imparcialidade não se confunde com o construtivismo moral). Passemos ao exame dos referidos contrastes.

No glossário que preparou para *Justiça e Democracia* (*Justice et Démocratie*, no original francês: coletânea de sete artigos rawlsianos, abrangendo o período 1978-1989), Catherine Audard nos ensina que uma característica fundamental de uma doutrina construtivista como a teoria da justiça como imparcialidade reside no fato de que ela não supõe – a fim de evitar a heteronomia – a existência de fatos morais independentes e anteriores, em relação aos quais os seus princípios seriam uma aproximação. Pelo contrário, conclui a autora, em uma doutrina construtivista como a teoria da justiça como imparcialidade, os princípios da justiça são "o resultado de uma construção que expressa a concepção que têm de si mesmos e da sociedade os cidadãos autônomos de uma democracia".[332] Miguel Ángel Rodilla, por sua vez, assevera que no âmbito de uma teoria construtivista os princípios morais corretos devem ser entendidos como o resultado de um procedimento de construção (no qual determinada forma de conceber as pessoas e suas relações com a sociedade se faz presente). Recordando o velho dilema socrático exposto no *Eutífron*, de Platão (o que é piedoso é aprovado pelos deuses pelo fato de ser piedoso,

---

por homens e mulheres que se sintam à vontade no seu seio e estejam preparados para as defender. O facto de a igualdade complexa exigir uma defesa enérgica – defesa essa que começa quando essa igualdade está ainda em desenvolvimento – pode constituir um argumento contra ela. É, contudo, também um argumento contra a liberdade. O preço de ambas é a vigilância permanente".

[332] Catherine Audard, "Glossário", in John Rawls, *Justiça e Democracia*, Catherine Audard (Org.), tradução de Irene Paternot, São Paulo, Martins Fontes, 2000, p. 375.

ou é piedoso por ser aprovado pelos deuses?), Miguel Rodilla ressalta que, para o construtivismo, os princípios morais corretos seriam aqueles acordados pelas partes na posição original, sendo corretos exatamente pelo fato de serem acordados, não se admitindo assim o raciocínio segundo o qual os referidos princípios seriam acordados em virtude do fato de estarem corretos a partir de um padrão moral previamente estabelecido. Para o construtivismo, portanto, não existe, fora do procedimento de construção, qualquer critério capaz de avaliar os acordos.[333] O próprio Rawls, no início da terceira conferência de *O Liberalismo Político*, esclarece:

[333] Cf. Miguel Ángel Rodilla, "Presentación", op. cit., p. XVII e XVIII. O dilema socrático encontra-se em Platão, *Diálogos*, tradução de Márcio Pugliesi e Edson Bini, São Paulo, Hemus, 1977, p. 23. Em *The Cambridge Companion to Rawls*, Onora O'Neill observa que o termo construtivo (*constructive*) é geralmente utilizado pelos defensores de concepções antirrealistas, cabendo lembrar que as concepções realistas (*realist positions*) sustentam que determinados fatos ou propriedades são característicos do mundo, o que significa dizer que não precisam ser construídos a partir de outros elementos. Cf. Onora O'Neill, "Constructivism in Rawls and Kant", in *The Cambridge Companion to Rawls*, Samuel Freeman (Org.), Cambridge, Cambridge University Press, 2003, p. 347. Os construtivistas éticos, prossegue a diretora do Newnham College, diferentemente dos realistas morais, não acreditam que haja propriedades ou fatos morais suscetíveis de serem descobertos ou intuídos a fim de fundamentar a ética. É o caso de Rawls, que nega (em *Themes in Kant's Moral Philosophy*, de 1989) que os princípios éticos fundamentais possam ser considerados verdadeiros ou falsos em decorrência de uma ordem moral de valores concebida anterior e independentemente de nossas concepções acerca da pessoa e da sociedade. Se existisse a possibilidade de conhecer uma ordem moral de valores independente, conclui a mencionada autora, o realismo moral poderia ser aceito, e as concepções éticas construtivistas se tornariam redundantes. Por fim, com o intuito de situar o construtivismo em meio às posições antirrealistas, Onora O'Neill assevera: "*Antirealism comes in many forms in ethical and political theory, and much of it is not constructivist. Constructivisms are distinctive among antirealist ethical positions, not only in claiming that ethical principles or claims may be seen as the constructions of human agents but in two further respects. They also claim that constructive ethical reasoning can be practical – it can establish practical prescriptions or recommendations which can be used to guide action – and that it can justify those prescriptions or recommendations: objectivity in ethics is not illusory. Ethical constructivists reject not only those nonrealist positions which give up on the entire project of justification (e.g., emotivism) but also those which deploy severely restricted conceptions of justification which are too weak to support strong claims about objectivity in ethics (e.g., relativism, communitarianism, social constructionism applied to ethical beliefs). Constructi-*

## 2. PRINCÍPIOS DE JUSTIÇA DISTRIBUTIVA

O construtivismo político é uma visão relativa à estrutura e conteúdo de uma concepção política. Afirma ele que, depois de obtido o equilíbrio reflexivo, se isso vier a acontecer, os princípios de justiça política (o conteúdo) podem ser representados como o resultado de um certo procedimento de construção (a estrutura). Nesse procedimento, modelado de acordo com a posição original [...], os agentes racionais, enquanto representantes dos cidadãos e sujeitos a condições razoáveis, selecionam os princípios públicos de justiça que devem regular a estrutura básica da sociedade. Esse procedimento, assim conjecturamos, sintetiza todos os requisitos relevantes da razão prática e mostra como os princípios de justiça resultam dos princípios da razão prática conjugados às concepções de sociedade e pessoa, também elas idéias da razão prática.[334]

Em seguida, explicitando a importância do construtivismo político, John Rawls escreve:

A enorme importância de uma concepção política construtivista está em sua relação com o fato do pluralismo razoável e com a necessidade de uma sociedade democrática assegurar a possibilidade de um consenso sobreposto em relação a seus valores políticos fundamentais. O motivo pelo qual uma concepção desse tipo pode ser o foco de um consenso sobreposto de doutrinas abrangentes é que ela desenvolve os princípios de justiça a partir das idéias públicas e compartilhadas da sociedade enquanto um sistema eqüitativo de cooperação e de cidadãos como livres e iguais, utilizando os princípios de sua razão prática comum. Ao seguir esses princípios de justiça, os cidadãos demonstram ser autônomos, em termos políticos, e de uma forma compatível com suas doutrinas abrangentes e razoáveis.[335]

---

vist approaches to ethics are therefore distinctive and ambitious. They hold that, although realist underpinnings are unobtainable, (some) objective, action-guiding ethical prescriptions can be justified. The challenge is to see whether and how this combination of ambitions can be sustained". Onora O'Neill, *Constructivism in Rawls and Kant*, op. cit., p.348.

[334] John Rawls, *O Liberalismo Político*, tradução de Dinah de Abreu Azevedo, São Paulo, Ática, 2000, p. 134.

[335] John Rawls, *O Liberalismo Político*, op. cit., p. 135. Para um exame da evolução do construtivismo rawlsiano, ver Onora O'Neill, *Constructivism in Rawls and Kant*, op. cit., p. 349 a 353.

Em sua *Ética*, William Frankena define o intuicionismo como a doutrina metaética de acordo com a qual nossos princípios básicos e juízos de valor são intuitivos ou autoevidentes, de forma que não precisam ser justificados por qualquer espécie de argumento lógico ou psicológico.[336] Miguel Ángel Rodilla observa que o intuicionismo defende a tese de que nossos juízos éticos podem ser racionalmente justificados com base em princípios e em valores objetivos. Do ponto de vista intuicionista, acrescenta Rodilla, os princípios e valores morais fundamentais são como entidades pertencentes a um mundo moral independente, sendo por nós objetivamente captados por intermédio de certa faculdade de intuição moral.[337] Conforme sintetiza W. D. Hudson, em *A Century of Moral Philosophy*, o intuicionismo é a concepção que afirma que os seres humanos possuem uma faculdade, isto é, uma consciência, que os permite, diretamente, discernir entre o que é moralmente certo ou errado, assim como bom ou mau. É preciso ressaltar, no entanto, que os intuicionistas nem sempre concordam a respeito da natureza da referida faculdade.[338] Em

---

[336] Cf. William Frankena, *Ética*, op. cit, p. 122.

[337] Cf. Miguel Ángel Rodilla, "Presentación", op. cit, p. XVII.

[338] Cf. W.D. Hudson, *A Century of Moral Philosophy*, London, Lutterworth Press, 1980, p. 1. Acerca do desacordo existente entre os intuicionistas no que concerne à natureza da consciência moral, W. D. Hudson leciona: *"In the seventeenth and eighteenth centuries there was a great deal of debate amongst intuitionists as to whether conscience should be conceived as a kind of sense or an aspect of reason. Some, like the third Earl of Shaftesbury (1671-1713) and Francis Hutcheson (1694-1746), were of the former opinion. Under the influence of Locke's empiricist epistemology, according to which the ultimate constituents of our knowledge are simple ideas of sensation, they inferred that the faculty which apprehends the moral properties of actions or states of affairs must be some sort of sense; just as all we know about the physical world comes to us through the perceptions of our physical senses, so, they thought, all we know about right and wrong, good and evil, must come to us through the intuitions of a moral sense. Other intuitionists, such as Ralph Cudworth (1617-88), Samuel Clarke (1675-1729), John Balguy (1686-1748) and Richard Price (1723-1791) took the view that the moral faculty is reason. Influenced by Cartesian philosophy, according to which the ultimate constituents of our knowledge are clear and distinct ideas supplied by the understanding, they concluded that conscience must be reason in its intuitive aspect; just as the equality of two angles, made by a right line, standing at any angle upon another, to two right angles is a new, simple mathematical idea supplied by the understanding, so, they claimed, the rightness of an act which e. g. fulfils a promise must be a new simple moral idea*

## 2. PRINCÍPIOS DE JUSTIÇA DISTRIBUTIVA

*Uma Teoria da Justiça,* John Rawls explicita a forma como concebe o intuicionismo nos seguintes termos:

> A minha concepção do intuicionismo é algo mais ampla do que a que é corrente: interpreto-o como a doutrina que afirma que há um grupo irredutível de princípios primordiais que temos de comparar entre si, determinando, reflectidamente, o mais justo equilíbrio entre eles. Uma vez atingido um certo nível de generalidade, o intuicionismo defende que não há um critério construtivo de parâmetro superior para determinar a relevância adequada dos diversos princípios da justiça concorrentes. Ainda que a complexidade dos factos morais exija diversos princípios distintos, não há um padrão único para os avaliar ou lhes atribuir uma ponderação. Assim, as teorias intuicionistas têm duas características: em primeiro lugar, consistem numa pluralidade de primeiros princípios que podem entrar em conflito no fornecimento de directivas em situações concretas; em segundo lugar, não incluem qualquer método explícito, quaisquer regras de prioridade para a ponderação destes princípios: devemos simplesmente estabelecer um equilíbrio através da intuição, através do que nos parece mais próximo do justo. Ou então, se se reconhece a existência de regras de prioridade, estas são consideradas triviais, não fornecendo um auxílio útil para atingir uma decisão.[339]

---

*supplied by the understanding."* W. D. Hudson, *A Century of Moral Philosophy*, op. cit., p. 1. É preciso acrescentar que alguns intuicionistas, como o Bispo Joseph Butler (1692--1752) e Thomas Reid (1710-1796), defenderam a ideia de que a consciência moral é formada tanto pela razão quanto pelo sentido. Estaríamos diante, portanto, de uma terceira forma de intuicionismo. Cf. W. D. Hudson, *A Century of Moral Philosophy*, op. cit., p. 2 e 3; e Monique Canto-Sperber, *La Philosophie Morale Britannique*, op. cit., p. 14 e 15. Para uma análise do que poderia ser designado como neointuicionismo contemporâneo – uma vez que o intuicionismo não se esgota com o intuicionismo clássico – ver W. D. Hudson, *A Century of Moral Philosophy*, p. 170 e segs. Por fim, para uma reavaliação aprofundada do intuicionismo, pode-se consultar *Ethical Intuitionism*, Philip Stratton-Lake (Org.), Oxford, Oxford University Press, 2002.

[339] John Rawls, *Uma Teoria da Justiça*, op. cit., p. 48. Mais adiante, o professor de filosofia moral em Harvard assevera que "a única forma de contestar o intuicionismo é pôr em relevo os critérios éticos evidentes que justificam a ponderação que, nos nossos juízos reflectidos, julgamos apropriado dar à pluralidade de princípios. A refutação do intuicionismo consiste em apresentar o tipo de critérios construtivos que se alega não existirem". John Rawls, *Uma Teoria da Justiça*, op. cit., p. 53.

O traço diferencial do intuicionismo, assegura Rawls, reside na importância que este confere ao recurso às nossas capacidades intuitivas não orientadas por critérios éticos identificáveis e construtivos. O intuicionismo, portanto, nega a existência de qualquer solução válida e explícita para o problema da prioridade entre princípios morais concorrentes.[340] Em *O Liberalismo Político* – a exemplo do que já fizera no artigo "O Construtivismo Kantiano na Teoria Moral", publicado em 1980, ressaltando-se que neste o cotejo se dava entre construtivismo kantiano e intuicionismo racional –, John Rawls examina quatro características similares que revelam o contraste existente entre o construtivismo político da justiça como imparcialidade e o intuicionismo racional como forma de realismo moral, tal como encontrado na tradição inglesa representada por Samuel Clarke, Richard Price, Henry Sidgwick, William David Ross, etc., o que evidencia que, no entendimento rawlsiano, a melhor maneira de entender o construtivismo político é exatamente diferenciando-o do intuicionismo.[341]

Em primeiro lugar, no âmbito do intuicionismo racional, os princípios e juízos morais fundamentais, quando corretos, escreve Rawls, constituem afirmações verdadeiras acerca de uma ordem independente de valores morais, ordem esta que não depende nem pode ser explicada pela atividade mental humana, incluindo a atividade da razão.[342] Por sua vez, no âmbito do construtivismo político, conforme assevera Rawls, os princípios de justiça política são o resultado de um procedimento de construção, no qual os agentes racionais – desempenhando seu papel de representantes dos cidadãos e estando sujei-

---

[340] Cf. John Rawls, *Uma Teoria da Justiça*, op. cit., p. 53.
[341] Para comprovar este raciocínio, ver John Rawls, *O Liberalismo Político*, op. cit., p. 139; John Rawls, "O Construtivismo Kantiano na Teoria Moral", in *Justiça e Democracia*, op. cit., p. 115 e 116; e Miguel Ángel Rodilla, "Presentación", op. cit., p. XVII.
[342] Cf. John Rawls, *O Liberalismo Político*, op. cit., p. 136. Ver também Nythamar de Oliveira, *Rawls*, op. cit., p. 27.

tos a condições razoáveis – selecionam os princípios de justiça reguladores da estrutura básica da sociedade.[343]

O segundo contraste decorre do fato de que, de acordo com o intuicionismo racional, os princípios morais fundamentais são conhecidos por intermédio da razão teórica[344], enquanto para o construtivismo político o procedimento de construção dos princípios é baseado essencialmente na razão prática, e não na teórica, embora esta última não esteja excluída, na medida em que desempenha o papel de dar forma às crenças e ao conhecimento dos agentes racionais que intervêm no processo de construção.[345]

---

[343] Cf. John Rawls, *O Liberalismo Político*, op. cit., p. 138. Ver também Nythamar de Oliveira, *Rawls*, op. cit., p. 28.

[344] Cf. John Rawls, *O Liberalismo Político*, op. cit., p. 136. Acerca da razão teórica ou especulativa, Danilo Marcondes e Hilton Japiassú nos ensinam que se trata, em Kant, "da faculdade dos princípios a priori, que em sua função crítica tem o papel de estabelecer as condições de possibilidade do conhecimento". Hilton Japiassú e Danilo Marcondes, *Dicionário Básico de Filosofia*, op. cit., p. 209. Em *The Cambridge Dictionary of Philosophy* lê-se que a razão teórica, em seu sentido tradicional, é uma "*faculty or capacity whose province is theoretical knowledge or inquiry; more broadly, the faculty concerned with ascertaining truth of any kind. [...] Theoretical reason is traditionally distinguished from practical reason, a faculty exercised in determining guides to good conduct and in deliberating about proper courses of action. Aristotle contrasts it, as well, with productive reason, which is concerned with 'making': shipbuilding, sculpting, healing, and the like.*
*Kant distinguishes theoretical reason not only from practical reason but also (sometimes) from the faculty of understanding, in which the categories originate. Theoretical reason, possessed of its own a priori concepts ('ideas of reason'), regulates the activities of the understanding. It presupposes a systematic unity in nature, sets the goal for scientific inquiry, and determines the 'criterion of empirical truth' (Critique of Pure Reason). Theoretical reason, on Kant's conception, seeks an explanatory 'completeness' and an 'unconditionedness' of being that transcend what is possible in experience.*
*Reason, as a faculty or capacity, may be regarded as a hybrid composed of theoretical and practical reason (broadly construed) or as a unity having both theoretical and practical functions. Some commentators take Aristotle to embrace the former conception and Kant the latter.*" Alfred R. Mele, "Theoretical Reason", in *The Cambridge Dictionary of Philosophy*, Robert Audi (Ed.), New York, Cambridge University Press, 1997, p. 796.

[345] Cf. John Rawls, *O Liberalismo Político*, op. cit., p. 138. Ver também Nythamar de Oliveira, *Rawls*, op. cit., p. 28.

Como terceira característica diferenciadora tem-se a concepção de pessoa. O intuicionismo racional, segundo a interpretação rawlsiana, não pressupõe uma concepção complexa de pessoa, exigindo apenas a ideia do eu como entidade cognoscente, a fim de obter um conhecimento intuitivo dos princípios morais fundamentais.[346] Se uma concepção limitada da pessoa satisfaz ao intuicionismo racional, o construtivismo político, inversamente, requer uma concepção bastante complexa da pessoa (com suas duas faculdades morais, isto é, a capacidade de ter um senso de justiça e a capacidade de ter uma concepção do bem) e da sociedade (entendida como um sistema equitativo de cooperação social de uma geração à seguinte), para, escreve Rawls, dar forma e estrutura à sua construção.[347]

A quarta característica diferenciadora está relacionada ao conceito de verdade. De acordo com Rawls, o intuicionismo racional se utiliza do conceito tradicional de verdade, na medida em que considera verdadeiros os juízos morais quando estes descrevem com precisão a ordem independente de valores morais (do contrário, tais juízos seriam falsos).[348] O construtivismo político, por seu turno, não se utiliza do conceito de verdade (e tampouco o nega). Em vez disso, define uma ideia do razoável, aplicando-a a vários objetos (concepções e princípios, juízos e fundamentos, pessoas e instituições). Conforme o entendimento de Rawls, o construtivismo político prescinde do conceito de verdade, entre outras razões, pelo fato de que este conceito – inversamente ao que ocorre com a ideia do razoável – não possibilita um consenso sobreposto das doutrinas razoáveis.[349] Por-

---

[346] Cf. John Rawls, *O Liberalismo Político*, op. cit., p. 137; e Nythamar de Oliveira, *Rawls*, op. cit., p. 27 e 28.

[347] Cf. John Rawls, *O Liberalismo Político*, op. cit., p.138; e Nythamar de Oliveira, *Rawls*, op. cit., p. 28.

[348] Cf. John Rawls, *O Liberalismo Político*, op. cit., p.137; e Nythamar de Oliveira, *Rawls*, op. cit., p 28.

[349] Cf. John Rawls, *O Liberalismo Político*, op. cit., p. 139. No que se refere à compreensão do razoável, Rawls esclarece: "para nossas finalidades aqui, o conteúdo do razoável é especificado pelo conteúdo de uma concepção política razoável. A idéia do razoável em si é definida em parte, novamente para nossas finalidades, pelos dois aspectos do ser razoável das pessoas [...]: sua disposição para propor e agir de acordo com os termos

## 2. PRINCÍPIOS DE JUSTIÇA DISTRIBUTIVA

tanto, a razoabilidade, e não a verdade, é o padrão de correção do construtivismo político. Para o autor de *O Liberalismo Político*, a vantagem "de estar no âmbito do razoável é que só pode haver uma doutrina abrangente e verdadeira, embora [...] existam muitas razoáveis. Depois de aceitarmos o fato de que o pluralismo razoável é uma condição permanente da cultura pública sob instituições livres, a idéia do razoável é mais adequada como parte da base de justificação pública de um regime constitucional do que a idéia de verdade moral. Defender uma concepção política como verdadeira e, somente por isso, considerá-la o único fundamento adequado da razão pública é uma atitude de exclusão e até de sectarismo, que, com certeza, fomentará a divisão política".[350]

---

eqüitativos de cooperação social entre iguais e seu reconhecimento e disposição para aceitar as conseqüências dos limites do juízo. Acrescentemos a isso os princípios da razão prática e as concepções de sociedade e pessoa nos quais se baseia a concepção política. Entendemos essa idéia compreendendo os dois aspectos da razoabilidade das pessoas, como eles entram no procedimento de construção e por quê. Decidimos se toda a concepção é aceitável verificando se podemos endossá-la depois de cuidadosa reflexão".

[350] John Rawls, *O Liberalismo Político*, op. cit., p. 176. Examinadas as quatro características análogas que revelam o contraste existente entre o construtivismo político e o intuicionismo racional como forma de realismo moral, é preciso elucidar dois pontos. Primeiramente, em decorrência do fato de que o construtivismo tenta não se opor às doutrinas abrangentes, Rawls considera ser fundamental para o liberalismo político que sua concepção construtivista não contrarie o intuicionismo racional. Assim, por exemplo, o construtivismo político – com o intuito de ser coerente com o intuicionismo racional – não afirma que o procedimento de construção fabrica ou produz a ordem de valores morais, visto que o intuicionismo entende que tal ordem é independente e se constitui a si própria. Em segundo lugar, acrescenta Rawls, tanto o construtivismo quanto o intuicionismo racional dependem da ideia de equilíbrio reflexivo, uma vez que do contrário: (a) o intuicionismo racional não poderia fazer com que suas percepções e intuições se sustentassem mutuamente, assim como não poderia verificar sua interpretação da ordem de valores morais em contraposição aos nossos julgamentos bem ponderados; e (b) o construtivismo não poderia comprovar a formulação do seu procedimento, verificando se as conclusões alcançadas estão adequadas aos julgamentos bem ponderados. Ver John Rawls, *O Liberalismo Político*, op. cit., p. 140 e 141. Mais adiante, voltaremos ao tema do equilíbrio reflexivo, aprofundando-o.

Estabelecido o contraste entre o construtivismo político da justiça como imparcialidade e o intuicionismo racional como forma de realismo moral, abordemos as diferenças entre o construtivismo político de Rawls e o construtivismo moral de Kant. Onora O'Neill entende que, embora nem todos os comentadores de Kant pensem assim, há bons motivos para concordar com Rawls quando ele caracteriza o método ético kantiano como construtivista.[351] De acordo com o entendimento de Rawls, um traço essencial do construtivismo moral kantiano reside no fato de que os princípios fundamentais de direito e justiça (*the first principles of right and justice*) devem ser vistos como o resultado de um procedimento de construção (o procedimento do imperativo categórico), cuja forma e estrutura refletem as duas faculdades de nossa razão prática (a razoabilidade e a racionalidade, usando a linguagem rawlsiana) e nossa condição de pessoas morais livres e iguais.[352] No âmbito do construtivismo moral kantiano,

[351] Primeiramente, argumenta O'Neill, pode-se dizer que Kant combina o antirrealismo com a pretensão de identificar princípios morais objetivos, e uma abordagem construtivista se ajustaria a seus propósitos. Em segundo lugar, há momentos nos quais Kant explicitamente recorre a procedimentos construtivistas (por exemplo, ao tratar da justificação da razão teórica e do raciocínio matemático). Por fim, conclui a autora, é possível admitir que a concepção kantiana acerca da fundamentação da ética é ainda mais radicalmente construtivista do que aquela proposta por Rawls. Cf. Onora O'Neill, "Constructivism in Rawls and Kant", op. cit., p. 354. Cotejando as duas formas de construtivismo, O'Neill assevera: *"Constructivism for Kant, as for Rawls, begins with the thought that a plurality of diverse beings lacking antecedent coordination or knowledge of an independent order of moral values must construct ethical principles by which they are to live. But Kant takes a more radical view of this lack of coordination: he does not presuppose any determinate social or political structures, not even the nexus of fellow citizens within a bounded, democratic society. Kant's constructivism therefore begins with weaker assumptions than Rawls relies on; it begins simply with the thought that a plurality of agents lacks antecedent principles of coordination, and aims to build an account of reason, of ethics, and specifically of justice on this basis. He thinks of human beings as doers before they become reasoners or citizens"*. Onora O'Neill, "Constructivism in Rawls and Kant", op. cit., p. 362.
[352] Cf. John Rawls, "Themes in Kant's Moral Philosophy", in *Collected Papers*, Samuel Freeman (Org.), op. cit., p. 512; e John Rawls, *Lecciones sobre la Historia de la Filosofía Moral*, tradução de Andrés de Francisco, Barcelona, Paidós, 2001, p. 255. Na segunda lição dedicada a Kant, ao tratar das características dos agentes morais ideais, Rawls ressalta que o filósofo alemão *"usa vernünftig para expresar una concepción completa de la*

## 2. PRINCÍPIOS DE JUSTIÇA DISTRIBUTIVA

portanto, o que se constrói – por meio de um procedimento elaborado por agentes racionais, submetidos a várias restrições razoáveis – é o conteúdo da lei moral, ou seja, a totalidade dos imperativos categóricos particulares que superam a prova do procedimento do imperativo categórico. É preciso ressaltar, no entanto, que o procedimento do imperativo categórico (*CI-procedure*) em si mesmo não é construído, mas simplesmente dado (*laid out*).[353] Conforme a interpretação de Nythamar de Oliveira, o construtivismo moral kantiano e o construvismo político rawlsiano se diferenciam nos seguintes pontos:

(1) enquanto o construtivismo moral de Kant reivindica pretensões de validez como uma "doutrina abrangente", o construtivismo político de Rawls apenas representa um modelo teórico capaz de estabelecer um consenso mínimo necessário para que diferentes doutrinas morais, filosóficas e religiosas possam coexistir em uma sociedade democrático-liberal, numa concepção razoável de pluralismo;

(2) Rawls procura, assim, diferenciar seu conceito de autonomia política do conceito kantiano de autonomia moral: este desempenha um papel regulador, viabilizando a autoconstituição de valores morais e políticos pelos princípios da razão prática, ao passo que aquele apenas representa a ordem de valores políticos embasados nesses mesmos princípios e inseparáveis de concepções políticas da sociedade e da pessoa;

---

*razón que abarca los términos 'razonable' y 'racional' tal como nosotros a menudo los usamos. [...] El uso que hace Kant de vernünftig varía, mas, cuando lo aplica a personas, cubre normalmente tanto lo razonable como lo racional*". John Rawls, *Lecciones sobre la Historia de la Filosofía Moral*, op. cit., p. 181.

[353] Cf. John Rawls, "Themes in Kant's Moral Philosophy", in *Collected Papers*, Samuel Freeman (Org.), op. cit, p. 513 e 514; John Rawls, *Lecciones sobre la Historia de la Filosofía Moral*, op. cit., p. 257 e 258; Nythamar de Oliveira, *Tractatus Ethico-Politicus: Genealogia do Ethos Moderno*, Porto Alegre, EDIPUCRS, 1999, p. 185 e 186; e José Nedel, *A Teoria Ético-Política de John Rawls*, op. cit., p. 85. Onora O'Neill assinala que a distinção que "*Rawls draws [...] between Kant's constructive use of the CI [imperativo categórico] to establish ethical principles and the merely coherentist justification of CI itself parallels his own strategy in Theory of Justice, where the principles of justice are constructed using OP [posição original], but OP itself receives only a coherentist justification*". Onora O'Neill, "Constructivism in Rawls and Kant", op. cit., p. 357.

(3) assim como Kant, Rawls mantém que os princípios da razão prática originam-se na consciência moral; ao contrário de Kant, concepções metafísicas – tais como o idealismo transcendental – não desempenham nenhum papel de fundamentação no estabelecimento de concepções básicas de personalidade (faculdades de um senso de justiça e de concepções do bem) e sociedade (associação de pessoas em cooperação social eqüitativa);

(4) enquanto a filosofia de Kant pode ser tomada como uma apologia da racionalidade (coerência e unidade da razão nos seus usos teórico e prático, tese dos dois mundos opondo e compatibilizando natureza e liberdade), a teoria da justiça como eqüidade apenas desvela o fundamento público da justificação em questões de justiça política, dado o pluralismo razoável.[354]

No caso do construtivismo político da justiça como imparcialidade, o que se constrói, esclarece John Rawls, é o próprio conteúdo da concepção política de justiça, ou seja, os princípios de justiça selecionados pelas partes na posição original. A posição original em si, contudo, não é construída, mas simplesmente dada: parte-se da ideia fundamental da sociedade como um sistema justo de cooperação entre cidadãos razoáveis e racionais, considerados como livres e iguais; e, em seguida, desenha-se um procedimento que expõe as condições razoáveis a serem impostas às partes que, na qualidade de representantes racionais, devem selecionar os princípios públicos de justiça para a estrutura básica da sociedade.[355] Nem tudo é construído, conclui Rawls, de forma que precisamos dispor de algum material para iniciar nossa construção. De acordo com essa lógica, acrescenta o autor, os princípios substantivos que determinam o conteúdo do direito e da justiça políticos são construídos, mas o procedimento em si é simplesmente posto a partir das concepções fundamentais da sociedade e da pessoa, dos princípios da razão prática, e do papel público de uma concepção política da justiça.[356] Em uma passagem

---

[354] Nythamar de Oliveira, Rawls, op. cit., p. 29. Para uma abordagem algo mais pormenorizada das diferenças existentes entre o construtivismo moral kantiano e o construtivismo político da justiça como imparcialidade, ver John Rawls, *O Liberalismo Político*, op. cit., p. 144 a 147.

[355] Cf. John Rawls, *O Liberalismo Político*, op. cit., p. 148.

[356] Cf. John Rawls, *O Liberalismo Político*, op. cit., p. 150.

que sintetiza com clareza o significado do construtivismo político da teoria da justiça como imparcialidade – diferenciando-o tanto do intuicionismo racional quanto do construtivismo moral kantiano –, Stephen Mulhall e Adam Swift observam que, por meio do método denominado construtivismo político, John Rawls concebe

> [...] the principles of political justice as the outcome of a procedure of construction - one in which certain basic, purely political conceptions of the person and of society are utilized to generate a conception of a just constitutional regime that might then be used to guide our political endeavours. Unlike theorists whom he labels 'rational intuitionists', he does not assume that the principles of justice that emerge from this procedure form part of an independently existing order of moral principles and values, or that human beings cognize them by a species of perception or intuition (supplemented by theoretical reflection). Neither, however, does the political constructivist deny these rational intuitionist claims, or assert views that imply their falsity. In particular, political constructivism does not assume, as does what Rawls calls 'Kantian moral constructivism', that moral (including political) principles and values are actually constituted or created by the exercise of human practical reason. Political constructivism restricts itself to purely political principles, and assumes only that they can be represented or regarded as if they were the outcome of a procedure of construction. It therefore neither denies nor asserts that these principles are in reality constituted by human beings and their rational capacities.[357]

Conforme assevera Fernando Vallespín, o método construtivista permite a Rawls descrever certa concepção de pessoa (de acordo com a qual as pessoas são livres e iguais, além de serem capazes de atuar de modo razoável e racional) e derivar desta concepção – por intermédio exatamente de um processo de construção – os princípios de justiça que se aplicam à estrutura básica da sociedade. A posição original, acrescenta Vallespín, é o elemento mediador entre a concepção

---

[357] Stephen Mulhall e Adam Swift, *Liberals and Communitarians*, op. cit., p. 180. Para Mulhall e Swift, enfim, Rawls "*adopts political constructivism because it is a method of political theorizing whose authority does not depend upon our accepting a particular, controversial metaphysical doctrine about the nature of moral and political values.*"

da pessoa e os princípios da justiça.[358] A posição original, portanto, conecta a concepção de pessoa (assim como a concepção de cooperação social que lhe é afim) com princípios específicos de justiça que estabelecem os termos justos da cooperação social.[359]

[358] Cf. Fernando Vallespín, "El Neocontractualismo: John Rawls", in *Historia de la Ética*, v.3, op. cit., p. 584. No que concerne à distinção entre o racional e o razoável, Fernando Vallespín esclarece: *"La distinción es [...] clásica en toda la filosofía moral y aparece normalmente definida en el contraste entre lo bueno y lo justo. Por racional se entiende aquella acción dirigida a la satisfacción de los deseos o los fines de un agente; lo que en la terminología weberiana equivaldría a la razón instrumental o teleológica; los intereses o los fines de los otros entran en consideración únicamente como factores que pueden afectar a la promoción de mi propio interés, de lo que es 'bueno' para mí y me obligan a adoptar determinadas 'estrategias' en orden a poder realizarlo más efectivamente. Por razonable se entiende, por el contrario, el reconocimiento del ejercicio de los fines propios a la luz de los fines moralmente justificados de los otros; incluye consideraciones sobre un determinado tipo de fines morales: supone que el agente está dispuesto a gobernar sus acciones por un principio de equidad desde el que él y los demás puedan razonar en común".*
[359] Ver John Rawls, *O Liberalismo Político*, op. cit., p. 359. De forma detalhada, Rawls explica: "A conexão entre essas duas concepções filosóficas e os princípios específicos de justiça é estabelecida pela posição original da seguinte maneira: nesta posição, as partes são descritas como representantes racionalmente autônomos de cidadãos da sociedade. Como tais representantes, as partes devem fazer o melhor que puderem por aqueles que representam, sujeitas às restrições da posição original. Por exemplo: as partes situam-se simetricamente umas em relação às outras e, nesse sentido, são iguais; e o que chamei de 'véu de ignorância' significa que as partes não conhecem a posição social, ou a concepção do bem (seus objetivos e vínculos particulares), ou as capacidades e propensões psicológicas realizadas, e muito mais, das pessoas que representam. Como já observei, as partes devem concordar com certos princípios de justiça, selecionando-os de uma pequena lista de alternativas dada pela tradição da filosofia moral e política. O acordo das partes sobre certos princípios específicos estabelece uma conexão entre esses princípios e a concepção da pessoa representada pela posição original. Dessa forma, o conteúdo dos termos eqüitativos de cooperação para pessoas assim concebidas é determinado." É necessário ressaltar que enquanto os cidadãos, na qualidade de pessoas livres e iguais, possuem autonomia política plena, as partes na posição original, ou seja, os representantes dos cidadãos, possuem apenas uma autonomia racional ou artificial. De acordo com a lição de Gisele Cittadino, a mencionada autonomia racional ou artificial "permite que as partes, na posição original, definam uma concepção política de justiça que possa ser aceita, em uma sociedade democrática, por cidadãos livres e iguais, mas que estão comprometidos com diferentes doutrinas compreensivas razoáveis. Em outras palavras, princípios de justiça que especificam os termos justos da cooperação social, frente ao 'fato do pluralismo', não podem ser

## 2. PRINCÍPIOS DE JUSTIÇA DISTRIBUTIVA

Em *O Liberalismo Político*, John Rawls afirma que a ideia da posição original é introduzida na teoria da justiça como imparcialidade para que se possa descobrir – considerando-se a sociedade um sistema justo de cooperação entre cidadãos livres e iguais – qual é a concepção de justiça que estabelece os princípios mais adequados para a efetivação da liberdade e da igualdade.[360] A posição original, assinala Rawls, é um ponto de vista distanciado, a partir do qual se pode atingir um acordo equitativo entre pessoas livres e iguais. É um procedimento de representação que nos fornece um padrão das condições imparciais sob as quais os representantes de pessoas livres e iguais devem especificar os termos da cooperação social no âmbito da estrutura básica da sociedade.[361] Rawls chama a atenção para o fato de que a posição original (que corresponde, na teoria da justiça como imparcialidade, ao estado de natureza na teoria tradicional do contrato social) não pode ser concebida, evidentemente, como uma situação histórica concreta, mas sim como uma situação meramente hipotética, que nos conduz a determinada concepção de justiça.[362] A posi-

---

definidos por partes portadoras de autonomia política plena. Daí a necessidade do véu de ignorância que [...] se constitui na primeira e provavelmente na mais fundamental garantia da imparcialidade da concepção política de justiça. Entretanto, apesar das restrições impostas pelo véu da ignorância, Rawls deixa claro que as partes estão obrigadas a levar em conta o fato de que os cidadãos que elas representam são plenamente autônomos, inclusive no sentido de que estão dispostos a respeitar os interesses dos demais cidadãos e não apenas os seus próprios". Gisele Cittadino, *Pluralismo, Direito e Justiça Distributiva*, op. cit., p. 100. Acerca do véu de ignorância e das restrições por ele impostas, falaremos a seguir. A diferença entre autonomia plena e autonomia racional é exposta por Rawls nos seguintes termos: "a autonomia racional consiste em agir exclusivamente em função de nossa capacidade de sermos racionais e da concepção específica do bem que temos em qualquer momento dado. A autonomia plena inclui não apenas essa capacidade de ser racional, mas também a capacidade de promover nossa concepção do bem de formas compatíveis com o respeito aos termos eqüitativos de cooperação social, isto é, os princípios de justiça". John Rawls, *O Liberalismo Político*, op. cit, p. 360.

[360] Cf. John Rawls, *O Liberalismo Político*, op. cit., p. 65.
[361] Cf. John Rawls, "A Teoria da Justiça como Eqüidade: Uma Teoria Política, e Não Metafísica", in *Justiça e Democracia*, op. cit., p. 219 e 222.
[362] Cf. John Rawls, *Uma Teoria da Justiça*, op. cit., p. 33.

ção original, conforme a síntese de Nythamar de Oliveira, é "a situação hipotética na qual as partes contratantes (representando pessoas racionais e morais, isto é, livres e iguais) escolhem, sob um 'véu de ignorância' (*veil of ignorance*), os princípios de justiça que devem governar a 'estrutura básica da sociedade' (*basic structure of society*)."[363]

Carlos Santiago Nino nos lembra que Rawls imagina a situação fictícia da posição original com o intuito de facilitar a visualização das condições relevantes para o processo de eleição dos princípios de justiça que servirão para valorar as instituições fundamentais da sociedade. De acordo com o professor de Introdução ao Direito da Universidade de Buenos Aires, o recurso à posição original não apenas representa uma elaboração do conceito kantiano de autonomia (isto é, da ideia segundo a qual os princípios morais são aqueles que agentes racionais, livres e iguais, se dão a si mesmos, sem levar em conta os ditames de alguma autoridade ou as imposições dos próprios desejos ou inclinações), como também reflete a ideia do denominado ponto de vista moral (isto é, a ideia segundo a qual existe um ponto de vista peculiar ao discurso moral, que consiste em formular princípios gerais e respeitá-los, não admitindo exceções que nos favoreçam, além de universalizar os referidos princípios e, de forma igualitária, levar em conta os interesses de todos os indivíduos).[364]

---

[363] Nythamar de Oliveira, *Rawls*, op. cit., p. 14. A estrutura básica da sociedade, acrescenta Nythamar de Oliveira, traduz "o modo pelo qual as instituições sociais, econômicas e políticas (constituição política, economia, sistema jurídico, formas de propriedade) se estruturam sistematicamente para atribuir direitos e deveres aos cidadãos, determinando suas possíveis formas de vida (projetos e metas individuais, idéias do bem, senso de justiça)". De acordo com as palavras do próprio Rawls, a estrutura básica da sociedade – objeto primeiro da justiça – é entendida "como a maneira pela qual as principais instituições sociais se encaixam num sistema, e a forma pela qual essas instituições distribuem os direitos e deveres fundamentais e moldam a divisão dos benefícios gerados pela cooperação social. Desse modo, a constituição política, as formas legalmente reconhecidas de propriedade e a organização da economia, assim como a natureza da família, são todas parte da estrutura básica". John Rawls, *O Liberalismo Político*, op. cit., p. 309.

[364] Cf. Carlos Santiago Nino, *Introducción al Análisis del Derecho*, op. cit., p. 410 e 411. Santiago Nino assegura que Rawls, em sua teoria normativa de justiça, seguiu a ideia do ponto de vista moral "*al construir una situación hipotética – que llama 'posición originaria'*

## 2. PRINCÍPIOS DE JUSTIÇA DISTRIBUTIVA

Ao discorrer sobre o método empregado por John Rawls em *A Theory of Justice*, Ronald Dworkin observa que Rawls sugere que, quando estamos preocupados com as questões básicas de justiça, desejosos de saber que princípios governariam a estrutura básica de uma sociedade justa, devemos nos contar um conto de fadas, ou seja, devemos imaginar um congresso de homens e mulheres, não pertencentes a qualquer sociedade particular, reunidos com o intuito de escolher regras fundamentais para uma sociedade em formação. Essas pessoas, prossegue Dworkin, embora tenham identidades, debilidades, forças e interesses específicos, sofrem de um grave tipo de amnésia, de modo que não sabem quem são (desconhecem se são velhos ou moços, homens ou mulheres, brancos ou negros, talentosos ou não) e ignoram suas próprias crenças a respeito da vida boa. Os referidos indivíduos, conclui Dworkin, apesar de separados – por intermédio de um véu de ignorância – de suas personalidades, devem se pôr em conformidade acerca de princípios de justiça.[365]

De acordo com Rawls, como se vê, as partes contratantes, na posição original, encontram-se ao abrigo de um véu de ignorância. Consequentemente, desconhecem o lugar que ocupam na sociedade; sua posição de classe ou *status* social; sua sorte na distribuição de talentos e capacidades naturais (inteligência e força, por exemplo); sua concepção do bem; suas características psicológicas especiais (por exemplo, a aversão ao risco e a tendência para o otimismo ou pessimismo); as circunstâncias particulares da própria sociedade (a situação política e econômica, assim como o nível de civilização e cul-

---

*– de modo tal que los principios aceptados por quienes estuvieran en tal situación serían los verdaderos principios de justicia. Estar en la posición originaria de Rawls es equivalente a la adopción livre y consciente del punto de vista moral de que hablan Baier y Frankena"*. Carlos Santiago Nino, *Introducción al Análisis del Derecho*, op. cit., p. 373. Para um resumo das teses de Kurt Baier e William Frankena, ver p. 371 a 373.

[365] Cf. Ronald Dworkin, *Filosofía y Política. Diálogo con Ronald Dworkin*, op. cit., p. 259 e 260. É interessante ressaltar, como faz Gisele Cittadino, que "Dworkin equipara a posição original a um conto de fadas [...]". Gisele Cittadino, *Pluralismo, Direito e Justiça Distributiva*, op. cit., p. 99.

tura); e a geração a qual pertencem.[366] Em contrapartida, as partes não ignoram os fatos gerais da sociedade humana. Sendo assim, não apenas compreendem os assuntos políticos e os princípios da teoria econômica, como também conhecem as bases da organização social e as leis da psicologia humana. Em suma, as partes, na posição original, conhecem os fatos gerais que interferem na escolha dos princípios de justiça. Além disso, as partes têm ainda conhecimento do fato concreto de que sua sociedade está submetida ao contexto da justiça (*circumstances of justice*) e às suas implicações.[367]

Carlos Santiago Nino acentua que as partes na posição original – embora desconheçam sua concepção do bem, visto que ignoram totalmente seus planos de vida – sabem que existem determina-

---

[366] Cf. John Rawls, *Uma Teoria da Justiça*, op. cit., p. 121. Ver também Maria de Lourdes Borges, Darlei Dall'Agnol e Delamar Volpato Dutra, *Ética*, op. cit., p. 82. Segundo Rawls, é necessário excluir certas informações "caso se queira que ninguém tenha alguma vantagem ou desvantagem pelas contingências naturais ou pelo acaso social na adoção dos princípios. De outro modo, os parceiros disporiam de trunfos disparatados nas negociações, os quais afetariam o acordo concluído. A posição original representaria os parceiros não unicamente como pessoas morais, livres e iguais, mas como pessoas afetadas pelo acaso social e pelas contingências naturais. Por isso esse gênero de limitações de informação é necessário a fim de fazer imperar a eqüidade nos relacionamentos entre os parceiros, tratando-os como pessoas livres e iguais, e para garantir que é nessa capacidade que os parceiros chegam a um acordo sobre os princípios básicos da justiça social". John Rawls, "O Construtivismo Kantiano na Teoria Moral", in *Justiça e Democracia*, op. cit., p. 57.

[367] Cf. John Rawls, *Uma Teoria da Justiça*, op. cit., p. 121. Catherine Audard nos ensina que o contexto da justiça (*circumstances of justice*) foi descrito por David Hume, em seu *Tratado da Natureza Humana*, como "o conjunto das condições que obrigam as sociedades humanas a estabelecer regras de justiça, ou seja, por um lado, as condições objetivas de igualdade e de relativa escassez de recursos e, por outro lado, as condições subjetivas constituídas pelos conflitos de interesses". Catherine Audard, "Glossário", in John Rawls, *Justiça e Democracia*, op. cit., p. 375. Em *Uma Teoria da Justiça*, sintetizando seu pensamento, Rawls observa que "o contexto da justiça se verifica sempre que são formuladas exigências concorrentes que incidem sobre a divisão das vantagens sociais [contexto subjetivo] em condições de escassez moderada [contexto objetivo]. Se este contexto não se verificar, não haverá condições para o exercício da virtude da justiça, da mesma forma que, na ausência de ameaças à vida ou à integridade, não haverá lugar para a manifestação da coragem física". John Rawls, *Uma Teoria a Justiça*, op. cit., p. 115.

dos bens primários, ou seja, certos bens que todo indivíduo racional almeja, independentemente de seu plano de vida.[368] Os bens primários, de acordo com Rawls, são as condições sociais e os meios necessários para que os cidadãos tenham a possibilidade de se desenvolver adequadamente, exercer suas duas faculdades morais e realizar suas concepções do bem. São coisas de que os indivíduos necessitam, não como seres humanos alheios a qualquer concepção normativa, mas na condição de cidadãos, devendo-se acrescentar que tais necessidades são especificadas por uma concepção política, e não por uma doutrina moral abrangente.[369] Rawls apresenta uma lista básica de bens primários, dividida em cinco categorias: (a) os direitos e liberdades fundamentais (liberdade de pensamento, liberdade de consciência, etc.), entendidos como condições institucionais imprescindíveis para o desenvolvimento e o exercício pleno das duas faculdades morais; (b) a liberdade de movimento e a livre escolha de ocupação em um contexto de variadas oportunidades, que possibilitam a busca de objetivos diversos, passíveis de revisão e alteração; (c) os poderes e as prerrogativas de cargos e posições de autoridade e responsabilidade no âmbito das instituições políticas e econômicas da estrutura básica da sociedade; (d) a renda e a riqueza, entendidas como meios necessários para a realização de um grande número de objetivos; e, por fim, (e) as bases sociais do autorrespeito, ou seja, aqueles aspectos das instituições básicas considerados essenciais para que os cidadãos tenham noção do seu valor como pessoas e se tornem capazes de realizar os seus objetivos com autoconfiança.[370]

---

[368] Cf. Carlos Santiago Nino, *Introducción al Análisis del Derecho*, op. cit., p. 412.
[369] Cf. John Rawls, *Justiça como Eqüidade. Uma Reformulação*, op. cit., p .81 e 124.
[370] Cf. John Rawls, *Justiça como Eqüidade. Uma Reformulação*, op. cit., p. 82 e 83. Ver também John Rawls, *O Liberalismo Político*, op. cit., p. 228. Rawls entende que a ideia subjacente à introdução dos bens primários consiste em "encontrar uma base pública praticável de comparações interpessoais baseada nas características objetivas das circunstâncias sociais dos cidadãos que são passíveis de exame, tudo isso dado o contexto do pluralismo razoável. Desde que sejam tomadas as devidas precauções, podemos, se necessário, ampliar a lista e incluir outros bens como, por exemplo, tempo para o lazer, e até mesmo certos estados mentais como a libertação da dor física". John Rawls, *O Liberalismo Político*, op. cit., p. 229.

Maria de Lourdes Borges, Darlei Dall'Agnol e Delamar Volpato Dutra nos esclarecem que os princípios de justiça a serem escolhidos na posição original estão limitados não somente pelo véu de ignorância, como também por restrições formais, válidas tanto para princípios de justiça quanto para princípios éticos em geral. Tais restrições (restrições formais ao conceito de justo) são: a generalidade; a universalidade; a publicidade; a ordenação; e a definitividade.[371]

A generalidade significa que deve ser possível formular os princípios sem recorrer a nomes próprios ou a descrições demasiadamente particulares. Um princípio como "todos têm de satisfazer os interesses de Péricles" viola a condição de generalidade.[372] A universalidade, por sua vez, significa que os princípios são aplicáveis a todos os agentes morais. Nesse sentido, cada pessoa pode compreender os princípios e utilizá-los em suas apreciações. Princípios insuscetíveis de valer para todos devem ser excluídos.[373] A terceira restrição formal ao conceito do justo é a publicidade. A justiça como imparcialidade exige que os princípios fundamentais de justiça política sejam

---

[371] Cf. Maria de Lourdes Borges, Darlei Dall'Agnol e Delamar Volpato Dutra, *Ética*, op. cit., p. 82 e 83. Em um comentário esclarecedor, Paul Ricœur assinala que os constrangimentos formais do conceito de justo são "os limites válidos para a escolha de qualquer princípio ético e não somente para os da justiça". Paul Ricœur, *O Justo ou a Essência da Justiça*, op. cit., p. 69. Os constrangimentos formais, portanto, são limites para a escolha de princípios. Este é o ponto que gostaríamos de ressaltar. Acerca da enumeração das condições formais (restrições formais), ver também John Rawls, "The Independence of Moral Theory", in *Collected Papers*, op. cit., p. 292; e John Rawls, "La Independencia de la Teoría Moral", in *Justicia como Equidad. Materiales para una Teoría de la Justicia*, op. cit., p. 127.

[372] Ver Maria de Lourdes Borges, Darlei Dall'Agnol e Delamar Volpato Dutra, *Ética*, op. cit., p. 83; John Rawls, *Uma Teoria da Justiça*, op. cit., p. 117 e 118; John Rawls, *Justiça como Eqüidade. Uma Reformulação*, op. cit., p. 121; e Carlos Santiago Nino, *Introducción al Análisis del Derecho*, op. cit., p. 412.

[373] Ver Maria de Lourdes Borges, Darlei Dall'Agnol e Delamar Volpato Dutra, *Ética*, op. cit., p. 83; John Rawls, *Uma Teoria da Justiça*, op. cit., p. 118; John Rawls, *Justiça como Eqüidade. Uma Reformulação*, op. cit., p. 121; e Carlos Santiago Nino, *Introducción al Análisis del Derecho*, op. cit., p. 412.

públicos, ou seja, conhecidos por todos.[374] A ordenação de reivindicações conflitantes constitui a quarta restrição formal ao conceito do justo. Significa que os princípios devem ser capazes de estabelecer uma ordenação entre pretensões concorrentes, ou seja, devem ordenar, com base na justiça, as reivindicações dos cidadãos, impedindo assim uma ordenação baseada na força ou na esperteza dos indivíduos.[375] A última restrição do justo é a definitividade ou o caráter definitivo dos princípios. Em decorrência dessa restrição, o sistema de princípios de justiça deve ser considerado pelas partes como a instância suprema da razão prática, o que equivale a dizer que, em qualquer controvérsia, os princípios escolhidos representam o último tri-

---

[374] Cf. John Rawls, *Justiça como Eqüidade. Uma Reformulação*, op. cit., p. 121. Ver também Carlos Santiago Nino, *Introducción al Análisis del Derecho*, op. cit., p. 412; e Maria de Lourdes Borges, Darlei Dall'Agnol e Delamar Volpato Dutra, *Ética*, op. cit., p. 83. Em *A Theory of Justice*, Rawls assinala que o objetivo da condição de publicidade "está em fazer as partes avaliar as concepções da justiça como constituições morais para a vida social publicamente reconhecidas e plenamente eficazes. A condição da publicidade está claramente implícita na doutrina kantiana dos imperativos categóricos, na medida em que nos exige que actuemos de acordo com princípios que desejaríamos, racionalmente, aplicar como lei a um reino de fins, isto é, uma comunidade ética que possuísse tais princípios morais como regra pública". John Rawls, *Uma Teoria da Justiça*, op. cit., p. 118. Paul Ricœur considera a publicidade como o mais importante dentre todos os limites para a escolha de princípios. O filósofo francês assinala que se a justiça como imparcialidade, uma vez que todos os parceiros devem ter as mesmas informações, exige a publicidade da apresentação das alternativas (as várias opções possíveis de princípios) e dos argumentos, o utilitarismo, ao contrário, "não tolera essa espécie de transparência, na medida em que o princípio sacrificial que implica deve permanecer oculto e não ser tornado público". Paul Ricœur, *O Justo ou a Essência da Justiça*, op. cit., p. 69. O princípio sacrificial do utilitarismo admite a imposição de sacrifícios a um pequeno número de pessoas, desde que tais sacrifícios sejam compensados por um aumento das vantagens usufruídas pela maioria dos indivíduos. Neste sentido, ver Jean-Pierre Dupuy, *Ética e Filosofia da Acção*, tradução de Ana Rabaça, Lisboa, Instituto Piaget, 2001, p. 39; e John Rawls, *Uma Teoria da Justiça*, op. cit., p. 44.

[375] Ver Carlos Santiago Nino, *Introducción al Análisis del Derecho*, op. cit., p. 412; Maria de Lourdes Borges, Darlei Dall'Agnol e Delamar Volpato Dutra, *Ética*, op. cit., p. 83; e John Rawls, *Uma Teoria da Justiça*, op. cit., p.119.

bunal de apelação das partes.[376] O exame das cinco condições formais que os princípios devem cumprir – como acabamos de ver, os princípios devem ser gerais, universais, públicos, completos e irrecorríveis (definitivos) – permite a Rawls afirmar que "uma concepção do justo é um conjunto de princípios, gerais na sua formulação e de aplicação universal, que deve ser publicamente reconhecido como instância suprema nas questões de ordenação das exigências conflituais de sujeitos morais".[377]

A posição original, escreve Rawls, é caracterizada por um elevado grau de justiça procedimental pura (*pure procedural justice*), o que significa que, quaisquer que sejam os princípios escolhidos pelas partes, eles serão justos. A ideia da posição original, portanto, é estabelecer um procedimento equitativo de modo que os princípios selecionados sejam necessariamente justos.[378] A noção de justiça procedimental pura, como o próprio Rawls reconhece[379], é mais facilmente compreendida quando confrontada com as noções de justiça procedimental perfeita e de justiça procedimental imperfeita. Sendo assim, cabe esclarecer os dois últimos conceitos para, em seguida, retornar ao primeiro.

A justiça procedimental perfeita (justiça processual perfeita) é caracterizada, em primeiro lugar, pelo fato de existir um critério independente, e previamente estabelecido, do que é justo ou equitativo; e, em segundo lugar, por ser possível criar um procedimento

---

[376] Ver John Rawls, *Uma Teoria da Justiça*, op. cit., p. 119; Carlos Santiago Nino, *Introducción al Análisis del Derecho*, op. cit., p. 412; e Maria de Lourdes Borges, Darlei Dall'Agnol e Delamar Volpato Dutra, *Ética*, op. cit., p. 83.

[377] John Rawls, *Uma Teoria da Justiça*, op. cit., p. 120. Para a enumeração das condições formais que os princípios devem cumprir, ver Carlos Santiago Nino, *Introducción al Análisis del Derecho*, op. cit., p. 412. Para o uso do termo "irrecorríveis", ver José Nedel, *A Teoria Ético-Política de John Rawls*, op. cit., p. 62.

[378] Cf. John Rawls, "O Construtivismo Kantiano na Teoria Moral", in *Justiça e Democracia*, op. cit., p. 58; e John Rawls, *Uma Teoria da Justiça*, op. cit., p. 121. José Nedel observa que a "justiça política, que transfere a eqüidade das condições do acordo para os princípios, acaba sendo puramente procedimental, resultado de uma construção". José Nedel, *A Teoria Ético-Política de John Rawls*, op. cit., p. 56.

[379] Cf. John Rawls, *Uma Teoria da Justiça*, op. cit., p. 85.

que assegura a obtenção do resultado justo (levando-se em conta o mencionado critério). Em síntese, na justiça procedimental perfeita "temos um padrão independente para decidir qual o resultado justo, bem como um procedimento que nos garante a obtenção de tal resultado".[380] A justiça procedimental imperfeita, por sua vez, tem por característica, nas palavras de Rawls, o fato de que, embora exista um critério independente para o resultado justo ou correto, não há qualquer procedimento prático capaz de assegurar o atingimento de tal resultado.[381]

Como já havíamos esboçado, a justiça procedimental pura caracteriza-se fundamentalmente, segundo Rawls, pela ausência de um critério independente de justiça, de forma que o justo é definido pelo resultado do procedimento, qualquer que seja este resultado. O recurso à justiça procedimental pura na posição original significa que as partes, em suas deliberações racionais, não estão obrigadas a aplicar qualquer princípio de justiça estabelecido previamente, o que equivale a dizer que "não existe instância exterior à perspectiva própria dos parceiros que os limite em nome de princípios anteriores e independentes para julgar as questões de justiça que se

---

[380] John Rawls, *Uma Teoria de Justiça*, op. cit., p. 86. Ver também John Rawls, "O Construtivismo Kantiano na Teoria Moral", in *Justiça e Democracia*, op. cit., p. 58. Para ilustrar a justiça procedimental perfeita, Rawls dá o seguinte exemplo: "Um bolo deve ser dividido entre um grupo de pessoas: admitindo que a divisão equitativa é a que dá a todos uma parte igual, qual o processo, se é que existe, que dará tal resultado? Deixando de lado os aspectos técnicos, a solução óbvia está em pedir a um dos participantes que divida o bolo mas que seja o último a servir-se, fazendo-o todos os outros antes dele. Ele dividirá o bolo em partes iguais, que é a forma de assegurar para si a maior porção possível". John Rawls, *Uma Teoria de Justiça*, op. cit., p. 86.
[381] John Rawls, *Uma Teoria da Justiça*, op. cit., p. 86. O processo criminal nos fornece um exemplo de justiça procedimental imperfeita, na medida em que somente infratores de fato devem ser considerados culpados, mas existe a possibilidade de erros judiciais, acarretando a condenação de um inocente ou a absolvição de um culpado. Ver John Rawls, *Uma Teoria da Justiça*, op. cit., p. 86; e John Rawls, *O Liberalismo Político*, op. cit., p. 117 (nota 25).

podem apresentar para eles enquanto membros de uma determinada sociedade".[382]

De acordo com Rawls, as partes na posição original, situadas ao abrigo do véu de ignorância, escolheriam – com o intuito de assegurar a realização dos valores de liberdade e igualdade – os seguintes princípios de justiça para governar a estrutura básica da sociedade:

[1] Todas as pessoas têm igual direito a um projeto inteiramente satisfatório de direitos e liberdades básicas iguais para todos, projeto este compatível com todos os demais; e, nesse projeto, as liberdades políticas, e somente estas, deverão ter seu valor eqüitativo garantido [princípio da liberdade].

[2] As desigualdades sociais e econômicas devem satisfazer dois requisitos: primeiro, devem estar vinculadas a posições e cargos abertos a todos, em condições de igualdade eqüitativa de oportunidades [princípio da igualdade de oportunidades]; e, segundo, devem representar o maior benefício possível aos membros menos privilegiados da sociedade [princípio da diferença].[383]

Como se pode notar, os dois princípios de justiça se desdobram em três: o princípio da liberdade, o princípio da igualdade de

---

[382] John Rawls, "O Construtivismo Kantiano na Teoria Moral", in *Justiça e Democracia*, op. cit., p. 59. Ver também John Rawls, *O Liberalismo Político*, op. cit., p. 117 e 118.

[383] John Rawls, *O Liberalismo Político*, op. cit., p. 47. Na oitava conferência de *O Liberalismo Político*, intitulada "As Liberdades Fundamentais e sua Prioridade", os princípios de justiça são formulados de maneira ligeiramente diferente: "[1] Toda pessoa tem um direito igual a um sistema plenamente adequado de liberdades fundamentais iguais que seja compatível com um sistema similar de liberdades para todos. [2] As desigualdades sociais e econômicas devem satisfazer duas condições. A primeira é que devem estar vinculadas a cargos e posições abertos a todos em condições de igualdade eqüitativa de oportunidades; e a segunda é que devem redundar no maior benefício possível para os membros menos privilegiados da sociedade". John Rawls, *O Liberalismo Político*, op. cit., p. 345. A esse respeito, Victoria Camps observa que os dois princípios de justiça, reproduzidos em quase todos os escritos de Rawls, têm recebido formulações diversas por parte do autor. As variações, contudo, são muito pequenas, e a essência da proposta é sempre a mesma. Cf. Victoria Camps, "Introducción", in John Rawls, *Sobre las Libertades*, Barcelona, Paidós, 1996, p. 12 (nota 1).

oportunidades e o princípio da diferença.[384] Há entre os princípios uma ordem léxica, de modo que o primeiro tem prioridade sobre o segundo. Por seu turno, no interior do segundo princípio (que se desdobra em 2a e 2b), o princípio da igualdade de oportunidades tem prioridade sobre o princípio da diferença.[385]

O princípio da liberdade (ou princípio da igual liberdade), conforme assinala Nythamar de Oliveira, exige a aplicação imparcial das liberdades fundamentais a todos os indivíduos.[386] Os direitos e as liberdades fundamentais iguais mencionados no primeiro princípio são especificados por intermédio de uma lista que abrange

---

[384] Para a ideia de dois princípios que, de fato, se desdobram em três, ver Victoria Camps, "Introducción", op. cit., p. 12. Em *O Liberalismo Político*, Rawls assinala que o primeiro princípio de justiça pode ser precedido (lexicamente falando) por um princípio que determine a satisfação das necessidades básicas dos cidadãos, pelo menos na medida em que tal satisfação seja necessária para que os cidadãos possam compreender e exercer os direitos e liberdades tutelados pelo primeiro princípio. Cf. John Rawls, *O Liberalismo Político*, op. cit., p. 49. José Nedel chama a atenção para o fato de que a lista rawlsiana de princípios – considerando-se o princípio do mínimo essencial (mínimo social) – aumenta para três ou até mesmo quatro, caso se considere o desdobramento do segundo princípio (2a e 2b). José Nedel, *A Teoria Ético-Política de John Rawls*, op. cit., p. 63. Em que pese a relevância dessas considerações, em geral vamos nos referir – como faz o próprio Rawls – a dois princípios, sem, contudo, esquecer o desdobramento que ocorre no seio do segundo.

[385] Rawls esclarece, em *Uma Teoria da Justiça*, que a ordenação serial ou lexical "exige que se satisfaça o primeiro princípio representado antes de se passar para o segundo, o segundo antes de se analisar o terceiro, e assim sucessivamente. Um [...] princípio não é aplicado antes que aqueles que o antecedem sejam inteiramente satisfeitos, salvo se estes últimos não forem eles próprios aplicáveis. Assim, uma ordenação serial evita inteiramente a necessidade de proceder à ponderação de princípios; os que primeiro estão representados na ordenação têm, digamos, um peso absoluto relativamente aos seguintes, e vigoram sem excepção". John Rawls, *Uma Teoria da Justiça*, op. cit., p. 55. A ordenação hierárquica dos princípios, leciona José Nedel, "impõe a distribuição igual das liberdades fundamentais (primeiro princípio – o da igualdade de tratamento) e das oportunidades de ascender a cargos e funções públicas (segundo princípio, primeira parte – o da igualdade de oportunidades). A repartição dos demais bens sócio-econômicos pode ser desigual, desde que a desigualdade favoreça todos ou, *rectius*, os menos aquinhoados (segundo princípio, segunda parte – princípio da diferença)". José Nedel, *A Teoria Ético-Política de John Rawls*, op. cit., p. 69.

[386] Cf. Nythamar de Oliveira, *Rawls*, op. cit., p. 19.

a liberdade política; a liberdade de pensamento e de consciência; a liberdade de expressão; a liberdade de reunião; as liberdades da pessoa (integridade pessoal: física e psicológica); a proteção contra a prisão arbitrária; o direito à propriedade privada dos bens pessoais (mas não dos bens de produção); etc.[387] O princípio da liberdade, escreve Rawls, atribui às liberdades fundamentais uma posição especial, no sentido de que elas têm um peso absoluto em face das razões do bem comum e dos valores perfeccionistas. A prioridade das liberdades fundamentais, contudo, não é violada quando tais liberdades são simplesmente reguladas, de forma que possam não apenas se combinar em um sistema, mas também se adequar a certas condições sociais que garantam seu exercício duradouro.[388] A regulamentação das liberdades básicas, portanto, não se confunde com sua restrição. Esta última só pode ser admitida para salvaguardar uma ou mais liberdades, nas situações nas quais as próprias liberdades colidem entre si. Nesse sentido, Rawls leciona:

---

[387] Cf. John Rawls, *O Liberalismo Político*, op. cit., p. 345; Justine Lacroix, *Communautarisme versus Libéralisme*, op. cit., p. 45; e Nythamar de Oliveira, *Rawls*, op. cit., p. 19. Segundo Rawls, "uma lista de liberdades básicas pode ser elaborada de duas formas. Uma é histórica: pesquisamos as constituições dos Estados democráticos e fazemos uma lista das liberdades normalmente protegidas, e examinamos o papel dessas liberdades naquelas constituições que tenham funcionado bem. Embora esse tipo de informação não esteja disponível para as partes na posição original, está disponível para nós – para você e para mim, que estamos elaborando a justiça como eqüidade – e, por isso, esse conhecimento histórico pode influenciar o conteúdo dos princípios de justiça que permitimos às partes como alternativas. Uma segunda forma é considerar que liberdades são condições sociais essenciais para o desenvolvimento adequado e para o exercício pleno das duas capacidades da personalidade moral ao longo de toda a vida. Fazer isso conecta as liberdades fundamentais com a concepção de pessoa utilizada na justiça como eqüidade". John Rawls, *O Liberalismo Político*, op. cit., p. 346.

[388] Cf. John Rawls, *O Liberalismo Político*, op. cit., p. 348 a 350. Para um exemplo de regulação, mas não de restrição, das liberdades, lembremos que certas regras de ordem são imprescindíveis para regular a livre discussão. Se as pessoas falarem todas ao mesmo tempo, a liberdade de expressão não poderá atingir sua finalidade. Consequentemente, as regulamentações necessárias não se confundem com restrições ao conteúdo do discurso. Cf. John Rawls, *O Liberalismo Político*, p. 350.

## 2. PRINCÍPIOS DE JUSTIÇA DISTRIBUTIVA

Como as várias liberdades fundamentais estão fadadas a conflitar umas com as outras, as regras institucionais que definem essas liberdades devem ser ajustadas de modo que se encaixem num sistema coerente de liberdades. A prioridade da liberdade implica, na prática, que uma liberdade fundamental só pode ser limitada ou negada em nome de outra ou de outras liberdades fundamentais, e nunca [...] por razões de bem-estar geral ou de valores perfeccionistas. [...] Como as liberdades fundamentais podem ser limitadas quando entram em choque entre si, nenhuma delas é absoluta, assim como não é absoluta a exigência de que, no sistema ajustado de forma definitiva, todas as liberdades fundamentais sejam igualmente oferecidas (seja o que for que isso signifique). O que queremos dizer é que, seja qual for a maneira usada para ajustar essas liberdades entre si, a fim de que haja um sistema coerente, esse sistema deve ser garantido igualmente a todos os cidadãos.[389]

O segundo princípio de justiça, conforme acentua José Nedel, vincula-se aos interesses materiais, regendo a distribuição dos bens primários socioeconômicos (poder, posição social, riqueza, etc.) Desdobra-se, como já fora dito, em dois (com base nas condições às quais as desigualdades são submetidas): o princípio da igualdade de oportunidades e o princípio da diferença.[390]

O princípio da igualdade equitativa de oportunidades (primeira parte do segundo princípio, conforme as formulações presentes em *O Liberalismo Político*), pontifica John Rawls, não deve ser confundido com a noção segundo a qual as carreiras profissionais devem estar abertas aos talentos de cada indivíduo. Consequentemente, não é válida a afirmação de que a aplicação desse princípio conduziria a uma sociedade meritocrática.[391] A igualdade equitativa de oportunidades, reconhece Rawls, representa uma noção não somente complexa como também pouco nítida, introduzida para corrigir as falhas da igualdade formal de oportunidades (a ideia das carreiras abertas

---

[389] John Rawls, *O Liberalismo Político*, op. cit., p. 349. Ver também Justine Lacroix, *Communautarisme versus Libéralisme*, op. cit., p. 45.
[390] Cf. José Nedel, *A Teoria Ético-Política de John Rawls*, op. cit., p. 65.
[391] Cf. John Rawls, *Uma Teoria da Justiça*, op. cit., p. 84 e 85.

aos talentos) no sistema da liberdade natural. A igualdade equitativa de oportunidades, conclui, exige que os cargos públicos e as posições sociais estejam abertos no sentido formal e que, fundamentalmente, todos tenham uma equitativa oportunidade de acesso a eles.[392]

O princípio da diferença (segunda parte do segundo princípio) manda beneficiar os membros menos favorecidos da sociedade. Se Bryan Magee[393] chama atenção para as estranhezas desse princípio – observando, em primeiro lugar, que nunca existiu uma sociedade que opere em conformidade com o seu conteúdo; e, em segundo lugar, que ele vai de encontro às nossas intuições, visto que não pensamos assim naturalmente –, Ronald Dworkin[394], diferentemente, assinala que o princípio em questão é bastante atrativo, em razão da ideia de solidariedade que o caracteriza.

Tendo em mente que os dois princípios de justiça avaliam a estrutura básica da sociedade em função de como esta regula a distribuição dos bens primários entre os cidadãos, John Rawls explicita que, em uma sociedade bem ordenada (isto é, uma sociedade na qual estão garantidas todas as liberdades básicas dos cidadãos, assim como suas oportunidades equitativas), os menos favorecidos são aqueles indivíduos que pertencem à classe de renda com as mais baixas expectativas. Afirmar que as desigualdades de renda e riqueza devem ser arranjadas de modo a elevar ao máximo os benefícios dos menos favorecidos, prossegue Rawls, significa que precisamos comparar os esquemas de cooperação social e verificar a posição dos menos favorecidos em cada um deles, para que assim possamos escolher o esquema no qual os menos favorecidos estejam em melhor situação

---

[392] Cf. John Rawls, *Justiça como Eqüidade. Uma Reformulação*, op. cit., p. 61. Comentando o princípio da igualdade de oportunidades, Justine Lacroix afirma que *"une société rawlsienne accordera peut-être aux personnes dynamiques et talentueuses un revenu plus élevé que la moyenne, mais seulement si cela bénéficie à tous les membres de la collectivité. Les individus n'ont droit à une plus grande part des ressources que s'ils peuvent démontrer que cette inégalité bénéficie à ceux dont la part est moins importante"*. Justine Lacroix, *Communautarisme versus Libéralisme*, op. cit., p. 46.

[393] Cf. Bryan Magee, *Filosofía y Política. Diálogo con Ronald Dworkin*, op. cit., p. 261.

[394] Cf. Ronald Dworkin, *Filosofía y Política. Diálogo con Ronald Dworkin*, op. cit., p. 261.

do que estariam em qualquer outro esquema.[395] Em *O Liberalismo Político*, John Rawls escreve:

> Como as partes se consideram pessoas assim [pessoas morais livres e iguais], o ponto de partida óbvio para elas é supor que todos os bens primários sociais, incluindo renda e riqueza, deveriam ser iguais: todos deveriam ter uma parcela igual. Mas precisam levar em conta os requisitos organizacionais e a eficiência econômica. É por isso que não é razoável parar na divisão igual. A estrutura básica deve permitir desigualdades organizacionais e econômicas, desde que estas melhorem a situação de todos, inclusive a dos menos privilegiados, e desde que essas desigualdades sejam compatíveis com a liberdade igual e a igualdade eqüitativa de oportunidades. Como o ponto de partida é a divisão igual, os que menos se beneficiam têm, por assim dizer, um poder de veto. E, desse modo, as partes chegam ao princípio de diferença. Aqui, uma divisão igual é aceita como o ponto de partida porque reflete a situação das pessoas quando elas são representadas como pessoas morais livres e iguais. Entre essas pessoas, é preciso que aquelas que ganharam mais que as outras o tenham feito de maneira a melhorar a situação daquelas que ganharam menos. Essas considerações intuitivas indicam porque o princípio de diferença é o critério apropriado para governar as desigualdades sociais e econômicas.[396]

---

[395] Cf. John Rawls, *Justiça como Eqüidade. Uma Reformulação*, op. cit., p. 83 e 84.

[396] John Rawls, *O Liberalismo Político*, op. cit., p. 335. Mais adiante, Rawls refuta a tese de que o princípio de diferença exigiria constantes correções de distribuições específicas, além de interferências arbitrárias nas negociações privadas: "O princípio de diferença aplica-se, por exemplo, à tributação da renda e da propriedade, à política fiscal e econômica. Aplica-se ao sistema proclamado de direito público e normas legais, e não a transações ou distribuições específicas, nem a decisões de indivíduos e associações, mas ao contexto institucional no qual essas transações e decisões acontecem. Não há interferências de surpresa ou imprevisíveis nas expectativas e aquisições dos cidadãos. Os títulos de propriedade são conquistados e respeitados em conformidade com o sistema público de normas. Os impostos e restrições são todos, em princípio, previsíveis, e as posses devem ser adquiridas com a condição, conhecida por todos, de que certas transferências e redistribuições serão feitas. A objeção de que o princípio de diferença impõe correções contínuas de distribuições específicas, assim como interferências arbitrárias nas transações privadas, baseia-se num mal-entendido". John Rawls, *O Liberalismo Político*, op. cit., p. 336. Justificando a escolha do princípio de diferença em detrimento de um princípio de igualitarismo estrito, France Farago leciona: "O princí-

Carlos Santiago Nino observa que Rawls desenvolve uma complexa e dispersa argumentação para demonstrar que as partes na posição original elegeriam seus dois princípios de justiça e a regra de prioridade em detrimento de outros princípios, com especial referência aos princípios utilitaristas. Seu argumento principal, prossegue Santiago Nino, baseia-se na suposição de que os participantes da posição original, em sua escolha, recorreriam a uma regra de racionalidade para decidir em condições de incerteza. Estamos nos referindo ao princípio denominado *maximin*. Essa regra de racionalidade estabelece que em situações de incerteza, como é o caso da posição original, é racional eleger o curso de ação cuja pior alternativa seja a menos má, quando confrontada com as piores alternativas dos outros cursos de ação. Acrescenta Nino que, segundo Rawls, seres racionais e autointeressados recorreriam ao *maximin* pelo fato de este representar o princípio de prudência adequado nas situações nas quais se desconhecem as probabilidades das diferentes alternativas. Na visão

pio de diferença expressa a idéia de reciprocidade. É um princípio que visa a vantagem mútua com a idéia reguladora em que os menos favorecidos em termos econômicos devem ser mantidos como lexicalmente prioritários em relação a todos os outros parceiros. Se há dois princípios, um igualitário, e o outro que reintroduz a legitimidade da desigualdade sob certas condições, é porque a parte de cada um depende da riqueza a ser dividida, a qual depende, por sua vez, do sistema que permite produzi-la, o qual já depende da divisão das tarefas... Em um sistema em que a igualdade seria pensada de maneira aritmética, a produtividade, por sua parte, não sendo estimulada pelas motivações de melhoria, poderia ser tão baixa que até mesmo os menos favorecidos seriam lesados. Existem limites em que a transferência social se torna contraprodutiva e é incapaz de induzir o desenvolvimento verdadeiro. É por isso que o princípio de diferença é colocado: ele considera a eficiência econômica e as exigências da organização do trabalho e da tecnologia e legitima a flexibilidade diferencial que permite uma otimização da criatividade social na qual os efeitos benéficos são suscetíveis de refletir sobre todos e sobre cada um e, primeiro e prioritariamente, sobre os mais desfavorecidos". France Farago, *A Justiça*, tradução de Maria Jose Pontieri, Barueri, Manole, 2004, p. 259. Ao examinar a contraposição do princípio de diferença em relação às teses igualitaristas estritas, José Nedel, por sua vez, ressalta que "a eqüidade não exclui desigualdades, desde que estas militem em benefício de todos (formulação provisória do princípio), ou, *rectius*, dos menos favorecidos (formulação definitiva), respeitada a rigorosa igualdade de oportunidades para os concorrentes". José Nedel, *A Teoria Ético-Política de John Rawls*, op. cit., p. 66.

de Rawls, o *maximin* leva as partes a preferirem seus dois princípios e a regra de prioridade, em vez de quaisquer outros princípios, especialmente os de cunho utilitarista, em virtude de a prioridade da liberdade e o princípio da diferença assegurarem a todos um mínimo muito superior ao mínimo das demais alternativas. É preciso lembrar que a pior situação sob a égide de um princípio utilitarista pode ser verdadeiramente catastrófica, já que a ética utilitarista admite o sacrifício de alguns indivíduos, se isso for necessário para maximizar o bem da sociedade.[397] Nas palavras de Carlos Santiago Nino:

> *La prioridad de la libertad garantiza que nadie pueda ser privado de sus derechos básicos, en aras de un supuesto beneficio colectivo, si esa privación no es aceptable para él y no le es compensada con la ampliación de otras libertades de que él puede gozar. El principio de diferencia hace que la posición social y económica peor no pueda ser muy mala, pues las únicas desigualdades que, según él, son admisibles son aquéllas necesarias para incentivar una mayor producción que tenga como resultado que los menos favorecidos estén mejor que en una situación de estricta igualdad (la postulación de que los participantes en la posición originaria no son envidiosos sino sólo auto-interesados permite que ellos elijan este principio, ya que no les importa que otros estén mejor que ellos si, gracias a eso, ellos están mejor que en una situación de igualdad).*[398]

---

[397] Cf. Carlos Santiago Nino, *Introducción al Análisis del Derecho*, op. cit., p. 413 e 414. Referimo-nos à expressão "regra de prioridade" (no singular) em respeito ao texto de Santiago Nino, pois o professor de Introdução ao Direito da Universidade de Buenos Aires menciona apenas a prioridade do primeiro princípio em relação ao segundo, não examinando, portanto, a regra de prioridade que vigora no interior do segundo princípio. France Farago esclarece que na literatura econômica "chama-se *maximin* o argumento segundo o qual o estado mais justo do ponto de vista econômico e social é aquele que, de todos os estados possíveis, torna máxima a posição do societário mais desfavorecido. Este critério de classificação ou de avaliação é chamado *maximin*, pois trata-se de maximizar a situação minimizada. Trata-se de fazer com que, de algum modo, na divisão social, a menor parte seja a maior parte possível". France Farago, *A Justiça*, op. cit., p. 260. A regra *maximin*, conforme sintetiza Fernando Vallespín, implica a maximização do mínimo, ou, de outra forma, a minimização do prejuízo decorrente do fato de se ocupar a posição mais desfavorável. Cf. Fernando Vallespín, "El Neocontractualismo: John Rawls", in *Historia de la Ética*, v.3, op. cit., p. 588.
[398] Carlos Santiago Nino, *Introducción al Análisis del Derecho*, op. cit., p. 414.

De acordo com o entendimento de John Rawls – como anteriormente assinalado –, o construtivismo político apoia-se na ideia do equilíbrio reflexivo (equilíbrio ponderado), pois do contrário não poderia submeter o resultado do seu procedimento (leia-se: os dois princípios) a uma prova, a fim de verificar se as conclusões alcançadas se coadunam com os nossos juízos refletidos. No âmbito do construtivismo político, acrescenta Rawls, um juízo será considerado correto se resultar de um procedimento de construção razoável e racional, além de corretamente formulado e seguido.[399] Fernando Vallespín esclarece que podemos deduzir alguns princípios vagos e gerais a partir das ideias e representações ordinárias que temos acerca da justiça. Esses princípios podem ser confrontados com os princípios escolhidos na posição original. Tal confrontação, conclui Vallespín, constitui um processo contínuo de ajuste e reajuste até que se alcance uma perfeita harmonia entre todos os princípios, daí resultando o equilíbrio reflexivo.[400] O equilíbrio reflexivo, escreve Monique Canto-Sperber, é uma forma de negociação entre as nossas con-

---

[399] Ver John Rawls, *O Liberalismo Político*, op. cit., p. 140 e 141. Na definição de Catherine Audard, os juízos refletidos ou julgamentos bem ponderados (*considered judgments*) são "os julgamentos de valor aos quais chegamos com base em nossa reflexão amadurecida e aos quais nos parece impossível dever renunciar". Catherine Audard, "Glossário", in John Rawls, *Justiça e Democracia*, op. cit., p. 378. Segundo Rawls, "fazemos juízos políticos refletidos em todos os níveis de generalidade, de juízos específicos sobre as ações singulares de indivíduos a juízos sobre a justiça e injustiça de determinadas instituições e políticas sociais, terminando com juízos sobre convicções extremamente gerais. [...] A teoria da justiça como eqüidade considera todos os nossos juízos, seja qual for seu nível de generalidade – um juízo específico ou uma convicção geral de alto nível –, como passíveis de terem para nós, enquanto seres razoáveis e racionais, certa razoabilidade intrínseca. Mas como nossas mentes são divididas e nossos juízos entram em conflito com os das outras pessoas, alguns desses juízos talvez tenham de ser revistos, suspensos ou retratados, para que se possa atingir o objetivo prático de obter um acordo razoável no tocante à justiça política". John Rawls, *Justiça como Eqüidade. Uma Reformulação*, op. cit., p. 42. Para um exame detalhado da compatibilidade existente entre "construtivismo" e "coerência em equilíbrio reflexivo", ver Miguel Ángel Rodilla, "Presentación", op. cit., p. XVIII a XX.

[400] Cf. Fernando Vallespín, "El Neocontractualismo: John Rawls", in *Historia de la Ética*, v.3, op. cit., p. 591.

## 2. PRINCÍPIOS DE JUSTIÇA DISTRIBUTIVA

vicções ponderadas e os princípios de justiça, o que equivale a dizer que convicções e princípios – por intermédio do método do equilíbrio reflexivo – se adaptam uns aos outros.[401] Carlos Santiago Nino, em *Ética y Derechos Humanos*, assinala que o equilíbrio reflexivo nos permite, por um lado, rechaçar ou modificar os princípios de justiça que não dão conta de nossas convicções intuitivas mais firmes; e, por outro, abandonar todas as convicções insuscetíveis de justificação com base em princípios de justiça plausíveis.[402] Acerca do ajustamento mútuo entre convicção e teoria, proporcionado pelo equilíbrio reflexivo, Olinto Pegoraro leciona:

> Cria-se um vaivém entre a experiência ordinária da justiça (*our considered judgements*) e os dois princípios universais. Segundo J. Rawls, nossas convicções ponderadas exprimem o consenso público sobre a justiça admitido com base na tradição e na experiência da comunidade. Estas convicções podem estar mescladas de incoerências, marcadas por lacunas e mesmo por contradições; mas, confrontadas com os princípios universais da justiça como eqüidade, ganham coerência, precisão e consistência. Por seu turno, os princípios universais, mirando-se na experiência histórica, ganham elasticidade e facilidade de adaptação às atuais condições de uma sociedade democrática. Há portanto uma correção recíproca e um mútuo esclarecimento entre os dois pólos, princípios e convicções.[403]

Os princípios de justiça são adotados e aplicados ao longo de uma sequência de quatro etapas (estágios), através das quais ocorre um gra-

---

[401] Cf. Monique Canto-Sperber, *La Philosophie Morale Britannique*, op. cit., p. 74 e 75.
[402] Cf. Carlos Santiago Nino, *Ética y Derechos Humanos*, op. cit., p. 105.
[403] Olinto Pegoraro, *Ética é Justiça*, Petrópolis, Vozes, 1995, p. 76. Em *Uma Teoria da Justiça*, Rawls analisa a expressão "equilíbrio reflexivo": "Trata-se de uma forma de equilíbrio porque, finalmente, as nossas posições sobre a justiça estão de acordo com os nossos princípios; e é reflectido [reflexivo] uma vez que conhecemos os princípios aos quais as nossas posições se conformam e as premissas para a sua derivação". John Rawls, *Uma Teoria da Justiça*, op. cit., p. 39. A esclarecedora ideia de um "ajustamento mútuo entre convicção e teoria" foi retirada de Paul Ricœur, *O Justo ou a Essência da Justiça*, op. cit., p. 82.

dual levantamento do véu de ignorância.[404] Na primeira etapa, isto é, na posição original, as partes, sob um véu de ignorância espesso ou completo, adotam os princípios de justiça.[405] A segunda etapa é a convenção constituinte. As partes devem não somente decidir acerca da justiça das diversas formas políticas, como também escolher uma constituição. O primeiro princípio de justiça aplica-se a essa etapa, o que significa dizer que as normas constitucionais devem implementar o princípio da liberdade. Nesse estágio, as partes (os participantes da convenção) não têm informações sobre indivíduos particulares (desconhecem sua posição social, sua concepção do bem, seus talentos naturais); no entanto, conhecem os fatos relevantes relacionados à sociedade, tais como nível de desenvolvimento econômico, recursos naturais, cultura política, etc. Além disso, conhecem os princípios da teoria social.[406]

A seguir vem a etapa legislativa, na qual as leis são promulgadas, devendo respeitar os princípios de justiça e os limites constitucionais. Rawls assinala que o segundo princípio intervém nessa etapa, obrigando as políticas econômicas e sociais a se direcionarem para a maximização das expectativas dos menos favorecidos, sem prejuízo da igualdade equitativa de oportunidades e da manutenção das liberdades iguais. Na etapa legislativa, o legislador representativo tem conhecimento dos fatos gerais, mas ignora dados particulares a respeito de si próprio.[407] A quarta e última etapa é a judicial. Nesse

---

[404] Ver John Rawls, *Justiça como Eqüidade. Uma Reformulação*, op. cit., p. 67; e Carlos Santiago Nino, *Introducción al Análisis del Derecho*, op. cit., p. 414. Rawls esclarece que "a sequência das quatro etapas constitui um dispositivo para aplicar os princípios da justiça. Faz parte da teoria da justiça como equidade, não constituindo uma análise da forma como effectivamente decorrem as convenções e assembleias legislativas". John Rawls, *Uma Teoria da Justiça*, op. cit., p.167.

[405] Ver John Rawls, *Justiça como Eqüidade. Uma Reformulação*, op. cit., p. 67 e 68; e Carlos Santiago Nino, *Introducción al Análisis del Derecho*, op. cit., p. 414.

[406] Ver John Rawls, *Uma Teoria da Justiça*, op. cit., p. 164; John Rawls, *Justiça como Eqüidade. Uma Reformulação*, op. cit., p. 68; José Nedel, *A Teoria Ético-Política de John Rawls*, op. cit., p. 73; e Carlos Santiago Nino, *Introducción al Análisis del Derecho*, op. cit., p. 414.

[407] Cf. Ver John Rawls, *Uma Teoria da Justiça*, op. cit., p. 165 e 166. Ver também Carlos Santiago Nino, *Introducción al Análisis del Derecho*, op. cit., p. 414; e José Nedel, *A Teoria Ético-Política de John Rawls*, op. cit., p. 74.

estágio, as regras, além de serem cumpridas pelos cidadãos em geral, são aplicadas aos casos concretos por juízes e autoridades administrativas. Todos passam a ter completo acesso aos fatos gerais e particulares. O véu de ignorância se dissipa, desaparecendo todos os limites ao conhecimento.[408]

John Rawls entende, como já havíamos mencionado no primeiro capítulo, que os dois princípios de justiça escolhidos na posição original proporcionam – no âmbito de uma sociedade democrática – uma compreensão da liberdade e da igualdade mais adequada do que a proporcionada pelos princípios de justiça associados às doutrinas tradicionais do perfeccionismo e do utilitarismo.[409] Para finalizar o presente item de nosso estudo, vamos apontar a contraposição existente entre a teoria da justiça como imparcialidade e as teorias éticas mencionadas acima. Antes, porém, uma diferenciação se faz necessária.

Os estudiosos da moralidade costumam dividir as teorias da obrigação moral ou teorias de ética normativa (isto é, teorias que pretendem estabelecer aquilo que é obrigatório fazer) em dois grupos: teorias teleológicas e teorias deontológicas. As teorias teleológicas (entre as quais se enquadram o perfeccionismo e o utilitarismo) dão primazia ao bem em relação ao moralmente correto, o que significa dizer que julgam as ações não em função de certas qualidades intrínsecas, mas sim levando em conta como elas e suas consequências contribuem para alcançar uma meta considerada valiosa ou para maximizar certo estado de coisas intrinsecamente bom. Para uma concepção teleológica, escreve Jesús Martínez García, um ato é considerado moralmente correto quando suas consequências maximizam determinado bem intrínseco previamente posto. Como o dever moral consiste na maximização do bem, satisfazendo da melhor forma possível

---

[408] Ver John Rawls, *Uma Teoria da Justiça*, op. cit., p. 166; John Rawls, *Justiça como Eqüidade. Uma Reformulação*, op. cit., p. 68; Carlos Santiago Nino, *Introducción al Análisis del Derecho*, op. cit., p. 414; e José Nedel, *A Teoria Ético-Política de John Rawls*, op. cit., p. 74 e 75.

[409] John Rawls, *O Liberalismo Político*, op. cit., p. 346. Além do perfeccionismo e do utilitarismo, Rawls ainda menciona o intuicionismo, que omitimos pelo fato de já ter sido por nós abordado.

uma meta ou finalidade, prossegue o autor, pode-se dizer que o bem é logicamente prioritário diante do correto ou da ação devida. O utilitarismo ilustra com perfeição o significado de uma teoria ética teleológica, conclui Martínez García, na medida em que existe uma meta ou um bem intrínseco (no caso, a maior felicidade geral ou a maximização da felicidade), e são considerados moralmente corretos os atos cujas consequências maximizam este bem.[410]

As teorias deontológicas (entre as quais se situam a justiça como imparcialidade rawlsiana e a ética do dever kantiana) conferem primazia não ao bem, mas sim ao moralmente correto, e julgam as ações por suas qualidades intrínsecas. Para as teorias deontológicas, leciona Jesús Martínez García, não existem metas externas, e a correção de uma ação deriva do fato de esta ser o cumprimento de um dever. É por esse motivo que, nas referidas teorias, o dever é prioritário sobre a bondade ou o bem. No âmbito das teorias deontológicas, finaliza Martínez García, o dever é determinado por uma qualidade intrínseca (como, por hipótese, derivar do imperativo categórico kantiano ou ser escolhido na posição original), e não pelas consequências dos atos, que, a princípio, são irrelevantes.[411]

---

[410] Cf. Jesús Martínez García, *La Teoría de la Justicia en John Rawls*, op. cit., p. 50. Ver também Carlos Santiago Nino, *Introducción al Análisis del Derecho*, op. cit., p. 383.

[411] Cf. Jesús Martínez García, *La Teoria de la Justicia en John Rawls*, op. cit., p. 50. Ver também Carlos Santiago Nino, *Introducción al Análisis del Derecho*, op. cit., p. 383. Em sua *Ética*, Adela Cortina e Emilio Martínez nos ensinam que a distinção entre éticas deontológicas e éticas teleológicas não é unívoca. Sendo assim, esclarecem Cortina e Martínez, de acordo com Charles Dunbar Broad, para quem o fundamento da distinção é a atenção às consequências, se entenderia por *"teoría teleológica aquella para la que la corrección o incorrección de las acciones está siempre determinada por su tendencia a producir ciertas consecuencias que son intrínsecamente buenas o malas, mientras que la teoría deontológica consideraría que una acción será siempre correcta o incorrecta en tales circunstancias, fueran cuales fueran las consecuencias"*. William Frankena, por sua vez, continuam Adela Cortina e Emilio Martínez, propõe uma distinção matizada (que será aceita por Rawls, em *Uma Teoria da Justiça*), segundo a qual éticas teleológicas seriam *"las que se ocupan en discernir qué es el bien no-moral antes de determinar el deber, y consideran como moralmente buena la maximización del bien no moral; mientras que serían éticas deontológicas las que marcan el ámbito del deber antes de ocuparse del bien, y sólo consideran bueno lo adecuado al deber"*. Adela Cortina e Emilio Martínez, *Ética*, Madrid, Akal, 1996, p. 115. O entendimento de Rawls

O perfeccionismo, sintetiza Catherine Audard, é a doutrina ética que sustenta o ponto de vista (como em Platão, Aristóteles, Nietzsche, etc.) segundo o qual certas concepções do bem são intrinsecamente superiores em relação a outras, merecendo assim que os interesses ou os direitos de determinadas pessoas por elas se sacrifiquem, em benefício do aperfeiçoamento da espécie humana.[412] Thomas Hurka diferencia perfeccionismo em sentido amplo de perfeccionismo em sentido estrito. Em sentido amplo, o perfeccionismo é uma teoria moral consequencialista vinculada a uma concepção objetiva do bem humano (o que significa dizer, em primeiro lugar, que a ação moralmente justa é caracterizada em termos do bem; e, em segundo lugar, que o bem é concebido de forma objetiva, como saber, êxito, amizade, prazer estético, etc.). Para o perfeccionista, acrescenta o professor de filosofia da Universidade de Calgary, o bem "que uma ação justa busca desenvolver não é a felicidade, mas determinadas 'perfeições', determinadas 'excelências', ou ainda alguns aspectos do 'aperfeiçoamento' considerados como em si dotados de valor".[413] Em um sentido estrito, assinala Thomas Hurka, o perfeccionismo pode ser definido como uma teoria moral consequencialista vinculada a uma concepção objetiva do bem, estando este fundamentado em um ideal de aperfeiçoamento da natureza humana.[414]

acerca do que seja uma teoria teleológica pode ser conferido em John Rawls, *Uma Teoria da Justiça*, op. cit., p. 42 e 43.
[412] Cf. Catherine Audard, "Glossário", in John Rawls, *Justiça e Democracia*, op. cit., p. 380.
[413] Thomas Hurka, "Perfeccionismo", tradução de Magda Lopes, in *Dicionário de Ética e Filosofia Moral*, v. 2, Monique Canto-Sperber (Org.), São Leopoldo, Unisinos, 2003, p. 325.
[414] Cf. Thomas Hurka, "Perfeccionismo", op. cit., p. 325. Mais adiante, Thomas Hurka questiona a viabilidade do perfeccionismo em sentido estrito, observando que muitos filósofos contemporâneos duvidam que "alguma teoria verdadeira sobre a natureza humana possa servir de base para teses verossímeis sobre o bem. Considerando as crenças que Aristóteles, e até mesmo Marx, nutriam a propósito do homem, um ideal do desenvolvimento da natureza humana talvez tenha sido possível outrora. Mas os filósofos atuais respondem que os progressos recentes do conhecimento científico do homem tornam esse ideal insustentável; sabendo o que sabemos agora sobre a natureza humana, não podemos considerar seu desenvolvimento como bom. E, se é assim, o

Em *Uma Teoria da Justiça*, John Rawls examina duas variantes de perfeccionismo: na primeira, o princípio da perfeição constitui o princípio único de uma teoria teleológica, orientando a sociedade no sentido da maximização das realizações humanas nos campos da arte, da ciência e da cultura. Na interpretação rawlsiana, Nietzsche ilustra essa variante, em função do peso absoluto que, por vezes, confere à vida dos grandes homens, a ponto de afirmar que a humanidade deve se esforçar continuamente a fim de produzir homens excepcionais.[415] A segunda variante da concepção perfeccionista, que pode ser visualizada em Aristóteles, além de ser mais moderada, apresenta argumentos mais consistentes. Nessa variante, escreve Rawls, o princípio da perfeição é aceito apenas na qualidade de um padrão, entre vários outros, de uma teoria intuicionista, devendo, por intermédio do recurso à intuição, ser ponderado diante dos demais princípios. A medida do perfeccionismo dessa concepção, acrescenta Rawls, dependerá do peso que for atribuído às exigências da excelência e da cultura: por exemplo, se "for defendido que, em si mesmas, as realizações dos gregos nos campos da filosofia, da ciência e da arte justificavam a velha prática da escravatura (partindo do princípio de que esta era necessária para que fossem alcançadas tais realizações), esta concepção será decerto altamente perfeccionista. As exigências da perfeição afastam as importantes exigências da liberdade".[416] Rawls indaga (na quinquagésima seção de *Uma Teoria da Justiça*) se um padrão perfeccionista deveria ser adotado pelas partes na posi-

---

perfeccionismo no sentido estrito não é mais uma escolha ética viável. Somente no seu primeiro sentido, mais amplo, o perfeccionismo é plausível – como teoria conseqüencialista que se associa a uma concepção objetiva do bem humano, mas não baseia essa concepção em teses relativas à natureza humana." Thomas Hurka, "Perfeccionismo", op. cit., p. 326.

[415] Cf. John Rawls, *Uma Teoria da Justiça*, op. cit., p. 255.

[416] John Rawls, *Uma Teoria da Justiça*, op. cit., p. 255. Rawls denomina a primeira variante, na qual insere Nietzsche, teoria perfeccionista estrita (*strict perfectionist theory*). A segunda variante, na qual Aristóteles é incluído, é caracterizada como perfeccionismo sob a forma intuicionista. A dicotomia rawlsiana, contudo, não se justapõe à dicotomia apresentada por Thomas Hurka, visto que os critérios de classificação utilizados pelos dois autores são diferentes.

ção original. A questão é examinada, primeiramente, com base no que denomina perfeccionismo estrito (perfeccionismo como uma teoria teleológica de princípio único); e, em segundo lugar, com base no que considera um perfeccionismo de forma intuicionista (ou uma forma intuicionista de perfeccionismo).[417] De um modo geral, conforme esclarece Jesús Martínez García, John Rawls refuta o perfeccionismo em virtude do fato de que o padrão de perfeição se impõe aprioristicamente e pode justificar cerceamentos à liberdade.[418] O perfeccionismo, portanto, em qualquer de suas variantes, não oferece uma base viável para a justiça social.[419]

---

[417] Para uma análise detalhada da referida indagação em face às duas variantes do perfeccionismo examinadas, ver John Rawls, *Uma Teoria da Justiça*, op. cit., p. 256 a 259.

[418] Cf. Jesús Martínez García, *La Teoría de la Justicia en John Rawls*, op. cit., p. 52. Acerca do vínculo entre a imposição de um bem único e a perda da liberdade, Rawls (ao examinar o que denomina perfeccionismo estrito) pontifica: "Embora os sujeitos na posição original não se preocupem com os interesses uns dos outros, sabem que possuem (ou podem possuir) certos interesses religiosos e morais, bem como outros fins culturais, que não podem pôr em perigo. Além disso, parte-se do princípio de que eles possuem diferentes concepções do bem e que pensam poder impor as exigências respectivas aos outros, a fim de prosseguir os seus próprios fins. As partes não partilham uma concepção do bem por referência à qual a fruição dos seus poderes, ou mesmo a satisfação dos seus desejos, possa ser avaliada. Não possuem um critério da perfeição escolhido por acordo que possa ser usado como princípio para optar entre instituições. Reconhecer tal padrão seria, com efeito, aceitar um princípio que pode levar a uma liberdade, religiosa ou outra, mais reduzida, senão mesmo a uma perda completa da liberdade para prosseguir muitos dos nossos objectivos espirituais. Se o padrão de excelência for razoavelmente claro, as partes não têm forma de saber se as suas pretensões não virão a ser sacrificadas perante o objectivo social mais elevado da maximização da perfeição. Assim, aparentemente, o único compromisso que as partes na posição original podem alcançar é o de que todos devem ter a maior liberdade possível, que seja compatível com uma liberdade idêntica para os outros. Não podem pôr a sua liberdade em risco, ao autorizarem que seja um padrão de valor a definir aquilo que deve ser maximizado por um princípio teleológico da justiça." John Rawls, *Uma Teoria da Justiça*, op. cit., p. 256. Acerca ainda da relação entre busca de um padrão de excelência e ameaça às liberdades, ver Carlos Alberto Pereira das Neves Bolonha, *Introdução ao Estudo de A Theory of Justice de John Rawls*, Dissertação de Mestrado em Teoria do Estado e Direito Constitucional – Departamento de Direito da PUC-Rio, 1994, p. 16.

[419] Neste sentido, ver John Rawls, *Uma Teoria da Justiça*, op. cit., p. 259.

Por utilitarismo pode-se entender, de acordo com a definição de John Stuart Mill, a concepção que "propõe como fundamento da moral o princípio da utilidade, ou seja, o princípio de que as ações são moralmente boas na proporção da felicidade que produzem para o maior número de pessoas".[420] Compreendendo felicidade como prazer e ausência de dor, e infelicidade como dor e privação de prazer, a doutrina utilitarista aceita a utilidade ou o princípio da maior felicidade como sendo o fundamento da moral, e sustenta que as ações são corretas quando tendem a promover a felicidade e erradas quando tendem a produzir a infelicidade.[421]

Como observa Carlos Santiago Nino, o utilitarismo (ao contrário, por exemplo, do tomismo) não é uma doutrina que tenha sido elaborada por um grande mestre, e depois articulada, explicada e aplicada a novas circunstâncias por respeitosos discípulos. Embora, prossegue o jusfilósofo argentino, o utilitarismo tenha seus grandes fundadores – Jeremy Bentham (1748 – 1832) e John Stuart Mill (1806 – 1873) –, os filósofos que os seguiram na defesa desta concepção moral apresentam tantas divergências, não só entre si, mas também em relação aos próprios fundadores, que se torna difícil oferecer uma caracterização geral do utilitarismo compatível com todas as variações existentes. No entanto, todas as concepções tidas como utilitaristas partilham o caráter consequencialista dessa doutrina. De acordo com Santiago Nino:

> Esto quiere decir que, según esta concepción, las acciones no tienen valor moral en sí mismas sino en relación a la bondad o maldad de sus consecuencias. La bondad o maldad de los efectos de los actos está, a su vez, determinada por la medida en que ellos inciden en la materialización de ciertos estados de cosas que se consideran intrínsecamente buenos o malos. Hay que distinguir, entonces, entre estos estados de cosas que son en sí mismos buenos (o malos) y los estados de cosas que sólo lo son instrumentalmente, o sea como medios para materializar lo que es bueno (o malo) en forma intrínseca.[422]

---

[420] Ver Antonio Gomes Penna, *Introdução à Filosofia da Moral*, Rio de Janeiro, Imago, 1999, p. 63.
[421] Vide John Stuart Mill, *O Utilitarismo*, São Paulo, Iluminuras, 2000, p. 30.
[422] Carlos Santiago Nino, *Introducción al Análisis del Derecho*, op. cit., p. 391.

## 2. PRINCÍPIOS DE JUSTIÇA DISTRIBUTIVA

Em função das divergências, convém enumerar algumas das várias formas assumidas pelo movimento utilitarista, isto é, enumerar algumas espécies de utilitarismo:[423]

Para o utilitarismo egoísta as ações se mostram centradas no próprio agente, enquanto no utilitarismo universalista as ações estão centradas nos outros. Essa classificação, portanto, leva em conta *"si las consecuencias que pueden hacer a una acción buena o mala son las que afectan sólo al propio agente, por un lado, o a toda la humanidad o a todo los seres sensibles, por otro lado"*.[424]

---

[423] Ver Carlos Santiago Nino, *Introducción al Análisis del Derecho*, op. cit., p. 392 a 397; e Antonio Gomes Penna, *Introdução à Filosofia da Moral*, op. cit., p. 63 e 64. Ver também Giuliano Pontara, "Utilitarismo", in Norberto Bobbio et al., *Dicionário de Política*, op. cit., p. 1277 a 1280.
[424] Carlos Santiago Nino, *Introducción al Análisis del Derecho*, op. cit., p. 392.

O utilitarismo hedonista, sustentado por Bentham, toma como bem intrínseco somente o prazer, embora entendido em seu sentido amplo, enquanto o utilitarismo idealista, defendido por Moore, é aquele segundo o qual se deve considerar como bem intrínseco o conhecimento, a existência de coisas belas, etc.

O utilitarismo de atos é aquele para o qual o princípio de utilidade se aplica diretamente a cada ato individual, de modo que *"en cada caso, para establecer si una acción es moralmente correcta, debe determinarse si todos sus efectos incrementan más que disminuyen el bienestar general"*.[425] Essa constitui a versão tradicional do utilitarismo, e foi definida, entre outros, por Bentham, Sidgwick e Moore. O utilitarismo de regras, por sua vez, centra-se na obediência a normas, o que significa dizer que nossa obrigação moral é agir de acordo com a norma cuja aplicação produz o maior bem.

O utilitarismo positivo prescreve a promoção da felicidade ou do bem-estar. O utilitarismo negativo, do qual Popper se aproxima, entende que nossa obrigação moral consiste em minimizar a dor ou o sofrimento. Discute-se, todavia, se esses dois tipos de utilitarismo podem efetivamente ser distinguidos, visto que há ações que podem ser descritas tanto como promovendo a felicidade quanto como minimizando o sofrimento.

O utilitarismo clássico sustenta que nossa obrigação moral consiste em maximizar a felicidade total, ou seja, o bem intrínseco *"es la felicidad general entendida como suma total de placeres y satisfacciones"*.[426] O utilitarismo médio, diferentemente, considera que nossa obrigação moral consiste em maximizar a média de felicidade. Sendo assim, a felicidade geral deve ser determinada dividindo-se a felicidade total pelo número de pessoas, o que permite obter uma utilidade média. Se imaginarmos *"dos sociedades, una con un millón de personas contentas y otra con dos millones de personas igualmente contentas, el utilitarista clásico*

---

[425] Carlos Santiago Nino, *Introducción al Análisis del Derecho*, op. cit., p. 395.
[426] Carlos Santiago Nino, *Introducción al Análisis del Derecho*, op. cit., p. 396.

## 2. PRINCÍPIOS DE JUSTIÇA DISTRIBUTIVA

*preferirá la segunda sociedad mientras que, para el utilitarista del promedio, ambas sociedades tendrán igual valor*".[427]

Deixando de lado as divergências existentes, que nos remetem ao problema das várias espécies de utilitarismo, pode-se afirmar que a forma padrão de utilitarismo é consequencialista, universalista e hedonista. Os fundadores, como também a maioria dos filósofos que defendem ideias utilitaristas, enquadram-se nessa posição.[428]

O desafio de Rawls ao utilitarismo se manifesta já nas páginas iniciais de *Uma Teoria da Justiça* e, a rigor, permeia todo este grandioso tratado de filosofia moral. No prefácio, Rawls afirma:

> Talvez a melhor forma de explicar o meu objectivo ao escrever este livro seja a seguinte. Para a maior parte da moderna filosofia moral, a teoria sistemática dominante tem sido o utilitarismo, sob qualquer das suas formas.

---

[427] Carlos Santiago Nino, *Introducción al Análisis del Derecho*, op. cit., p. 396.
[428] Ver Carlos Santiago Nino, *Introducción al Análisis del Derecho*, op. cit., p. 392. Em seu *Dicionário de Filosofia*, Nicola Abbagnano enumera cinco aspectos essenciais do utilitarismo: "1º. Em primeiro lugar, o U. é a tentativa de transformar a ética em ciência positiva da conduta humana, ciência que Bentham queria tornar 'exata como a matemática'. Essa característica faz do U. um aspecto fundamental do movimento positivista, ao mesmo tempo em que lhe garante um lugar importante na história da ética. 2º. Por conseguinte, o U. substitui a consideração do *fim*, derivado da natureza metafísica do homem, pela consideração dos *móveis* que levam o homem a agir. Nisto, liga-se à tradição hedonista, que vê no prazer o único móvel a que o homem ou, em geral, o ser vivo, obedece. Nesse aspecto, assim como no precedente, o U. foi tratado sobretudo por J. Bentham [...]. 3º. Reconhecimento do caráter supra-individual ou intersubjetivo do prazer como móvel, de tal modo que o fim de qualquer atividade humana é 'a maior felicidade possível, compartilhada pelo maior número possível de pessoas': fórmula enunciada primeiramente por Cesare Beccaria e aceita por Bentham e por todos os utilitaristas ingleses. A aceitação dessa fórmula supõe a coincidência entre utilidade individual e utilidade pública, que foi admitida por todo o liberalismo moderno [...]. 4º. Associação estreita do U. com as doutrinas da nascente ciência econômica. Dois dos fundadores dessa ciência, Malthus (1766-1834) e David Ricardo (1772-1823), foram utilitaristas e compartilharam o espírito positivo e reformador do U. 5º. Espírito reformador dos utilitaristas no campo político e social: preocuparam-se em pôr sua doutrina moral a serviço de reformas que deveriam aumentar o bem-estar e [a] felicidade dos homens em vários campos. Nesse aspecto, o U. também foi denominado *radicalismo*." Nicola Abbagnano, *Dicionário de Filosofia*, 3ª ed., São Paulo, Martins Fontes, 1998, p. 986.

Uma das razões para tal está no facto de o utilitarismo ter sido adoptado por uma longa linhagem de brilhantes autores, os quais construíram um corpus de pensamento que é, pelo seu objecto e sofisticação, verdadeiramente impressionante. Esquecemos por vezes que os grandes utilitaristas, Hume e Adam Smith, Bentham e Mill, eram teóricos da sociedade e economistas do mais alto nível; e que a doutrina moral por eles produzida foi moldada por forma a satisfazer as suas vastas áreas de interesse e a formar uma concepção de conjunto. Aqueles que os criticaram fizeram-no, muitas vezes, a partir de uma posição muito mais limitada. Apontaram os aspectos obscuros do princípio da utilidade e referiram a aparente incongruência entre muitas das suas implicações e os nossos sentimentos morais. Mas, segundo creio, não conseguiram construir uma concepção moral funcional e sistemática capaz de se lhes opor. O resultado é que, muitas vezes, somos obrigados a escolher entre o utilitarismo e o intuicionismo. Na maior parte dos casos, acabamos por escolher uma variante do princípio da utilidade, circunscrita e restringida por certas formas *ad hoc*, mediante o recurso a limitações intuicionistas. Tal concepção não é irracional e não é certo que consigamos fazer melhor. Mas tal não é razão para que não tentemos.[429]

Antes de dar início ao exame dos princípios da justiça, John Rawls acentua que contrapõe a teoria da justiça como imparcialidade ao utilitarismo não somente por uma questão de comodidade de exposição, mas também porque a visão utilitarista, em todas as suas variantes, vem dominando há um bom tempo, apesar das dúvidas que provoca, a tradição filosófica anglo-americana. Esse domínio provavelmente se explica, continua Rawls, em razão do fato de não ter sido proposta a alternativa de uma teoria construtiva que, partilhando as virtudes de clareza e sistematicidade do utilitarismo, pudesse afastar os inconvenientes que acarreta, cabendo lembrar que o intuicionismo não é

---

[429] John Rawls, *Uma Teoria da Justiça*, op. cit., p. 13. Mais adiante, ainda se referindo aos seus objetivos, o autor acrescenta: "Há múltiplas formas de utilitarismo e o desenvolvimento da teoria tem prosseguido ao longo destes últimos anos. Não vou passar em revista essas diversas formas, nem ter em consideração os numerosos aprofundamentos contidos nas análises contemporâneas. O meu objectivo é produzir uma teoria da justiça que represente uma alternativa ao pensamento utilitário em geral e, portanto, às suas diversas versões." John Rawls, *Uma Teoria da Justiça*, op. cit., p. 40.

construtivo, e o perfeccionismo é inaceitável. A doutrina do contrato, caso seja devidamente elaborada, conclui Rawls, pode preencher esse espaço. A teoria da justiça como imparcialidade constitui, portanto, um esforço nesse sentido.[430]

Muitas têm sido as objeções levantadas contra o utilitarismo (sendo a mais grave, provavelmente, aquela que o acusa de sancionar violações aos princípios de justiça). Contudo, o grande mérito de John Rawls, conforme assinala Samuel Gorovitz, consiste em nos fornecer uma perspectiva moral alternativa ao mesmo tempo plausível e bem desenvolvida.[431]

---

[430] Cf. John Rawls, *Uma Teoria da Justiça*, op. cit., p. 61.

[431] Ver Samuel Gorovitz, "John Rawls: Uma Teoria da Justiça", in *Filosofia Política Contemporânea*, 2ª ed., Anthony de Crespigny e Kenneth Minogue (Orgs.), Brasília, Universidade de Brasília, 1982, p. 270. Para um exame dos atrativos e dos inconvenientes da concepção moral utilitarista, ver Carlos Santiago Nino, *Introducción al Análisis del Derecho*, op. cit., p. 397 a 400. Diante de todo o exposto, o que se percebe, seguindo a análise empreendida por Jesús Martínez García, é a rejeição de Rawls às teorias teleológicas de uma forma geral, em função de representarem, na sua ótica, um perigo para a liberdade. De acordo com o autor de *Uma Teoria da Justiça*, esclarece Martínez García, tanto o perfeccionismo quanto o utilitarismo podem conduzir à opressão, visto que todas as vezes em que um fim é imposto ao homem, a pessoa é colocada em segundo plano, sendo utilizada como meio para a realização do fim, que, nessa circunstância, é o que verdadeiramente passa a importar. Cf. Jesús Martínez García, *La Teoría de la Justicia en John Rawls*, op. cit., p. 65.

construtivo, e o perfeccionismo é inaceitável. A doutrina do contrato, caso seja devidamente elaborada, conclui Rawls, pode preencher esse espaço. A teoria da justiça como imparcialidade consistiu, portanto, um esforço nesse sentido.[430]

Muitas têm sido as objeções levantadas contra o utilitarismo (sendo a mais grave, provavelmente, aquela que o acusa de sancionar violações aos princípios de justiça). Contudo, o grande mérito de John Rawls, conforme assinala Samuel Gorovitz, consiste em nos fornecer uma perspectiva moral alternativa ao mesmo tempo plausível e bem desenvolvida.[431]

---

[430] Cf. John Rawls, Uma Teoria da Justiça, op. cit., p. 6f.
[431] Ver Samuel Gorovitz, "John Rawls: Uma Teoria da Justiça", in Filosofia Política Contemporânea, 2ª ed., Anthony de Crespigny e Kenneth Minogue (Orgs.), Brasília, Universidade de Brasília, 1982, p. 270. Para um exame dos atrativos e dos inconvenientes da concepção moral utilitarista, ver Carlos Santiago Nino, Introducción al Análisis del Derecho, op. cit., p. 397 a 400. Diante de todo o exposto, o que se percebe, seguindo a análise empreendida por Jesús Mosterín Gracia, é a rejeição de Rawls à teoria utilitarista de uma forma geral. Em função de considerarem, na sua ótica, um perigo para a liberdade. De acordo com o autor, "é que Rawls vê [...] tanto o utilitarismo quanto o perfeccionismo como conduzir a supressão, visto que ambos os vezes me que um fim é importante ao homem, a pessoa é colocada, em segunda plano, sendo a liberdade como meio para levar a algum fim, que necessariamente, o que verdadeiramente passa a importar é [...] Jesús Mosterín Gracia, [...] Teoria y prática en John Rawls, op. cit., p. 68.

# 3. Moralidade e Tolerância

## 3.1. As Duas Formas da Argumentação Moral e a Tolerância no Contexto de um Relativismo Atenuado

Como foi dito anteriormente, o objetivo de Michael Walzer, ao publicar, em 1994, o livro *Thick and Thin. Moral Argument at Home and Abroad*, consiste em endossar a política da diferença e, simultaneamente, descrever e defender certa forma de universalismo. Segundo o próprio autor, não se trata de um universalismo que exija governos democráticos em todas as circunstâncias, mas, antes, que possibilite o estabelecimento da democracia onde houver cidadãos desejosos de a vivenciarem. O que é fundamental, a seu ver, é que esse universalismo proíba a repressão brutal de grupos minoritários ou majoritários, tanto nos Estados democráticos quanto naqueles não democráticos. Walzer faz questão de ressaltar que – embora pessoalmente seja partidário dos governos democráticos – não reivindica o aval de Deus, da Natureza, da História ou da Razão, para sustentar sua concepção política.[432]

Para Michael Walzer, existem dois tipos diferentes, porém inter-relacionados, de argumentação moral, de modo que podemos nos referir, por um lado, a uma moralidade densa e particularista, e por outro, a uma moralidade tênue e universalista. A primeira representa uma maneira de falar entre nós, em nosso país, acerca da densidade da história e da cultura que compartilhamos. A segunda representa

---

[432] Cf. Michael Walzer, *Thick and Thin. Moral Argument at Home and Abroad*, op. cit., p. X.

uma maneira de falar com pessoas estrangeiras, pertencentes a diferentes culturas, acerca da vida mais tênue que temos em comum.[433] Em outras palavras, o argumento moral denso (*thick*) e particularista diz respeito aos valores das pessoas que compartilham a mesma história e cultura, enquanto o argumento moral tênue (*thin*) e universalista está vinculado aos valores comuns compartilhados por todos os indivíduos, qualquer que seja a cultura na qual estejam inseridos.[434]

Os conceitos morais, portanto, têm significados mínimos e máximos, ou seja, podem ser descritos de modo tênue ou denso (as descrições são apropriadas para contextos diferentes, servindo para propósitos diversos). Isso não quer dizer, contudo, que tenhamos duas moralidades ou, por exemplo, duas concepções de justiça na cabeça. Na verdade, assevera Walzer, os significados minimalistas se encontram arraigados na moralidade máxima, se expressando no mesmo idioma e partilhando a mesma orientação em termos históricos, culturais, religiosos e políticos. De acordo com essa lógica, o minimalismo se libera de seu enraizamento e se mostra de forma independente nas situações de crise social ou confrontação política.[435]

Com o intuito de esclarecer a forma por meio da qual o argumento moral denso e o argumento moral tênue se interrelacionam, Michael Walzer inicia o primeiro capítulo de *Thick and Thin* evocando a imagem de uma passeata ocorrida em Praga, em 1989, na qual as pessoas marchavam com cartazes reivindicando "Verdade" e "Justiça". Embora os manifestantes checos compartilhassem uma cultura com a qual Walzer não estava familiarizado e respondessem a uma experiência igualmente alheia à sua vivência, o autor afirma que poderia perfeitamente ter caminhado ao lado deles, levando os mesmos cartazes. Ao ver a imagem, Walzer imediatamente percebeu, assim como todas as pessoas que a viram, o significado dos cartazes, além de ter reconhecido os valores defendidos pelos manifestantes. O que estes queriam era ouvir a verdade de seus líderes políticos, de maneira que

---

[433] Ver Michael Walzer, *Thick and Thin*, op. cit., p. XI.
[434] Cf. Gisele Cittadino, *Pluralismo, Direito e Justiça Distributiva*, op. cit., p. 118.
[435] Cf. Michael Walzer, *Thick and Thin*, op. cit., p. 2 e 3.

pudessem acreditar naquilo que os periódicos publicavam, assim como exigir o respeito a uma forma elementar de justiça, a fim de que cessassem as detenções arbitrárias, fossem abolidos os privilégios da elite do partido, etc.[436] De acordo com Gisele Cittadino:

> [...] é a existência de uma moralidade mínima universal que permite a participação na manifestação de Praga de pessoas que não reconhecem os valores culturais compartilhados pelos manifestantes. Entretanto, quando um cidadão norte-americano conduz, na manifestação de Praga, um cartaz que pede por "justiça", esta expressão, para ele, não significa uma proposição abstrata. Ao contrário, ele identifica nesta expressão um significado. Através dela ele evoca as suas próprias histórias e experiências de opressão e injustiça. E, neste sentido, quando ele participa da manifestação em Praga – ou em qualquer outro lugar – ele está na verdade participando de sua própria manifestação.[437]

Quando marchamos indiretamente ao lado de pessoas que têm problemas, quaisquer que sejam elas, estamos realizando nossa manifestação particular. Essa metáfora dualista, assegura Walzer, revela nossa realidade moral, traduzindo o caráter necessário de qualquer sociedade humana: universal pelo fato de ser humana, e particular em decorrência de ser uma sociedade. As sociedades, acrescenta o autor, são necessariamente particulares porque possuem membros com memória (de si próprios e de sua vida em comum), ao passo que a humanidade possui membros mas não tem memória, ou seja, história, cultura, costumes, etc. Os membros das diferentes sociedades, conclui Walzer, exatamente por serem humanos, podem se reconhecer uns aos outros, respondendo a mútuos pedidos de ajuda, e também participando uns das manifestações dos outros.[438] Explicitando seu desacordo em relação ao que se poderia considerar uma postura filosófica padronizada, Michael Walzer afirma:

---

[436] Cf. Michael Walzer, *Thick and Thin*, op. cit., p. 1 e 2.
[437] Gisele Cittadino, *Pluralismo, Direito e Justiça Distributiva*, op. cit., p. 119.
[438] Cf. Michael Walzer, *Thick and Thin*, op. cit. p. 8. Ver também Gisele Cittadino, *Pluralismo, Direito e Justiça Distributiva*, op. cit. p. 119.

> *Philosophers commonly try [...] to make the adjective [humana] dominant over the noun [sociedade], but the effort cannot be sustained in any particular society except at a cost (in coercion and uniformity) that human beings everywhere will recognize as too high to pay. That recognition vindicates at once minimalism and maximalism, the thin and the thick, universal and relativist morality. It suggests a general understanding of the value of living in a particular place, namely, one's own place, one's home or homeland.*[439]

Como se percebe, a análise walzeriana acerca da moralidade empreendida em *Thick and Thin* nos remete, todo o tempo, a vários binômios: minimalismo *versus* maximalismo; tênue ou delgado (*thin*) *versus* denso (*thick*); moralidade universalista *versus* moralidade particularista; ou ainda moralidade universalista *versus* moralidade relativista. Nessa obra, Walzer retifica uma compreensão equivocada acerca do binômio minimalismo/maximalismo que havia sustentado em um livro anterior, de 1987, intitulado *Interpretation and Social Criticism*. Neste último, Walzer se referia a um núcleo de moralidade diversamente elaborado em diferentes culturas, ou seja, existiria um tênue conjunto de princípios universais que seriam elaborados (talvez pudéssemos dizer aperfeiçoados) densamente, de acordo com as circunstâncias históricas. A moralidade estabeleceria algumas proibições básicas (assassinato, fraude, traição, crueldade), e estas constituiriam uma espécie de código moral mínimo e universal. Em *Interpretation and Social Criticism*, lê-se:

> *By themselves, though, these universal prohibitions barely begin to determine the shape of a fully developed or livable morality. They provide a framework for any possible (moral) life, but only a framework, with all the substantive details still to be filled in before anyone could actually live in one way rather than another. It is not until the conversations become continuous and the understandings thicken that we get anything like a moral culture, with judgment, value, the goodness of persons and things realized in detail. One cannot simply deduce a moral culture, or for that matter a legal system, from the minimal code. Both of these are specifications and elaborations of the code, variations on it. And whereas deduction would generate a single*

---

[439] Michael Walzer, *Thick and Thin*, op. cit. p. 8.

*understanding of morality and law, the specifications, elaborations, and variations are necessarily plural in character.*[440]

Contudo, a descrição apresentada em *Interpretation and Social Criticism*, como dizíamos, é equivocada, pelo fato de sugerir que o ponto de partida para o desenvolvimento da moralidade é o mesmo em todas as circunstâncias, como se os indivíduos, em todos os lugares, partissem de alguma ideia comum ou de um leque de princípios que seriam, posteriormente, desenvolvidos de diferentes formas. Começaríamos tênues e, progressivamente, aumentaríamos de densidade. Na verdade, afirma Walzer, a moralidade *"is thick from the beginning, culturally integrated, fully resonant, and it reveals itself thinly only on special occasions, when moral language is turned to specific purposes"*.[441]

Uma vez feita (em *Thick and Thin*) a retificação que acabamos de examinar, Michael Walzer sustenta que as pessoas que pensam e falam acerca da justiça – seja qual for o ponto de partida da argumentação nessa ou naquela sociedade, visto que a moralidade é culturalmente integrada e densa desde o princípio – acabarão se movendo em um terreno familiar e se deparando com questões similares, tais como a tirania política e a opressão dos pobres. Aquilo que elas irão dizer acerca desses temas, prossegue o autor, será parte do que dizem a respeito de todas as outras coisas, e algum aspecto desta fala, certamente, se mostrará acessível para pessoas que nada conhecem em relação aos demais aspectos. Praticamente todos os indivíduos poderão visualizar parcelas que são capazes de reconhecer. A soma desses reconhecimentos, conclui Walzer, é o que se denomina de moralidade mínima (*minimal morality*)[442]. Estabelecendo uma relativa comparação entre a concepção walzeriana da moralidade tênue e o conceito rawlsiano de consenso justaposto, Gisele Cittadino leciona:

---

[440] Michael Walzer, *Interpretation and Social Criticism*, Cambridge Mass., Harvard University Press, 1987, p. 25. Ver também p. 23 e 24.
[441] Michael Walzer, *Thick and Thin*, op. cit. p. 4.
[442] Cf. Michael Walzer, *Thick and Thin*, op. cit. p. 5 e 6.

Com efeito, ainda que reconheça a existência desta moralidade mínima comum à espécie humana, o particularismo de Walzer não lhe permite vê-la como uma moralidade independente, pois ela simplesmente revela a existência de uma justaposição de aspectos comuns das moralidades "densas". Esta moralidade mínima seria uma espécie de "consenso justaposto", na medida em que representa a justaposição de regras e princípios que são compartilhados por diferentes culturas, em diferentes lugares. Entretanto, ao contrário do consenso justaposto em Rawls, que legitima uma concepção de justiça, esta justaposição de princípios comuns não pode tomar o lugar de uma moralidade densa, na medida em que a eficácia social de tais princípios vai depender da forma como sejam interpretados no interior de sistemas culturais "densos".[443]

Michael Walzer rechaça a visão filosófica padrão do minimalismo moral, de acordo com a qual a moralidade mínima seria a moralidade de todos, pelo fato de não ser a moralidade de ninguém em particular. Uma moralidade que, não servindo a nenhum interesse subjetivo e não expressando uma cultura específica, nos permitisse elaborar um código objetivo e inexpressivo, isto é, um esperanto moral. Todavia, esse intento é absurdo, porque o minimalismo, na verdade, não é objetivo nem inexpressivo: *"It is reiteratively particularist and locally significant, intimately bound up with the maximal moralities created here and here and here, in specific times and places"*.[444] Além do mais, talvez fosse mesmo impossível criar um equivalente moral ao esperanto, pois, da mesma forma que o esperanto está mais próximo das línguas europeias do que de quaisquer outras, um minimalismo expressado como Moralidade Mínima acabaria se inserindo no idioma e na orientação de uma das moralidades máximas, visto que não existe uma linguagem moral neutra ou inexpressiva.[445]

---

[443] Gisele Cittadino, *Pluralismo, Direito e Justiça Distributiva*, op. cit. p. 119.
[444] Michael Walzer, *Thick and Thin*, op. cit., p. 7.
[445] Cf. Michael Walzer, *Thick and Thin*, op. cit., p. 9. Walzer estabelece uma analogia entre *Minimal Art* – um movimento surgido na década de 1960 no cenário das artes plásticas – e *Minimal Morality* (Moralidade Mínima, com maiúsculas). Ambas seriam objetivas e inexpressivas, isto é, não levariam assinatura. Ver p. 6 e 7.

O procedimentalismo, outra versão do minimalismo moral, também é objeto da crítica de Michael Walzer. Aqui, os alvos explícitos são Jürgen Habermas, Bruce Ackerman e, de forma bem menos intensa, Stuart Hampshire.[446] Walzer observa que é comum na atualidade pensar o mínimo moral em termos procedimentais: "*a thin morality of discourse or decision that governs every particular creation of a substantive and thick morality. Minimalism, on this view, supplies the generative rules of the different moral maximums*".[447] De acordo com esse esquema, continua Walzer, um pequeno número de ideias que compartilhamos com todas as pessoas do mundo nos orienta para que possamos produzir as complexas culturas que, evidentemente, não precisamos compartilhar com os demais. Frequentemente, as ideias compartilhadas requerem um processo democrático. Na teoria crítica de Habermas, por exemplo, a moralidade mínima consistiria nas regras do jogo que vinculariam todos os falantes, sendo o maximalismo, por sua vez, o resultado (sempre inacabado) de suas argumentações.[448] Segundo Walzer, no entanto, a doutrina procedimentalista enfrenta duas dificuldades.

Primeiramente, o pretenso mínimo procedimental constitui mais do que um mínimo, ou seja, a moralidade tênue se apresenta, na realidade, de forma bastante densa. Isso porque as regras do jogo, necessárias para assegurar que os falantes sejam livres e iguais, constituem uma forma de vida relacionada a uma densidade liberal ou social-democrata. Na interpretação de Michael Walzer, os homens e mulheres que reconhecem sua mútua igualdade, reivindicam a liberdade de expressão e praticam a tolerância possuem determinada inserção histórica, o que significa dizer que são maximalistas antes mesmo de iniciarem suas discussões regulamentadas.[449]

Em segundo lugar, na lógica da doutrina procedimentalista, o minimalismo precede ao maximalismo: a princípio somos tênues e,

---

[446] Para uma visão detalhada da crítica ao procedimentalismo, ver Michael Walzer, *Thick and Thin*, op. cit., p. 11 a 15.
[447] Michael Walzer, *Thick and Thin*, op. cit., p. 11.
[448] Cf. Michael Walzer, *Thick and Thin*, op. cit., p. 11 e 12.
[449] Cf. Michael Walzer, *Thick and Thin*, op. cit., p. 12 e 13.

posteriormente, aumentamos nossa densidade. Michael Walzer critica enfaticamente esse ponto de vista, afirmando que a moralidade mínima prescrita pelas teorias procedimentalistas (o autor tem em mente a teoria do discurso e da decisão) representa, na verdade, uma forma abstraída e não muito distante da cultura democrática contemporânea, o que nos faz concluir que, se tal cultura não existisse, sequer poderíamos conceber aquela versão da moralidade mínima. Para Walzer, na realidade, o maximalismo precede ao minimalismo, porém não existe nenhum maximalismo particular que possa ou deva ser considerado a fonte única do mínimo moral, em razão de nada falar acerca dos demais maximalismos.[450]

Fica claro, portanto, que Michael Walzer não reconhece um caráter fundacional para o minimalismo: *"it is not the case that different groups of people discover that they are all committed to the same set of ultimate values"*.[451] O mínimo moral é apenas uma parte do máximo (dos máximos, melhor dizendo), e não o seu fundamento. No entendimento de Walzer, o minimalismo – cujo valor reside nos encontros que possibilita – em todos os lugares deixa espaço para a densidade, ou melhor, pressupõe a densidade em todos os lugares, de modo que: *"If we did not have our own parade, we could not march vicariously in Prague. We would have no understanding at all of 'truth' or 'justice'"*.[452]

Uma vez refutado o procedimentalismo, Michael Walzer propõe que se construa o mínimo moral reconhecendo a grande diversidade dos processos históricos e buscando resultados similares ou justapostos, ou seja, descobrindo a "comunalidade" (*commonality*) ao final da diferença. De acordo com essa lógica, exemplifica Walzer, a prática do governo traz consigo ideias acerca da responsabilidade dos governantes em relação aos governados, a prática da guerra envolve regras concernentes ao combate entre os soldados e à imunidade dos civis, assim como a prática do comércio está vinculada a ideias referentes à honestidade e à fraude. Essas ideias, continua o autor, são inefica-

---

[450] Cf. Michael Walzer, *Thick and Thin*, op. cit., p. 13.
[451] Michael Walzer, *Thick and Thin*, op. cit., p. 18.
[452] Michael Walzer, *Thick and Thin*, op. cit., p. 19.

zes na maior parte do tempo, na medida em que só funcionam dentro de sistemas culturais elaborados, que conferem a cada prática uma forma distinta. Todavia, tais ideias são úteis para um uso minimalista, quando a ocasião o requer.[453] Sendo assim, é com base nessas ideias que Walzer admite, em algumas circunstâncias, a intervenção. Há situações, no seu entendimento, nas quais a solidariedade exige de nós não apenas que nos manifestemos, mas que efetivamente lutemos, intervindo militarmente para ajudar indivíduos que se encontram em uma situação de morte e opressão. Para o autor, em suma, embora exista uma forte presunção contra a intervenção realizada em outros países (pode-se mesmo dizer que a posição não intervencionista é um traço do mínimo moral), existem também ocasiões, raras que sejam, nas quais o minimalismo, quiçá o ultraminimalismo, acaba por justificar a intervenção.[454] Na lição de Walzer:

> *So we intervene, if not on behalf of "truth" and "justice", then on behalf of "life" and "liberty" (against massacre or enslavement, say). We assume that the people we are trying to help really want to be helped. There may still be reasons for holding back, but the belief that these people prefer to be massacred or enslaved won't be among them. Yes, some things that we consider oppressive are not so regarded everywhere. The consideration is a feature of our own maximal morality, and it cannot provide us with an occasion for military intervention. We cannot conscript people to march in our parade. But minimalism makes for (some) presumptive occasions, in politics just as it does in private life. We will use force, for example, to stop a person from committing suicide, without knowing in advance who he is or where he comes from. Perhaps he has reasons for suicide confirmed by his maximal morality, endorsed by his moral community. Even so, "life" is a reiterated value and defending it is an act of solidarity. And if we give up the forcible defense out of respect for his reasons, we might still criticize the moral culture that provides those reasons: it is insufficiently attentive, we might say, to the value of life.*[455]

O minimalismo apoia uma solidariedade limitada, embora importante e alentadora, e, em certo sentido, fornece uma perspectiva crí-

---

[453] Ver Michael Walzer, *Thick and Thin*, op. cit., p. 15.
[454] Cf. Michael Walzer, *Thick and Thin*, op. cit., p. 15 e 16.
[455] Michael Walzer, *Thick and Thin*, op. cit., p. 16.

tica. Isso porque, no fim das contas, a empresa crítica acaba sendo feita com base em uma ou em outra moralidade densa, tendo em vista que a moralidade na qual o mínimo moral se incrusta é a única que verdadeiramente podemos ter.[456] Não tendo caráter fundacional, o minimalismo é produto do mútuo reconhecimento entre os protagonistas de diferentes culturas morais: "*It consists in principles and rules that are reiterated in different times and places, and that are seen to be similar even though they are expressed in different idioms and reflect different histories and different versions of the world*".[457] Embora tenhamos histórias diferentes, acrescenta Walzer, também temos experiências comuns e respostas comuns. É com estas, conclui o autor, que elaboramos, quando necessário, o mínimo moral.[458]

No entendimento de Michael Walzer, a justiça distributiva, embora existam versões minimalistas dela, é um exemplo de moralidade densa ou maximalista. Sendo assim, qualquer descrição completa acerca da distribuição dos bens sociais exibirá traços de maximalismo moral: "*it will be idiomatic in its language, particularist in its cultural reference, and circumstantial in the two senses of that word: historically dependent and factually detailed*".[459] Os princípios e procedimentos distributivos são construídos, ao longo do tempo, por meio de complexas interações sociais. É totalmente equivocado pensar em termos de um princípio singular, compreensivo e universal guiando todas as distribuições. Ao analisarmos qualquer princípio pretensamente universal, assegura Walzer, descobrimos seu real caráter concreto, particularista e circunstancial.[460] Com o intuito de comprovar sua tese, o autor examina dois conhecidos princípios distributivos: a máxima que manda "dar a cada um o que merece", e a máxima relativa à "igualdade de oportunidades".

A primeira, embora reproduzida no Código de Justiniano, é anterior ao cristianismo e remonta aos gregos. Configura, segundo Wal-

---

[456] Cf. Michael Walzer, *Thick and Thin*, op. cit., p. 10 e 11.
[457] Michael Walzer, *Thick and Thin*, op. cit., p. 17.
[458] Cf. Michael Walzer, *Thick and Thin*, op. cit., p. 17 e 18.
[459] Michael Walzer, *Thick and Thin*, op. cit., p. 21.
[460] Cf. Michael Walzer, *Thick and Thin*, op. cit., p. 21.

zer, uma compreensão hierárquica do mundo moral e social, partindo do pressuposto de que ambos são cognitivamente acessíveis. Conforme escreve o autor:

> *There was no single measure of "dueness" among the Greeks (though socials status and moral virtue tended to run togheter), but one knew, nonetheless, what was due to oneself and to everyone else. The signs were assumed to be evident or at least available, and they were also assumed to differentiate individuals in a conventionally graded way, from higher to lower, more to less worthy.*[461]

A igualdade de oportunidades ("a carreira aberta ao talento", em uma linguagem que evoca a Revolução Francesa), por sua vez, é uma máxima de justiça liberal ou burguesa, o que significa dizer que representa uma compreensão da vida humana historicamente específica e peculiar, inteligível apenas quando pensamos nossas vidas como projetos ou empresas. Michael Walzer ressalta que a "igualdade de oportunidades" é um princípio de distribuição valioso e possível para homens e mulheres que concebem suas vidas em termos de carreiras, abandonando outras alternativas existentes, como a de uma vida espontânea, construída ao acaso pelas circunstâncias e pelos impulsos; a de uma vida ordenada e predestinada por Deus; a de uma vida socialmente regulada, na qual o indivíduo recebe aquilo que merece em decorrência de seu nascimento e de sua virtude; e assim por diante. Portanto, a igualdade de oportunidades está vinculada à ideia da vida como uma carreira eleita, sendo estranha para aqueles que vivem de acordo com outras alternativas.[462]

A verificação de que os princípios distributivos não apresentam o alcance universal normalmente pretendido pelos filósofos permite a Michael Walzer ratificar a ideia básica de *Spheres of Justice*, segundo a qual a justiça deve ter alguma forma de relação com os bens objeto da distribuição. E como os bens não têm uma natureza essencial, a justiça distributiva, entende o autor, deve estar relacionada à posição que eles ocupam na vida mental e material dos indivíduos entre

---

[461] Michael Walzer, *Thick and Thin*, op. cit., p. 21.
[462] Cf. Michael Walzer, *Thick and Thin*, op. cit., p. 22 a 25.

os quais são distribuídos. Em outras palavras, a justiça distributiva é relativa aos significados sociais, como já fora afirmado em *Spheres of Justice*. Em *Thick and Thin*, contudo, Walzer acrescenta, em resposta às críticas suscitadas por sua máxima relativista, que a justiça distributiva não é meramente relativa (*not relative simply*), visto que é uma moralidade máxima que toma forma constrangida por um reiterado minimalismo, expresso pela simples ideia de "justiça", a qual nos fornece uma perspectiva crítica e uma doutrina negativa:

> Murder as a way of distributing life and death, for example, whether it is the work of a neighborhood thug or the secret police, is everywhere ruled out. The rule will be expressed in different cultural idioms, but its meaning, and even its reasons, will be more readily available to outsiders than will the meaning of human life as a career, an inheritance, or a divine gift. And our solidarity with people threatened by murderers is easier, quicker, and more obvious than with people struggling against religious prophets, or aristocratic families, or bourgeois careerists.[463]

Segundo Michael Walzer, sua máxima "relativista" (aspas do autor) – a justiça distributiva é relativa aos significados sociais – é objeto ainda de outro limite. Nesse sentido, os significados sociais devem ser realmente compartilhados pela sociedade, o que significa dizer que não podem ser fruto de uma coerção radical. Os acordos que geram os significados sociais, portanto, não podem ser espúrios ou representar um simples ardil dos poderosos.[464] Ao mesmo tempo que prega o respeito às convenções sociais de determinada época, Walzer assinala que em situações nas quais as referidas convenções são impostas pela força, correspondendo a mera ideologia das classes dominantes, a ideia de significado social pode ser evocada exatamente para criticá-las.[465]

É importante esclarecer que os significados sociais estão sempre sujeitos a disputa; logo, cambiam com o tempo. As mudanças são consequência tanto da tensão interna quanto do exemplo externo.[466]

---

[463] Michael Walzer, *Thick and Thin*, op. cit., p. 26.
[464] Cf. Michael Walzer, *Thick and Thin*, op. cit., p. 26 e 27.
[465] Cf. Michael Walzer, *Thick and Thin*, op. cit., p. 29.
[466] Cf. Michael Walzer, *Thick and Thin*, op. cit., p. 27.

## 3. MORALIDADE E TOLERÂNCIA

Com a intenção de mostrar que os significados sociais não estão acordados de uma vez para sempre, Michael Walzer recorre a um exemplo que já havia sido evocado em *Spheres of Justice*: a cura de almas e corpos na Idade Média e no Ocidente contemporâneo.

Ao longo da Idade Média, a cura de almas apresenta um caráter socializado. O mundo cristão estava organizado, assevera Walzer, de modo que o arrependimento e a salvação pudessem estar ao alcance de todos. Havia toda uma "máquina distributiva", financiada com fundos públicos (dízimos), para garantir uma distribuição universal da vida eterna, o que se explica em função da importância desse bem para os cristãos medievais. A necessidade moral de uma distribuição socializada da eternidade se baseia no acordo dos cristãos acerca da importância e da realidade desse bem para si próprios. Em contrapartida, a cura de corpos, no referido período histórico, era considerada menos importante e, consequentemente, deixada em mãos privadas. Para Michael Walzer, essa situação não é injusta; afinal, estamos diante de uma compreensão densa da vida e da morte, em suma, de uma cultura humana, à qual devemos deferência. Não faria o menor sentido, conclui o autor, acusar os cristãos medievais pelo fato de não terem tido a nossa compreensão acerca da vida e da morte.[467]

Contudo, após um longo período de tempo, que não é possível precisar, a importância conferida à eternidade é substituída pela importância conferida à longevidade. Conforme narrativa de Walzer, homens e mulheres normais questionaram a importância central conferida à vida eterna, assim como a disponibilidade pública desse bem. A substituição da eternidade pela longevidade significa que, hoje, nas democracias ocidentais de um modo geral, e nos Estados Unidos em particular, é cada vez maior o entendimento de que deve existir um compromisso público com a saúde, concretizado por intermédio da prevenção das enfermidades e dos tratamentos individuais. A cura dos corpos, afirma Michael Walzer, foi progressivamente socializada, enquanto a cura de almas sofreu um processo de privatização. A justiça nos tempos atuais, conclui Walzer, tendo em mente as democra-

---

[467] Cf. Michael Walzer, *Thick and Thin*, op. cit., p. 28 a 30.

cias ocidentais, requer assistência médica socializada, embora não exija salvação ao alcance de todos.[468]

De acordo com a lógica walzeriana, só podemos decidir a respeito da distribuição de assistência médica ou de assistência pastoral a partir do momento em que compreendemos o significado da longevidade e da eternidade para as pessoas que vão se beneficiar com a distribuição desses bens. Nesse sentido, a distribuição deve levar em conta o significado social dos bens.[469] Michael Walzer reafirma, em *Thick and Thin*, sua defesa da igualdade complexa, ou seja, de uma condição social na qual nenhum grupo particular domine os diferentes processos distributivos, da mesma forma que nenhum bem particular domine os demais, de modo que os seus detentores possam, pelo fato de detê-lo, ter acesso a todas as demais espécies de bens. A justiça, continua o autor, exige uma defesa da diferença (bens diferentes devem ser distribuídos, por razões diferentes, para grupos diferentes de homens e mulheres) e é por isso que constitui uma ideia moralmente densa ou maximalista, capaz de refletir a densidade real das culturas particulares.[470] Se a igualdade complexa está relacionada ao maximalismo moral, a igualdade simples, contrariamente, se vincula ao minimalismo moral. Nesse sentido, Michael Walzer assevera:

> *Simple and straightforward equality is a very thin idea, reiterated in one form or another in (almost) every distributive system, and useful in the criticism of certain gross injustices, but quite incapable of governing the full range of distributions. It serves more as a constraint, a kind of critical minimalism – as when we say that someone is not being treated "like a human being" or when we condemn racial discrimination. Any effort to enforce equality across the board is immediately self-contradictory, for the enforcement would require a radical concentration, and therefore a radically unequal distribution, of political power. A simple and straightforward hierarchy – the old over the young, the educated over the ignorant, the well-born over the low-born – makes even more directly for domination; it is simply the triumph of one good over all the others. Each of the goods that have shaped conventional hierarchies can play*

---

[468] Ver Michael Walzer, *Thick and Thin*, op. cit., p. 30 e 31.
[469] Cf. Michael Walzer, *Thick and Thin*, op. cit., p. 32.
[470] Cf. Michael Walzer, *Thick and Thin*, op. cit., p. 32 e 33.

## 3. MORALIDADE E TOLERÂNCIA

*its part in a complex distributive system: seniority in the management of a factory or company, for example, learning in the organization of a school or academy, familial reputation in the social register and the gossip column. But a society in which any one of these was effectively dominant would be a one-dimensional, a frighteningly thin, society.*[471]

Ao defender a força crítica da teoria da igualdade complexa (a teoria nos permite reconhecer os cruzamentos tirânicos de fronteiras), Walzer rechaça duas doutrinas críticas alternativas dos sistemas distributivos de justiça, doutrinas estas que, por imaginarem que a sociedade se compõe de uma única peça, tendem a abolir os limites e as diferenças entre as esferas de justiça. Os defensores de tais doutrinas sustentam que *"theories of social differentiation and complex equality are in fact ideologies, disguising the actual unity of society and then, depending on the direction from which this criticism comes, either dividing the opponents of the ruling class or fostering an illegitimate opposition"*.[472]

Conforme assinala Walzer, para a esquerda (ou para certos grupos da esquerda) a sociedade é totalmente política, de forma que todas as decisões, sejam elas na vida pessoal, no mercado, obviamente no Estado, etc., refletem um modelo unificado de dominação, ao qual se deve opor uma firme política democrática. Por trás dessa visão totalizadora da sociedade podemos vislumbrar um modelo radicalmente minimalista do indivíduo, de acordo com o qual o ser humano ideal é o cidadão, isto é, uma pessoa ativa, comprometida e radicalmente política.[473]

Por sua vez, compara Walzer, para a direita (ou para certos grupos da direita) a sociedade deve ser vista como um amplo sistema de trocas, no qual deve ser permitido aos indivíduos autônomos, sem que sofram qualquer constrangimento comunitário, político ou religioso, calcular suas oportunidades e maximizar seus resultados. De acordo com essa doutrina, o indivíduo, pagando o preço de mercado, pode legitimamente adquirir não somente mercadorias, mas também as

---

[471] Michael Walzer, *Thick and Thin*, op. cit., p. 33.
[472] Michael Walzer, *Thick and Thin*, op. cit., p. 35.
[473] Ver Michael Walzer, *Thick and Thin*, op. cit., p. 35 e 36.

oportunidades, as posições sociais, etc. Por trás dessa outra visão totalizadora da sociedade é possível visualizar um outro modelo radicalmente minimalista do indivíduo, de acordo com o qual o ser humano ideal é o maximizador racional, ou seja, um indivíduo totalmente autônomo, calculista, que elabora isoladamente suas decisões distributivas.[474]

No entendimento de Michael Walzer, todavia, o indivíduo é tão diferenciado quanto a sociedade na qual está inserido. A história moderna se caracteriza, entre outras coisas, pelo fato de produzir a diferença tanto no indivíduo quanto na sociedade. Consequentemente, é preciso, em prol da teoria da igualdade complexa, rechaçar as teorias contemporâneas da cidadania e da eleição racional, visto que estas ignoram ou negam o valor da diferença.[475]

A abordagem walzeriana a respeito da tolerância se enquadra no que temos compreendido como sendo uma segunda fase de seu pensamento (marcada por um relativismo atenuado), uma vez que o ensaio intitulado *On Toleration* (*Da Tolerância*, na tradução brasileira) foi publicado originariamente em 1997, resultando em parte de palestras (*Palestras Castle*) proferidas por Walzer em 1996, dentro do Programa de Ética, Política e Economia da Universidade de Yale. Walzer pretende que sua abordagem acerca da tolerância seja uma abordagem não procedimentalista, e, ao assumir este desiderato, faz uma crítica tanto à justiça como imparcialidade rawlsiana quanto à ética do discurso habermasiana:

> A argumentação filosófica com freqüência tem assumido nos últimos anos uma forma procedimentalista: o filósofo imagina uma posição original, uma situação ideal de discurso, ou uma conversação numa nave espacial. Cada uma dessas ocasiões é constituída por um conjunto de restrições, de regras de compromisso, por assim dizer, para as partes envolvidas. As partes representam os restantes de nós. Raciocinam, negociam ou conversam atendo-se às restrições, concebidas para impor os critérios formais de qualquer moralidade: imparcialidade absoluta ou algum equivalente funcional

---

[474] Ver Michael Walzer, *Thick and Thin*, op. cit., p. 35 e 36.
[475] Cf. Michael Walzer, *Thick and Thin*, op. cit., p. 37.

disso. Supondo que a imposição seja bem-sucedida, é plausível considerar as conclusões a que chegam as partes como sendo dotadas de autoridade moral. Estamos munidos, assim, de princípios norteadores em todos os nossos raciocínios, negociações e conversas concretas – na verdade, todas as nossas atividades econômicas, sociais ou políticas – nas condições do mundo real. Dentro de nossas possibilidades, devemos efetivar esses princípios em nossas próprias vidas e em nossas sociedades.[476]

A análise walzeriana busca um caminho diferente, a começar pela observação de que a coexistência pacífica[477] assume formas políticas diversas, e nenhuma destas formas tem validade universal. Consequentemente, além da reivindicação minimalista (universalista) do valor da paz, não existem princípios que regulem todos os regimes de tolerância "ou que nos obriguem a agir em todas as circunstâncias, em todas as épocas e lugares, em nome de um conjunto particular de arranjos políticos ou constitucionais".[478] Essa é a razão pela qual o autor descarta as argumentações procedimentalistas, tais como a de Rawls e a de Habermas, visto que não são diferenciadas pelo tempo e pelo espaço. O que Walzer pretende é realizar uma descrição histórica e contextualizada da tolerância e da coexistência. Ao afirmar, contudo, que o melhor arranjo político "é relativo à história e cultura do povo cujas vidas ele irá arranjar"[479], Walzer não está defendendo um relativismo sem restrições, como pareceria à primeira vista; afinal, nenhum arranjo será uma opção moral caso não ofereça uma versão de coexistência pacífica ou não sustente os direitos humanos básicos. Há limites norteando a escolha de um arranjo político, e alguns ficam inteiramente excluídos, como os regimes religiosos monolíticos e os regimes totalitários.

---

[476] Michael Walzer, *Da Tolerância*, tradução de Almiro Pisetta, São Paulo, Martins Fontes, 1999, p. 3.
[477] O autor afirma que seu tema é a tolerância *(toleration)* ou, talvez melhor, "a coexistência pacífica de grupos de pessoas com histórias, culturas e identidades diferentes, que é o que a tolerância possibilita". Michael Walzer, *Da Tolerância*, op. cit., p. 4.
[478] Michael Walzer, *Da Tolerância*, op. cit., p. 5.
[479] Michael Walzer, *Da Tolerância*, op. cit., p. 9.

Entendendo que a tolerância da diferença é intrínseca à política democrática, Walzer afirma que sua preocupação se refere à tolerância quando as diferenças em jogo são culturais, religiosas ou relativas ao modo de vida. O autor não tem intenção de abordar a tolerância aos indivíduos excêntricos ou dissidentes, no âmbito da sociedade civil ou mesmo do Estado, assim como a tolerância política, quando os grupos envolvidos constituem movimentos e partidos opostos.[480]

A tolerância, concebida como uma atitude ou estado de espírito, abrange diversas possibilidades. Sendo assim, podemos falar de um *continuum* da tolerância, de um encadeamento, que abrange a resignação, a indiferença, a aceitação estóica, a curiosidade e o entusiasmo, cabendo ressaltar que, logicamente, em determinado regime de tolerância nem todos os indivíduos se encontram no mesmo ponto do contínuo. Nas palavras de Walzer:

> Entendida como uma atitude ou estado de espírito, a tolerância descreve algumas possibilidades. A primeira delas, que remonta às origens da tolerância religiosa nos séculos XVI e XVII, é simplesmente uma resignada aceitação da diferença para preservar a paz. As pessoas vão se matando durante anos e anos, até que, felizmente, um dia a exaustão se instala, e a isso denominamos tolerância. Mas é possível identificar um *continuum* de aceitações mais substantivas. Uma segunda atitude possível é passiva, descontraída, bondosamente indiferente à diferença: "Tem lugar para tudo no mundo". Uma terceira decorre de uma espécie de estoicismo moral: um reconhecimento baseado no princípio de que os "outros" têm direitos, mesmo quando exercem tais direitos de modo antipático. Uma quarta expressa abertura para com os outros; curiosidade, talvez respeito, uma disposição de ouvir e aprender. E, no ponto mais avançado do *continuum*, está o endosso entusiástico da diferença. É um endosso estético, se a diferença for tomada como a representação cultural da grandeza e diversidade da criação divina ou do mundo natural. É um endosso funcional, se a diferença for vista, como na liberal argumentação multiculturalista, como uma condição necessária para a prosperidade humana, aquela que possibilita a cada homem e mulher as escolhas que dão significado a sua autonomia.[481]

---

[480] Ver Michael Walzer, *Da Tolerância*, op. cit., p. 13 a 15.
[481] Michael Walzer, *Da Tolerância*, op. cit., p. 16.

Michael Walzer afirma que, no Ocidente, encontramos, historicamente falando, cinco regimes de tolerância, ou seja, cinco arranjos políticos que contribuem para a tolerância. Não se trata de uma enumeração taxativa, mas apenas de uma lista que inclui os tipos mais importantes. Dessa forma, os cinco modelos históricos de sociedade tolerante são: os impérios multinacionais; a sociedade internacional; as consociações; os estados-nações; e as sociedades imigrantes.[482]

Os arranjos de tolerância mais antigos, assevera Walzer, são aqueles dos impérios multinacionais, como a Pérsia, o Egito ptolomaico e Roma: "Aqui os vários grupos se constituem como comunidades autônomas ou semi-autônomas, de caráter político ou jurídico bem como cultural ou religioso, e uma autogestão que abrange uma gama considerável de suas atividades".[483] Como suas interações são administradas pelos burocratas do centro imperial, aos diferentes grupos não resta outra escolha a não ser a coexistência. Os burocratas do império, normalmente, não interferem na vida interna das comunidades autônomas, desde que, evidentemente, os tributos sejam pagos e a paz mantida. Como os burocratas toleram os diferentes modos de vida das comunidades, o regime imperial configura um regime de tolerância, mesmo que os membros das diversas comunidades não sejam tolerantes entre si. Decerto o domínio imperial nunca foi uma forma democrática ou liberal, mas, apesar disso, constitui "historicamente a forma mais bem-sucedida de incorporar a diferença e facilitar (exigir é um termo mais preciso) a coexistência pacífica".[484]

A sociedade internacional, embora o acesso a ela não fosse até recentemente muito fácil, é a mais tolerante das sociedades. Trata-se de um regime fraco, porém tolerante, pois, dentro de certos limites, todos os grupos que alcançam a condição de Estado, assim como suas práticas, são tolerados. Os limites da soberania são estabelecidos pela doutrina da intervenção humanitária, de modo que, em princípio, os atos e as práticas que vão de encontro à consciência da humanidade

---

[482] Essa análise é desenvolvida em Michael Walzer, *Da Tolerância*, op. cit., p. 21 a 49.
[483] Michael Walzer, *Da Tolerância*, op. cit., p. 21.
[484] Michael Walzer, *Da Tolerância*, op. cit., p. 22.

não são tolerados. Entretanto a intervenção humanitária é sempre voluntária, e nenhum país é obrigado a usar a força. De acordo com essa lógica, podemos dizer "que a sociedade internacional é tolerante por uma questão de princípios, e ainda mais tolerante, ultrapassando os próprios princípios, por causa da fraqueza de seu regime".[485]

O Estado consociativo, binacional ou trinacional, pode ser considerado uma espécie de herdeiro do império multinacional. Enquadram-se nesse tipo, de acordo com os exemplos dados por Walzer, Suíça, Bélgica, Chipre, Líbano, e a natimorta Bósnia. Para o autor:

> O consocionismo é um programa heróico porque visa a manter a coexistência imperial sem os burocratas do império e sem a distância que transforma esses burocratas em governadores mais ou menos imparciais. Agora os diferentes grupos não são tolerados por um único poder transcendente; eles têm de tolerar uns aos outros e estabelecer entre si os termos de sua coexistência.[486]

O sucesso de uma consociação é mais provável quando ela tem a capacidade de se antecipar à eclosão de movimentos nacionalistas e também à mobilização ideológica das diferentes comunidades. Firmado o entendimento entre os grupos envolvidos, cada um destes poderá viver em segurança, mantendo seus costumes e falando a própria língua, de modo que as antigas tradições não sejam alteradas.

Os Estados-nações, que representam a maior parte dos Estados que compõem a sociedade internacional, são o quarto regime de tolerância estudado por Michael Walzer. Apesar da denominação, eles normalmente não têm populações de nacionalidade (ou etnia ou religião) homogênea. Hoje em dia, percebe Walzer, a homogeneidade é rara; sendo assim:

> A denominação significa apenas que um único grupo dominante organiza a vida da comunidade de modo que ela reflita sua própria história e cultura e, quando as coisas acontecem como se deseja, a história prossegue e a cultura é preservada. São esses desejos que determinam o caráter da educa-

---

[485] Michael Walzer, *Da Tolerância*, op. cit., p. 31.
[486] Michael Walzer, *Da Tolerância*, op. cit., p. 31.

ção pública, os símbolos e cerimônias da vida pública, o calendário estatal com seus feriados. No âmbito da história e das culturas, o Estado-nação não é neutro; seu aparato político é uma máquina de reprodução nacional.[487]

A tolerância no seio do Estado-nação se dirige normalmente aos indivíduos, e não aos grupos. A religião, a cultura e a história da minoria, afirma Walzer, são "questões que se referem ao que se poderia chamar de coletivo privado – a cujo respeito o coletivo público, o Estado-nação, sempre mantém uma atitude de suspeita".[488] Não é por outra razão que as reivindicações para expressar publicamente a cultura de uma minoria costumam gerar inquietação no grupo majoritário. Embora não haja, a princípio, coação individual, pode-se dizer que

> [...] a pressão para que todos se assimilem à nação dominante, pelo menos no que se refere a práticas públicas, tem sido muito comum e, até tempos recentes, muito bem-sucedida. Quando os judeus alemães do século XIX descreveram a si mesmos como "alemães na rua, judeus em casa", estavam aspirando a uma norma do Estado-nação que faz da privacidade uma condição da tolerância.[489]

A sociedade imigrante é o quinto modelo de coexistência e potencial tolerância. Os Estados Unidos são um bom exemplo deste modelo. Nesse tipo de sociedade, os membros dos diversos grupos abandonaram sua base territorial originária, vindo para a nova terra. A imigração é fruto de pressões políticas e econômicas, e os imigrantes não vêm em grupos organizados. Não são "colonizadores que conscientemente planejam transplantar sua cultura para outro lugar. Para seu bem-estar, reúnem-se em grupos relativamente pequenos, sempre se misturando com outros grupos similares em cidades, estados e regiões. Conseqüentemente, nenhum tipo de autonomia territorial é possível".[490] Todos os cidadãos são considerados pelo Estado

---

[487] Michael Walzer, *Da Tolerância*, op. cit., p. 34.
[488] Michael Walzer, *Da Tolerância*, op. cit., p. 36.
[489] Michael Walzer, *Da Tolerância*, op. cit., p. 36.
[490] Michael Walzer, *Da Tolerância*, op. cit., p. 42.

como indivíduos, e não como membros de grupos. Em função disso, as escolhas e atitudes individuais é que constituem os objetos da tolerância. Esta assume uma forma descentralizada, com cada um tendo que tolerar todos os outros. Muitos indivíduos que integram uma sociedade imigrante, segundo Walzer, optam por uma identidade dupla ou hifenizada, diferenciada por posições políticas ou culturais. Tomemos como exemplo o hífen que une ítalo-americano: ele simboliza

> [...] a aceitação da "italianidade" por parte de outros norte-americanos, e o reconhecimento de que "americano" é uma identidade política sem pretensões culturais fortes ou específicas. A conseqüência, naturalmente, é que "ítalo" indica uma identidade cultural sem pretensões políticas. Essa é a única maneira pela qual se tolera a italianidade, e assim os ítalo-americanos precisam preservar sua própria cultura, se ou enquanto puderem, de forma privada, através de contribuições e esforços voluntários de homens e mulheres engajados. Esse é o caso, em princípio, de todos os grupos culturais e religiosos, não apenas das minorias [...].[491]

No entanto, acrescenta Walzer, saber se os grupos podem se preservar sem autonomia, sem acesso ao poder estatal ou reconhecimento oficial, e sem uma base territorial ou a oposição fixa de uma maioria permanente (lembremos que a intolerância tem o efeito de preservar os grupos), é uma questão para a qual ainda não se tem resposta.

Após discorrer sobre os cinco regimes ou arranjos de tolerância – impérios multinacionais, sociedade internacional, consociações, Estados-nações, e sociedades imigrantes –, MichaelWalzer "mostra como determinados países conformam regimes constitucionais ou sociais que requerem o exercício simultâneo de diferentes tipos de tolerância. Referindo-se aos 'casos complicados', o autor observa como há no Canadá, na França e em Israel arranjos jurídicos e políticos que traduzem a complexidade do exercício da tolerância".[492]

---

[491] Michael Walzer, *Da Tolerância*, op. cit., p. 45.
[492] Gisele Cittadino, "Multiculturalismo e Tolerância", op. cit., p. 196.

Nesses três países pode-se perceber uma óbvia inadequação às cinco categorias mencionadas acima. Do ponto de vista social ou constitucional, os três implicam regimes mistos, dupla ou triplamente divididos, o que exige o exercício simultâneo de diversas formas de tolerância. A França configura, ao mesmo tempo, um Estado-nação clássico e a principal sociedade imigrante da Europa, embora não seja uma sociedade pluralista. No auge da revolução, leciona Walzer, os estrangeiros "eram bem-vindos, como desde então tem acontecido, pelo menos de modo intermitente – contanto que aprendessem a língua francesa, se comprometessem com a república, enviassem seus filhos a escolas do Estado e celebrassem o Dia da Bastilha".[493] Contudo, não era permitido aos imigrantes organizar qualquer comunidade étnica paralela à comunidade dos cidadãos. A atitude francesa em relação aos estrangeiros foi estabelecida pela revolução. Nos últimos anos, após o fim do império ultramarino, e com a chegada à França de numerosos árabes muçulmanos e também de judeus provenientes do norte da África, o ideal republicano começou a ser testado e desafiado. Hoje, tem-se uma situação na qual os republicanos tentam preservar a comunidade universal e uniforme dos cidadãos, tolerando a diversidade étnica e religiosa apenas quando restrita ao âmbito privado, enquanto os novos imigrantes buscam alguma versão do multiculturalismo.

Israel, cujo caso é mais complicado que o da França, incorpora três dos quatro regimes domésticos de tolerância; o quarto (estamos nos referindo à consociação) fora proposto por volta de 1930 e 1940, quando uma facção do movimento sionista defendeu um Estado binacional, congregando árabes e judeus. Portanto, no que diz respeito a Israel, observa Gisele Cittadino, é

> [...] possível identificar três diferentes formas de exercício da tolerância: em primeiro lugar, um Estado-nação clássico que incorpora uma minoria nacional, os árabes palestinos; em segundo lugar, um Estado que congrega várias comunidades religiosas (judeus, muçulmanos e cristãos); finalmente, Israel

---

[493] Michael Walzer, *Da Tolerância*, op. cit., p. 53.

é uma sociedade de imigrantes, de vez que a maioria judaica é proveniente de vários locais, com diferentes histórias e culturas.[494]

O terceiro caso complicado é o do Canadá, uma sociedade imigrante com várias minorias nacionais: as nações aborígines e os franceses do Quebec. Essas minorias não estão dispersas e carregam a história de uma vida comunitária duradoura. Sendo assim:

> Desejam manter essa forma de vida, e temem que se torne insustentável na individualista sociedade dos imigrantes, que é fracamente organizada e móvel ao extremo. É provável que nem mesmo vigorosas políticas multiculturalistas possam ajudar minorias dessa espécie, pois todas essas políticas fomentam apenas identidades "hifenizadas" – isto é, identidades fragmentadas, em que cada indivíduo negocia o hífen, construindo uma espécie de unidade para si mesmo. O que essas minorias querem, pelo contrário, é uma identidade que seja negociada coletivamente. Para isso precisam de um agente coletivo com forte autoridade política.[495]

Para os quebequenses, o primordial é preservar a sua língua, ou seja, viver em francês, mantendo sua principal característica diferenciadora. Quanto aos povos indígenas, sua situação é ainda mais complicada, na medida em que, mesmo que desfrutem de autonomia, nada garante que seu modo de vida possa ser preservado.

Gostaríamos de dedicar a parte final deste item à abordagem de algumas questões práticas que se vinculam ao tema da tolerância: poder, classe, gênero, religião, educação, religião civil, e tolerância para com os intolerantes.[496]

Afirma-se com frequência que a tolerância é uma relação de desigualdade, na qual os indivíduos ou grupos tolerados se encontram em uma posição inferior, de modo que tolerar é um ato de poder, e ser tolerado é uma aceitação da própria fraqueza. Valerio Zanone nos ensina que Mirabeau, na Assembleia Nacional francesa, sustentava que a palavra tolerância é tirânica, visto que aquele que tolera

---

[494] Gisele Cittadino, "Multiculturalismo e Tolerância", op. cit., p. 196.
[495] Michael Walzer, *Da Tolerância*, op. cit., p. 60.
[496] Ver Gisele Cittadino, "Multiculturalismo e Tolerância", op. cit., p. 197.

pode também não tolerar; e Lord Stanhope, na Câmara alta britânica, ressaltava que, se houve um tempo em que a tolerância era evocada pelos dissidentes como uma graça, e se hoje ela é tida como um direito, haverá um dia em que ela será considerada um insulto.[497] De acordo com essa perspectiva, talvez devêssemos, segundo Walzer, buscar algo além da tolerância, algo como o respeito mútuo. No entanto, o exame dos cinco arranjos de tolerância mostra que a realidade é mais complicada, e embora o respeito mútuo contribua para a tolerância, esta tende a funcionar melhor quando as relações políticas de superioridade e de inferioridade, isto é, as relações de poder, são bem definidas e reconhecidas por todos.[498]

No que concerne à segunda questão prática anteriormente enumerada, pode-se afirmar que a intolerância costuma ser mais violenta nos casos em que as diferenças étnicas e raciais coincidem com as diferenças de classe; quando, em suma, os membros das minorias são economicamente subordinados. Para Walzer:

> A tolerância é obviamente compatível com a desigualdade sempre que o sistema de classe é reiterado, de modo mais ou menos semelhante, em cada um dos diferentes grupos. Mas a compatibilidade desaparece quando os grupos também são classes. Um grupo étnico ou religioso que constitua o lumpemproletariado de uma sociedade, ou uma subclasse, é, com certeza, foco de extrema intolerância – não que seus membros sejam massacrados ou expulsos (pois eles muitas vezes desempenham um papel economicamente útil que mais ninguém quer assumir), mas são diariamente discriminados, rejeitados e humilhados. Os outros cidadãos, sem dúvida, se resignam com sua presença, mas essa não é a espécie de resignação que conta como tolerância, pois vem acompanhada do desejo de que esse grupo fosse invisível. Em princípio, seria possível ensinar o respeito por pessoas da subclasse e por suas funções – bem como uma tolerância maior para com todos os tipos de pessoas que fazem todos os tipos de serviços, inclusive serviços pesados e sujos. Na prática, é improvável que haja respeito específico

---

[497] Cf. Valerio Zanone, "Tolerância", in Norberto Bobbio et al., *Dicionário de Política*, op. cit., p. 1246.
[498] Cf. Michael Walzer, *Da Tolerância*, op. cit., p. 69 e 70.

ou maior tolerância, a menos que a ligação entre classe e grupo seja rompida.[499]

Acerca das questões de gênero[500], Walzer observa que os problemas relativos à organização familiar, ao papel dos sexos, e ao comportamento sexual se encontram entre os mais divisórios nas sociedades contemporâneas. E esse caráter desagregador, além do mais, não é novo, como um estudo histórico pode demonstrar. Culturas e religiões têm se distinguido em função de suas práticas diferenciadas em assuntos como poligamia, concubinato, prostituição ritual, exclusão das mulheres, circuncisão, e homossexualidade. Uma questão hoje bastante discutida se refere à possibilidade da realização da mutilação genital feminina no seio de sociedades imigrantes africanas estabelecidas nos Estados Unidos e na Europa (esse procedimento é praticado em vários países africanos, o que nos permite dizer que é "tolerado" pela sociedade internacional). Tal prática, no entanto, não deve ser tolerada, mesmo que se evoque o respeito pela diversidade cultural (essa posição de Walzer nos parece perfeitamente compatível com sua atual defesa de um relativismo atenuado, pois a mutilação genital feminina viola um código moral mínimo, na medida em que deve ser considerada uma forma de tratamento cruel).

A religião é a quarta questão prática examinada por Walzer. Costuma-se pensar, nos Estados Unidos e no Ocidente em geral, que a tolerância religiosa é fácil, e muitas vezes não se entende o porquê das guerras religiosas que eclodem na Irlanda, na Bósnia ou no Oriente Médio. Afinal, não se provou que a liberdade de culto, a associação voluntária e a neutralidade política, atuando em conjunto, reduzem os riscos da diferença religiosa?

A tolerância de crentes individuais é o modelo atualmente predominante. Contudo, esse modelo, inicialmente concebido na Inglaterra do século XVII, apresenta duas complicações:

---

[499] Michael Walzer, *Da Tolerância*, op. cit., p. 76. Cabe lembrar que Walzer dedica um capítulo de *Spheres of Justice* exatamente ao problema da justa distribuição dos denominados trabalho duro e trabalho sujo.
[500] Ver Michael Walzer, *Da Tolerância*, op. cit., p. 78-86.

## 3. MORALIDADE E TOLERÂNCIA

> [...] primeiro, a persistência nas margens dos Estados-nações e sociedades imigrantes modernos de grupos religiosos que exigem reconhecimento mais para o próprio grupo que para seus membros individuais, e, segundo, a persistência de exigências de tolerância e intolerância "religiosas" que vão além dos direitos de associação e culto e englobam uma grande variedade de outras práticas sociais.[501]

A educação constitui outra questão prática e está vinculada à reprodução do próprio regime da tolerância. Os regimes internos têm o dever de ensinar a todas as crianças seus valores e suas virtudes (o valor de seus arranjos constitucionais, as virtudes de seus heróis, etc.). Ocorre que esse ensino vai interferir ou rivalizar com aquilo que as crianças aprendem em seu processo de socialização nas várias comunidades culturais. No entendimento de Walzer, esse problema desaparece quando percebemos que

> [...] a rivalidade é ou pode ser uma lição útil sobre a tolerância mútua e suas dificuldades. Os professores do Estado precisam tolerar, por exemplo, a instrução religiosa de fora de suas escolas, e os professores de religião devem tolerar a instrução organizada pelo Estado em questões de educação cívica, história política, ciências naturais e outras disciplinas seculares. É de supor que as crianças aprendam algo sobre como a tolerância funciona na prática e – quando criacionistas, por exemplo, desafiam a instrução do Estado em biologia – algo sobre suas inevitáveis dificuldades.[502]

A penúltima questão prática enfocada refere-se à religião civil. Aquilo que é ensinado nas escolas públicas sobre os valores e as virtudes do Estado é uma espécie de revelação secular de uma "religião civil". Temos aqui uma "religião" que não pode ser desvinculada do Estado e funciona como um credo essencial para sua reprodução e estabilidade. De maneira mais clara, a religião civil "consiste no conjunto total de doutrinas políticas, narrativas históricas, figuras exemplares, ocasiões festivas e rituais comemorativos pelos quais o Estado

---

[501] Michael Walzer, *Da Tolerância*, op. cit., p. 87. Walzer aborda a solução dada para essas questões no âmbito da sociedade norte-americana. Ver p. 88 e segs.
[502] Michael Walzer, *Da Tolerância*, op. cit., p. 93.

imprime a si mesmo nas mentes de seus membros, especialmente de seus membros mais jovens ou mais recentes".[503] Do mesmo modo que a educação estatal, a religião civil por vezes entra em conflito com a afiliação a determinado grupo. As diferenças, no entanto, podem ser acomodadas, e a tolerância tende a funcionar quando, segundo Walzer, a religião civil se parece menos com uma religião. Pensemos na revolução de 1789: se Robespierre "tivesse conseguido vincular a política republicana a um deísmo plenamente elaborado, talvez tivesse criado uma barreira permanente entre republicanos e católicos [...]".[504] Entretanto isso não ocorreu e, consequentemente, não existe nenhum motivo que impeça alguém de ser um católico convicto e, ao mesmo tempo, um republicano dedicado.

Para Walzer, a identidade comum forjada por meio da religião civil adquire especial relevância nas sociedades imigrantes, nas quais as identidades são bastante diversas. E uma religião civil como o americanismo pode perfeitamente conviver com práticas religiosas civis alternativas:

> As histórias e celebrações que acompanham, por exemplo, o Dia de Ação de Graças, o Dia dos Mortos, ou o Quatro de Julho podem coexistir na vida comum de irlandeses-americanos, afro-americanos ou judeus-americanos com suas diferentes histórias e celebrações. Aqui diferença não é contradição. Crenças entram em oposição muito mais rápido do que acontece com histórias, e uma celebração não nega, cancela nem refuta outra. De fato, fica mais fácil observar as celebrações privadas familiares ou comunitárias de nossos concidadãos quando sabemos que eles também estarão celebrando publicamente conosco em alguma outra ocasião. Assim a religião civil facilita a tolerância de diferenças parciais – ou nos convida a pensar na diferença como sendo apenas parcial.[505]

Como última questão prática, Walzer examina o famoso problema da tolerância para com os intolerantes, defendendo a sua prática e sugerindo, nas sociedades democráticas, a vigência de três separações

---

[503] Michael Walzer, *Da Tolerância*, op. cit., p. 99.
[504] Michael Walzer, *Da Tolerância*, op. cit., p. 100.
[505] Michael Walzer, *Da Tolerância*, op. cit., p. 102.

fundamentais: a separação entre Estado e Igreja, a separação entre Estado e etnia e, por fim, a curiosa separação entre o Estado e a própria política, para evitar que, por exemplo, o partido vencedor de uma eleição transforme sua ideologia no credo oficial da religião civil ou declare feriado nacional o dia de sua ascensão ao poder.[506]

### 3.2. Concepção Política de Justiça e Tolerância

No ano de 1985, John Rawls publica um de seus mais importantes artigos, intitulado "Justice as Fairness: Political not Metaphysical" ("A teoria da justiça como eqüidade: uma teoria política, e não metafísica", na tradução para a língua portuguesa constante da coletânea *Justiça e Democracia*, organizada por Catherine Audard e publicada originariamente na França, em 1993).[507] Se, em *A Theory of Justice* (1971), a teoria da justiça como imparcialidade era vista – mesmo que apenas implicitamente – como uma teoria abrangente ou compreensiva (ou, ainda, metafísica)[508], a partir desse texto fundamental de meados dos anos 80 ela deve passar a ser encarada como uma concepção política.[509]

---

[506] Ver Michael Walzer, *Da Tolerância*, op. cit., p. 104 a 107.

[507] Ver "Justice as Fairness: Political not Metaphysical", in John Rawls, *Collected Papers*, Samuel Freeman (Org.), Cambridge, Harvard University Press, 1999, p. 388-414. Para a tradução em língua portuguesa, consultar John Rawls, *Justiça e Democracia*, Catherine Audard (Org.), tradução de Irene Paternot, São Paulo, Martins Fontes, 2000, p. 201-41.

[508] Nesse sentido Paul Ricœur leciona: "A teoria da justiça de 1971 era, sem o declarar explicitamente, uma teoria englobante. A este título, entrava em competição com concepções da mesma amplitude, tais como o utilitarismo de Mill e o transcendentalismo kantiano, cuja pretensão era a de cobrir a totalidade das interações humanas e das instituições que as enquadram." Paul Ricœur, *O Justo ou a Essência da Justiça*, op. cit., p. 97.

[509] Ver John Rawls, "A teoria da justiça como eqüidade: uma concepção política, e não metafísica", in *Justiça e Democracia*, op. cit., p. 201 e 202. Na "Introdução" que precede as oito conferências de *O Liberalismo Político*, Rawls acentua que em *A Theory of Justice* "uma doutrina moral da justiça de alcance geral não se distingue de uma concepção estritamente política de justiça. O contraste entre doutrinas filosóficas e morais abrangentes e concepções limitadas ao domínio do político não é de grande relevância. No entanto, essas distinções e idéias afins são fundamentais nas conferências aqui apresentadas". John Rawls, *O Liberalismo Político*, op. cit., p. 23. Convém assinalar que Rawls utiliza o termo "político" em dois sentidos, de modo que o referido termo pode ser contraposto, conforme o caso, às noções de "metafísico" (leia-se: abrangente ou com-

Catherine Audard esclarece que as doutrinas e concepções abrangentes ou compreensivas são doutrinas pessoais – de cunho filosófico, moral ou religioso – que abarcam, de modo mais ou menos sistemático e completo, os diversos aspectos da existência humana, indo além, portanto, das questões meramente políticas.[510] Em contrapartida, uma concepção política da justiça (da qual a teoria rawlsiana é um exemplo), escreve Catherine Audard, é uma concepção que – objetivando respeitar as liberdades individuais e sem cair no relativismo e no ceticismo – não admite privilegiar uma visão particular do bem a fim de deduzir, a partir dessa visão, princípios coletivos de justiça.[511] Em uma entrevista para o periódico liberal católico *Commonweal*, o próprio Rawls diferencia uma doutrina compreensiva de uma concepção política nos seguintes termos:

> *A comprehensive doctrine, either religious or secular, aspires to cover all of life. I mean, if it's a religious doctrine, it talks about our relation to God and the universe; it has an ordering of all the virtues, not only political virtues but moral virtues as well, including the virtues of private life, and the rest. Now we may feel philosophically that it doesn't really cover everything, but it aims to cover everything, and a secular doctrine does also. But a political conception, as I use that term, has a narrower range: it just applies to the basic structure of a society, its institutions, constitutional essen-*

preensivo) e de "verdadeiro". É o que leciona Gisele Cittadino: "Ao discutir os níveis de justificação [justificação pro tanto, justificação plena e justificação política] da concepção política de justiça, Rawls explicita mais claramente o segundo sentido que atribui ao termo 'político'. Como assinalamos anteriormente [...], a expressão 'político' é inicialmente empregada por oposição à 'metafísico', e o objetivo de Rawls é atribuir ao primeiro termo um sentido de independência e neutralidade em relação às visões acerca da vida digna. O segundo sentido do termo 'político' agora claramente se opõe à questão da 'verdade' e se identifica com a idéia de 'razoável'. Em outras palavras, o predicado 'verdadeiro' está exclusivamente associado às concepções individuais acerca do bem, enquanto que a concepção 'política' de justiça não impõe qualquer exigência de 'verdade', ainda que, pela sua qualidade de 'razoável', possa se integrar, como uma parte coerente, às diferentes visões individuais sobre a vida digna". Gisele Cittadino, *Pluralismo, Direito e Justiça Distribuitiva*, op. cit., p. 102.

[510] Cf. Catherine Audard, "Glossário", in John Rawls, *Justiça e Democracia*, op. cit., p. 376.

[511] Cf. Catherine Audard, "Glossário", in John Rawls, *Justiça e Democracia*, op. cit., p. 374.

*tials, matters of basic justice and property, and so on. It covers the right to vote, the political virtues, and the good of political life, but it doesn't intend to cover anything else. I try to show how a political conception can be seen as self-standing, as being able to fit, as a part, into many different comprehensive doctrines.*[512]

Na primeira conferência de *O Liberalismo Político*, John Rawls examina as três características primordiais de uma concepção política de justiça, não sem antes ressaltar que todas elas se fazem presentes na teoria da justiça como imparcialidade.[513] A primeira característica refere-se ao objeto sobre o qual a concepção política incide. Rawls entende que a concepção política é uma concepção moral elaborada para um tipo específico de objeto – no caso, para instituições políticas, sociais e econômicas. A concepção política, portanto, se aplica à estrutura básica de uma sociedade democrática. É necessário ainda considerar, acrescenta Rawls, que a estrutura básica é aquela de uma sociedade fechada, isto é, autossuficiente e desprovida de relações com outras sociedades. Uma sociedade na qual, em suma, seus membros entram apenas por meio do nascimento e saem unicamente em decorrência da morte.[514]

---

[512] John Rawls, "Commonweal Interview with John Rawls", in John Rawls, *Collected Papers*, op.cit., p. 617. Theresa Calvet de Magalhães chama a atenção para a distinção que Rawls estabelece entre os termos doutrina e concepção. O primeiro, assinala a autora, refere-se a visões ou pontos de vista abrangentes ou compreensivos, enquanto o segundo é utilizado para fazer referência a uma concepção política e suas partes componentes, por exemplo, a concepção de pessoa como cidadão livre e igual. Theresa Calvet de Magalhães acrescenta ainda que o termo ideia "é usado por Rawls, em *Political Liberalism*, como um termo geral e pode referir-se tanto a concepção, neste sentido restrito, como a doutrina, dependendo do contexto". Theresa Calvet de Magalhães, "A Idéia de Liberalismo Político em J. Rawls", in Manfredo Oliveira, Odilio Alves Aguiar e Luiz Felipe Netto de Andrade e Silva Sahd, *Filosofia Política Contemporânea*, Petrópolis, Vozes, 2003, p. 253 (nota 4).
[513] Cf. John Rawls, *O Liberalismo Político*, op. cit., p. 53. Para um exame detalhado das mencionadas características, ver p. 53 a 58.
[514] Cf. John Rawls, *O Liberalismo Político*, op. cit., p. 53 e 54; e John Rawls, *Justiça como Eqüidade. Uma Reformulação*, op. cit., p. 37. Que uma sociedade seja fechada, admite Rawls, "é uma abstração considerável, que se justifica apenas porque nos possibilita concentrarmo-nos em certas questões importantes, livres de detalhes que possam nos

Em segundo lugar, uma concepção política de justiça se caracteriza por representar uma visão autossustentada. Sua aceitação, escreve Rawls, não pressupõe a aceitação de uma doutrina abrangente específica, visto que uma concepção política, com seus princípios definidores de valores políticos, se apresenta como uma concepção razoável que se aplica exclusivamente à estrutura básica. A concepção política pode ser visualizada, prossegue Rawls, como um módulo que se encaixa em várias doutrinas compreensivas razoáveis existentes na sociedade, podendo conquistar o seu apoio. Uma concepção política de justiça, finaliza Rawls, difere da maioria das doutrinas morais, uma vez que estas são frequentemente consideradas como visões gerais e abrangentes, a exemplo do utilitarismo, que permite a aplicação do princípio de utilidade a todo o tipo de objeto.[515]

A terceira característica de uma concepção política de justiça, assevera Rawls, reside no fato de seu conteúdo ser expressado por intermédio de determinadas ideias fundamentais, que estão implíci-

---

distrair. Em algum momento, uma concepção política de justiça deve tratar das relações justas entre os povos, ou do direito das gentes, como as chamarei. Nestas conferências, não discuto como se deve elaborar um direito das gentes, tomando como ponto de partida a justiça como eqüidade, tal como ela se aplica a sociedades fechadas". John Rawls, *O Liberalismo Político*, op. cit., p. 54.

[515] Cf. John Rawls, *O Liberalismo Político*, op. cit., p. 54 e 55; e John Rawls, *Justiça como Eqüidade. Uma Reformulação*, op. cit., p. 37. Para Rawls, como se pode perceber, a "distinção entre uma concepção política de justiça e outras concepções morais é uma questão de alcance, isto é, tem a ver com o leque de objetos a que uma concepção se aplica e com o conteúdo que um leque mais amplo requer. Uma concepção moral é geral quando se aplica a um amplo leque de objetos e, em sua extrema amplitude, a todos os objetos, universalmente. É abrangente quando trata de concepções sobre o que tem valor na vida humana, ideais de caráter pessoal, de amizade, de relações familiares e associativas, assim como muitas outras coisas que devem orientar nossa conduta e, em sua extrema amplitude, nossa vida como um todo. Uma concepção é inteiramente abrangente quando compreende todos os valores e virtudes reconhecidos dentro de um sistema articulado de forma precisa; apenas parcialmente abrangente, por sua vez, é a concepção que compreende uma série, mas nem de longe todos os valores e virtudes não-políticos, exibindo articulação mais frouxa. Muitas doutrinas religiosas e filosóficas aspiram tanto à generalidade quanto à abrangência". John Rawls, *O Liberalismo Político*, op. cit., p. 55.

tas na cultura política pública de uma sociedade democrática. A justiça como imparcialidade, continua o autor, parte de certa tradição política e adota como ideia fundamental a de sociedade como um sistema justo de cooperação, ao longo do tempo, entre uma geração e a seguinte. A essa ideia organizadora central somam-se duas outras, igualmente fundamentais: a ideia dos cidadãos como pessoas livres e iguais e a ideia de que uma sociedade bem-ordenada é uma sociedade efetivamente regulada por uma concepção política de justiça. Devemos supor ainda, finaliza Rawls, que essas ideias essenciais podem ser organizadas em uma concepção política de justiça apta a conquistar o apoio de um consenso sobreposto.[516]

A teoria da justiça como imparcialidade, como fora dito, é uma concepção política, e não uma doutrina abrangente (ou compreensiva), o que equivale a dizer que se trata de uma forma de liberalismo político, e não de liberalismo abrangente.

Fernando Vallespín observa que John Rawls não apenas qualifica a sua teoria de "liberalismo político", como também acredita ser o fundador dessa variedade teórica, embora reconheça que seus traços básicos estejam presentes na obra de Charles Larmore, nos últimos trabalhos de Judith Shklar, e ainda, com algumas nuanças, em Bruce Ackerman. No entendimento de Rawls, acrescenta Vallespín, a neutralidade a respeito das distintas concepções do bem é a característica essencial de uma concepção política da justiça, pois é somente com base nessa neutralidade que se torna possível organizar uma convivência política justa e estável entre cidadãos que se encontram profundamente divididos por doutrinas (morais, religiosas e filosóficas) ao mesmo tempo razoáveis e incompatíveis.[517]

---

[516] Cf. John Rawls, *O Liberalismo Político*, op. cit., p. 56 e 57. Outras ideias fundamentais adotadas pela justiça como imparcialidade são as da estrutura básica e da posição original. Não fazendo parte do rol das ideias familiares ao senso comum educado, são introduzidas a fim de apresentar a justiça como imparcialidade de um modo claro e unificado. Ver John Rawls, *O Liberalismo Político*, op. cit., p. 57 (nota 16).

[517] Cf. Fernando Vallespín, "Introducción. Una Disputa de Familia: el Debate Rawls – Habermas", in Jürgen Habermas e John Rawls, *Debate sobre el Liberalismo Político*, tradução de Gerard Vilar Rosa, Barcelona, Paidós, 1998, p. 17.

De acordo com John Rawls, o liberalismo político enfrenta duas questões fundamentais. A primeira delas consiste em saber qual é a concepção de justiça mais adequada para estabelecer os termos justos de cooperação social entre cidadãos livres e iguais. A segunda, por sua vez, indaga quais são os fundamentos da tolerância, levando-se em conta o fato do pluralismo razoável (entendido como o resultado inevitável das faculdades da razão humana que atuam no quadro de instituições livres e duradouras). Essas questões podem ser reunidas em uma só, o que nos levaria a perguntar como é possível existir, de maneira duradoura, uma sociedade justa e estável de cidadãos livres e iguais que permanecem profundamente divididos por doutrinas razoáveis, sejam elas de caráter religioso, filosófico ou moral.[518] Conforme escreve Rawls, o problema do liberalismo político, em síntese, consiste em elaborar uma concepção de justiça política para um regime constitucional democrático que possa ser endossada pela pluralidade de doutrinas razoáveis.[519]

O liberalismo político, tal como proposto por Rawls, evidentemente não se confunde com o liberalismo abrangente, tal como encontrado, por exemplo, em Kant ou em Mill. O primeiro, ao contrário do segundo, não adota uma posição geral acerca das questões básicas da epistemologia moral e da psicologia moral (O conhecimento de como devemos agir é dado apenas a uns poucos indivíduos, por exemplo, aos membros do clero, ou é acessível a todas as pessoas razoáveis e conscientes? A ordem moral deriva de uma fonte externa, ou surge da própria natureza humana combinada com as exigências de nossa vida em sociedade? Devemos ser forçados ou persuadidos a

---

[518] John Rawls, *O Liberalismo Político*, op. cit., p. 91. Rawls acrescenta que as conferências que integram *O Liberalismo Político* "apresentam os detalhes da resposta da seguinte maneira: a estrutura básica de uma tal sociedade é efetivamente regulada por uma concepção política de justiça, a qual é objeto de um *consenso sobreposto* pelo menos no tocante às doutrinas abrangentes e razoáveis professadas por seus cidadãos. Isso possibilita que a concepção política compartilhada sirva de base à razão pública nos debates sobre questões políticas, quando fundamentos constitucionais e problemas de justiça básica estiverem em jogo". John Rawls, *O Liberalismo Político*, op. cit., p. 91.
[519] Cf. John Rawls, *O Liberalismo Político*, op. cit., p. 26.

## 3. MORALIDADE E TOLERÂNCIA

cumprir nossos deveres em decorrência de uma motivação externa, ou, inversamente, encontramos em nossa própria natureza motivos suficientes que nos levam a agir da forma correta, sem a necessidade de ameaças e induzimentos externos?), deixando que sejam respondidas à sua maneira por cada uma das doutrinas compreensivas.[520]

As ideias de uma concepção política de justiça e de um consenso sobreposto de doutrinas abrangentes e razoáveis não apenas caminham juntas, como são primordiais para o liberalismo político.[521] De acordo com o raciocínio desenvolvido por John Rawls, em uma socie-

---

[520] Ver John Rawls, *O Liberalismo Político*, op. cit., p. 34 e 35. Contudo, assinala Rawls, "no que diz respeito a uma concepção política de justiça num regime democrático constitucional, o liberalismo político defende categoricamente a segunda alternativa em cada uma das questões propostas. Nesse caso fundamental, defender essas alternativas faz parte do construtivismo político. Os problemas gerais de filosofia moral não são da alçada do liberalismo político, exceto quando afetam a maneira pela qual a cultura de base e suas doutrinas abrangentes tendem a apoiar um regime constitucional". John Rawls, *O Liberalismo Político*, op. cit., p. 35.

[521] Nesse sentido, ver John Rawls, *O Liberalismo Político*, op. cit., p. 179. As doutrinas abrangentes razoáveis (doutinas compreensivas razoáveis), nos ensina Rawls, apresentam três características essenciais. Em primeiro lugar, uma doutrina razoável é um exercício da razão teórica, visto que abarca, de um modo mais ou menos consistente e coerente, os principais aspectos religiosos, filosóficos e morais da vida humana. Além disso, organiza e caracteriza valores conhecidos, de forma que se mostrem compatíveis uns com os outros e expressem uma concepção de mundo inteligível. Em segundo lugar, continua o autor, uma doutrina abrangente razoável também é um exercício de razão prática, na medida em que seleciona os valores mais importantes e indica como estes devem ser ponderados quando entram em conflito. Por fim, uma doutrina abrangente e razoável normalmente faz parte ou deriva de uma tradição de pensamento e de doutrina. Sendo assim, embora não seja necessariamente fixa e imutável, tende a evoluir lentamente, em decorrência do que considera, a partir de seu ponto de vista, constituir uma boa razão para tal evolução. Cf. John Rawls, *O Liberalismo Político*, op. cit., p. 103. Rawls, em seguida, esclarece o motivo que o levou a definir as doutrinas compreensivas razoáveis deste modo deliberadamente vago: "Evitamos excluir doutrinas como não-razoáveis, a não ser que tenhamos razões sólidas para tanto, fundadas em aspectos claros do razoável propriamente dito. Caso contrário, nossa definição corre o risco de ser arbitrária e exclusiva. O liberalismo político considera razoáveis muitas das doutrinas conhecidas e tradicionais – religiosas, filosóficas e morais –, mesmo quando não as levamos seriamente em conta em termos pessoais, por pensarmos que dão peso excessivo a alguns valores e não reconhecem a importância de outros. Mas

dade democrática bem-ordenada não é possível – em virtude do pluralismo razoável[522] que a caracteriza – estabelecer e manter a unidade e a estabilidade com base em uma doutrina abrangente razoável.[523] Sendo assim, o que possibilita a unidade e a estabilidade de uma sociedade bem-ordenada é um consenso sobreposto entre doutrinas abrangentes razoáveis, que tem por foco ou objeto a concepção política de justiça. Por meio do consenso sobreposto, acrescenta o autor, as diversas doutrinas abrangentes razoáveis endossam – cada uma delas a partir do próprio ponto de vista – a concepção política de justiça.[524] Do exposto se conclui que, em uma sociedade bem-ordenada,

o liberalismo político não precisa de um critério mais rigoroso para seus propósitos". John Rawls, *O Liberalismo Político*, op. cit., p. 103.

[522] Rawls vê o fato do pluralismo razoável como um traço permanente de uma sociedade democrática, isto é, "a diversidade de doutrinas religiosas, filosóficas e morais existentes em sociedades democráticas modernas não é uma mera condição histórica que logo passará; é um aspecto permanente da cultura pública de uma democracia. Nas condições políticas e sociais garantidas pelos direitos e liberdades básicos de instituições livres, pode surgir e perdurar uma grande diversidade de doutrinas abrangentes conflitantes e irreconciliáveis, mas razoáveis, caso já não existissem. É esse fato das sociedades livres que denomino fato do pluralismo razoável". John Rawls, *Justiça como Eqüidade. Uma Reformulação*, op. cit., p. 47.

[523] Cf. John Rawls, *O Liberalismo Político*, op. cit., p. 179. Referindo-se ao que denomina fato da opressão, Rawls observa que a adesão continuada da sociedade a uma mesma e única doutrina abrangente só pode ser mantida através do uso opressivo do poder estatal (com seus crimes oficiais e brutalidades inevitáveis, seguidos pela corrupção da religião, da filosofia e da ciência). De acordo com essa lógica, se pensarmos na sociedade medieval, razoavelmente unificada em torno da afirmação da fé católica, vamos perceber que a Inquisição não foi um acidente, mas sim um mecanismo necessário para suprimir a heresia e preservar a crença religiosa comum. O mesmo raciocínio se aplica em relação a qualquer doutrina filosófica e moral abrangente, incluindo as de caráter secular. Assim, por exemplo, uma sociedade que se pretendesse unificada em torno de alguma forma de utilitarismo, ou então, digamos, do liberalismo abrangente kantiano, não poderia prescindir, para manter a unidade, das sanções opressivas oriundas do poder do Estado. Cf. John Rawls, *Justiça como Eqüidade. Uma Reformulação*, op. cit., p. 47 e 48.

[524] Cf. John Rawls, *O Liberalismo Político*, op. cit., p. 87-8 e 179-80. Ver também José Nedel, *A Teoria Ético-Política de John Rawls*, op. cit., p. 52 e 53. Rawls define o consenso sobreposto (consenso por justaposição) como sendo "um consenso no qual uma diversidade de doutrinas contraditórias aprova uma mesma concepção política, no caso a

## 3. MORALIDADE E TOLERÂNCIA

os cidadãos sustentam duas visões intimamente relacionadas, porém distintas. Uma delas, explica Rawls, é a concepção política de justiça, que todos ratificam. A outra visão é a fornecida por determinada doutrina abrangente, dentre as diversas existentes na sociedade.[525] Em um importante parágrafo, no qual analisa a ideia básica subjacente ao conceito de consenso sobreposto, Fernando Vallespín leciona:

> *Que ninguna concepción del bien sea susceptible de provocar un acuerdo generalizado, y que cualquiera de ellas pueda ser razonablemente rechazada, nos ubica ante una doble tesitura: en primer lugar, hemos de buscar las bases del acuerdo «más allá» de las distintas concepciones del bien; pero, en segundo lugar, sólo podemos hacerlo, por así decir, «desde dentro» de ellas mismas, ya que nadie estaría dispuesto a renunciar a su propia teoría moral comprehensiva, a lo que da sustento a sus convicciones. Bajo estas circunstancias, fundar una teoría que «se presenta a sí misma como una concepción de la justicia que puede ser compartida por los ciudadanos como un fundamento para un acuerdo político razonado, informado y querido» [...] sólo puede conseguirse buscando un punto de equilibrio entre los requerimientos de la generalidad – aquello que todos estarían dispuestos a aceptar – y las exigencias de cada concepción del bien. Y ello impone una serie de limitaciones, tanto a la concepción pública de la justicia como a las distintas teorías comprehensivas. A la primera, en tanto que necesariamente debe acotar el enfoque y objeto sobre el que se aplica – la estructura básica de la sociedad –; y a las segundas, en tanto que ninguna de ellas puede ver reflejada la totalidad de sus valores o principios en dicha concepción pública. Basta con que todas obtengan cuanto «razonablemente» pueden desear o, por ponerlo en los términos de Scanlon, que la concepción pública no pueda ser rechazada razonablemente desde cada concepción del bien. Ésta es la idea básica que subyace al concepto de consenso por superposición o overlapping consensus, que sería el acuerdo sobre las concepciones políticas centrales al que acceden personas que se adscriben a doctrinas o concepciones del bien distintas e incluso opuestas; el acuerdo sobre el que todas pueden converger, que Rawls identifica después a los principios de la justicia que serían elegidos en su posición original, ya dentro de la argumentación contrafáctica.*[526]

---

teoria da justiça como eqüidade". John Rawls, "O campo do político e o consenso por justaposição", in *Justiça e Democracia*, op. cit., p. 355. Para o exame de um caso – tipo de consenso sobreposto, ver p. 354.

[525] Cf. John Rawls, *Justiça como Eqüidade. Uma Reformulação*, op. cit., p. 45 e 46.

[526] Fernando Vallespín, "Introducción. Una Disputa de Familia: el Debate Rawls-Habermas", op. cit., p. 18.

Na quarta conferência de *O Liberalismo Político,* John Rawls examina, procurando refutá-las, quatro possíveis objeções à ideia de uma unidade social construída em torno de um consenso sobreposto a respeito da concepção política de justiça.[527] De acordo com a primeira objeção, o consenso sobreposto seria um simples *modus vivendi.*[528] Rawls assinala, respondendo a tal objeção, que um consenso sobreposto possui três aspectos essenciais (objeto moral, razões morais e estabilidade) que o tornam muito diferente de um *modus vivendi.* Primeiramente, o objeto ou foco do consenso (a concepção política de justiça) é, em si mesmo, uma concepção moral; em segundo lugar, esse objeto é endossado por razões de ordem moral; e, por fim, o consenso sobreposto é dotado de estabilidade, visto que a concepção política de justiça continua sendo apoiada mesmo que ocorram mudanças na distribuição do poder político em meio às doutrinas que a sustentam.[529]

---

[527] Para uma análise detalhada das quatro objeções, assim como das respostas endereçadas a cada uma delas, ver John Rawls, *O Liberalismo Político,* op. cit., p. 191 a 216; e John Rawls, "A idéia de um consenso por justaposição", in *Justiça e Democracia,* op. cit., p. 260 e segs. Ver também John Rawls, *Justiça como Eqüidade. Uma Reformulação,* op. cit., p. 274 a 278.

[528] No que concerne a esse conceito, Rawls escreve: "A expressão *modus vivendi* é usada, freqüentemente, para caracterizar um tratado entre dois Estados cujos objetivos e interesses nacionais conduzem ao conflito. Ao negociar um tratado, seria sensato e prudente para cada Estado garantir que o acordo proposto represente um ponto de equilíbrio, isto é, que os termos e condições do tratado sejam formulados de tal maneira que seja de conhecimento público não ser vantajoso a nenhum dos dois violá-lo. O tratado poderá então ser assinado, porque cada um considerará ser de interesse nacional fazê-lo, o que inclui o interesse de cada um em manter a reputação de um Estado que respeita tratados. Mas, em geral, ambos os Estados estão interessados em tentar realizar seus objetivos a expensas do outro e, se as condições mudarem, é o que farão. Esse pano de fundo esclarece a forma pela qual um tratado desses é apenas um *modus vivendi.* Um pano de fundo semelhante se faz presente quando pensamos no consenso social baseado nos interesses pessoais ou de grupos, ou no resultado da negociação política: a unidade social é apenas aparente, assim como contingente é sua estabilidade, contanto que não perturbem a feliz convergência de interesses". John Rawls, *O Liberalismo Político,* op. cit., p. 193.

[529] Cf. John Rawls, *O Liberalismo Político,* op. cit., p. 193 e 194; e John Rawls, *Justiça como Eqüidade. Uma Reformulação,* op. cit., p. 277 e 278.

## 3. MORALIDADE E TOLERÂNCIA

A segunda objeção, descreve Rawls, consiste em afirmar que, na medida em que evita as doutrinas gerais e abrangentes, a ideia de um consenso sobreposto implica indiferença ou ceticismo no que concerne a saber se uma concepção política de justiça pode ser verdadeira (ao invés de razoável, no sentido construtivista). Em resposta, Rawls assinala que uma concepção política de justiça, além de não conflitar com a verdade, não é cética ou indiferente em relação a esta. Uma concepção política de justiça procura, sempre que possível, se abster da tarefa de defender ou de negar qualquer ponto de vista religioso, filosófico ou moral compreensivo e, nesse sentido, não precisa ser mais indiferente à verdade filosófica e moral, por exemplo, do que o princípio da tolerância precisa ser em relação à verdade religiosa.[530]

A terceira objeção sustenta que uma concepção política realista e viável deve ter um caráter geral e compreensivo, uma vez que, do contrário, não será capaz de resolver os muitos conflitos de justiça que surgem na vida pública. Sendo assim, elaborar uma concepção política de justiça, direcionada para a estrutura básica, excluindo toda e qualquer doutrina compreensiva, revela-se totalmente inútil. No entanto, Rawls assegura que uma concepção política não precisa ser abrangente, argumentando, por um lado, que se os conflitos implícitos no fato do pluralismo razoável obrigam a filosofia política a apresentar concepções de justiça abstratas, por outro lado, esses mesmos conflitos não permitem que tais concepções sejam gerais e abrangentes.[531]

---

[530] Cf. John Rawls, *O Liberalismo Político*, op. cit., p. 196 e 197.

[531] Cf. John Rawls, *O Liberalismo Político*, op. cit., p. 200 e 201; e John Rawls, "A idéia de um consenso por justaposição", in *Justiça e Democracia*, op. cit., p. 272. Rawls esclarece que existe uma distinção entre os pontos de vista abstratos e os pontos de vista gerais e compreensivos (gerais e abrangentes): "Quando a justiça como eqüidade parte da idéia fundamental de sociedade enquanto um sistema eqüitativo de cooperação e passa a elaborar essa idéia, pode-se dizer que a concepção resultante de justiça política é abstrata. É abstrata da mesma forma que o são a concepção de um mercado perfeitamente competitivo, ou de um equilíbrio econômico geral: isto é, ela seleciona certos aspectos como especialmente significativos da perspectiva da justiça política e ignora outros. Mas que a concepção resultante seja geral e abrangente [...] é uma outra questão". John Rawls, *O Liberalismo Político*, op. cit., p. 201 (nota 20).

Finalmente, a quarta objeção levantada contra a ideia de uma unidade social baseada em um consenso acerca da concepção política de justiça consiste em afirmar que o consenso sobreposto representa uma utopia, visto que não existem forças políticas, sociais ou psicológicas suficientes para criá-lo (na hipótese de ele ainda não existir) ou para torná-lo estável (nas situações em que já existe). Entretanto, na medida em que admite a real possibilidade de uma adesão inicial a uma concepção liberal de justiça como simples *modus vivendi* se transformar, com o tempo, em um consenso sobreposto estável, Rawls afirma sua convicção de que a ideia de tal consenso não é utópica.[532]

José Nedel chama a atenção para o fato de que "um princípio de tolerância faz parte da concepção política da justiça, que é precisamente o foco ou o objeto do consenso sobreposto".[533] Luiz Paulo Rouanet, por sua vez, afirma que a noção de tolerância é o cerne da teoria de Rawls. Trata-se de uma tolerância, escreve Rouanet, direcionada à pluralidade de concepções do bem, a fim de englobar concepções políticas, filosóficas e religiosas rivais.[534] Em "Justice as Fairness: Political not Metaphysical", John Ralws sustenta que a concepção pública da justiça, no âmbito de um regime democrático, não deve depender de doutrinas religiosas ou filosóficas submetidas a controvérsias. Nesse sentido, prossegue o autor, é necessário aplicar o princípio de tolerância à filosofia, para que a concepção pública de justiça que se pretende elaborar seja política, ao invés de compreensiva.[535] Na primeira conferência de *Political Liberalism*,

---

[532] Cf. John Rawls, *O Liberalismo Político*, op. cit., p. 205; e John Rawls, *Justiça como Eqüidade. Uma Reformulação*, op. cit., p. 278 e 279. Reconhecendo a complexidade dessa questão, Rawls confessa ter apenas delineado uma maneira de criar um consenso sobreposto e assegurar sua estabilidade, ou seja, o que fez foi somente esboçar "a forma pela qual uma aquiescência inicial a uma concepção liberal de justiça enquanto simples *modus vivendi* poderia mudar com o passar do tempo, transformando-se primeiro num consenso constitucional e depois num consenso sobreposto". John Rawls, *O Liberalismo Político*, op. cit., p. 215.
[533] José Nedel, *A Teoria Ético-Política de John Rawls*, op. cit., p. 53.
[534] Cf. Luiz Paulo Rouanet, *Rawls e o Enigma da Justiça*, São Paulo, Unimarco, 2002, p. 20, 22 e 23.
[535] Cf. John Rawls, "A Teoria da Justiça como Eqüidade: uma Teoria Política, e não Metafísica", in *Justiça e Democracia*, op. cit., p. 202.

## 3. MORALIDADE E TOLERÂNCIA

dedicada à formulação de algumas ideias fundamentais, Rawls revela como o liberalismo político aplica o princípio de tolerância à própria filosofia:

> O objetivo da justiça como eqüidade é [...] prático: apresenta-se como uma concepção da justiça que pode ser compartilhada pelos cidadãos como a base de um acordo político racional, bem-informado e voluntário. Expressa a razão política compartilhada e pública de uma sociedade. Mas, para se chegar a uma razão compartilhada, a concepção de justiça deve ser, tanto quanto possível, independente das doutrinas filosóficas e religiosas conflitantes e opostas que os cidadãos professam. Ao formular tal concepção, o liberalismo político aplica o princípio da tolerância à filosofia. As doutrinas religiosas, que em séculos anteriores formavam a base reconhecida da sociedade, foram aos poucos cedendo o lugar a princípios constitucionais de governo que todos os cidadãos, qualquer que seja sua visão religiosa, podem endossar. Doutrinas filosóficas e morais abrangentes tampouco podem ser endossadas pelos cidadãos em geral, e já não podem mais, se é que puderam algum dia, constituir-se na base reconhecida da sociedade.[536]

Ainda em *Political Liberalism*, agora em sua quarta conferência, Rawls afirma que a teoria da justiça como imparcialidade, ao possibilitar um consenso sobreposto, completa e amplia o movimento intelectual que – iniciado há três séculos, a partir da gradual aceitação do princípio da tolerância – nos conduziu ao Estado laico e à igual liberdade de consciência. Aplicar os princípios da tolerância em relação à própria filosofia, acrescenta Rawls, implica deixar que os próprios cidadãos, de acordo com os pontos de vista que livremente professam, resolvam as questões relativas à religião, à filosofia e à moral.[537]

---

[536] John Rawls, *O Liberalismo Político*, op. cit., p. 52.
[537] Cf. John Rawls, *O Liberalismo Político*, op. cit., p. 200. Diferentemente de Michael Walzer, John Rawls não aborda o tema da tolerância de uma forma sistemática. As referências ao tema em sua obra encontram-se dispersas, não se restringindo de maneira alguma ao artigo de 1985 e ao livro de 1993 (de acordo com as publicações originais em inglês) acima mencionados. Consequentemente, uma vez pontualmente examinado o vínculo entre concepção política de justiça e tolerância, gostaríamos de fazer uma breve menção a *Uma Teoria da Justiça* e a *O Direito dos Povos*. No livro de 1971 – no qual,

cabe lembrar, a justiça como imparcialidade não é apresentada como uma concepção política, mas sim como uma doutrina abrangente – Rawls dedica dois parágrafos (duas seções) ao problema da tolerância. No parágrafo trinta e quatro (A tolerância e o interesse comum), o autor aborda a possível limitação da liberdade de consciência em função do interesse comum na ordem pública e na segurança (na ótica rawlsiana, sempre é bom frisar, a limitação da liberdade só se justifica nas situações em que é necessária para garantir a própria liberdade). Uma vez que a liberdade religiosa e moral decorre do princípio da igual liberdade, escreve Rawls, não se pode pensar a origem da tolerância em termos de necessidades práticas ou de razões de Estado. Cf. John Rawls, *Uma Teoria da Justiça*, op. cit., p. 175 a 178. No parágrafo trinta e cinco de *Uma Teoria da Justiça* (A tolerância para com os intolerantes), Rawls discute um problema que está diretamente relacionado com a estabilidade de uma sociedade bem-ordenada governada pelos dois princípios da justiça, qual seja, o problema da tolerância para com os intolerantes. Importa saber, portanto, se a justiça exige que os intolerantes sejam tolerados e, em caso de uma resposta afirmativa, sob que condições. A conclusão de Rawls é a seguinte: "embora uma seita intolerante não tenha por si mesma legitimidade para protestar contra a intolerância, a sua liberdade deve ser limitada apenas quando os que praticam a tolerância, sincera e fundamentadamente, acreditam que a sua própria segurança e a dos que defendem a liberdade estão em perigo. Quem pratica a tolerância deve sobrepor-se ao intolerante apenas neste caso". John Rawls, *Uma Teoria da Justiça*, op. cit., p. 181. Ver também p. 178 a 180. Em *O Direito dos Povos*, o tema da tolerância também se faz presente. Nessa obra – cujo objetivo é estender a ideia de contrato social para a Sociedade dos Povos, revelando os princípios gerais que devem ser aceitos, tanto pelas sociedades liberais quanto pelas não-liberais, porém, decentes, para regulamentar seu comportamento diante de outras sociedades – Rawls enumera cinco tipos de sociedades nacionais: (a) povos liberais razoáveis, (b) povos decentes, (c) Estados fora da lei, (d) sociedades sob o ônus de condições desfavoráveis e (e) absolutismos benevolentes, cabendo acrescentar que os povos liberais e os povos decentes se enquadram no rol do que denomina povos bem-ordenados. No parágrafo de número sete (Tolerância de povos não-liberais), o autor examina em que medida os povos liberais devem tolerar povos não liberais, reconhecendo-os como membros iguais na Sociedade dos Povos. Seu entendimento é o seguinte: "As sociedades liberais devem cooperar e dar assistência a todos os povos com boa reputação. Se se exigisse que todas as sociedades fossem liberais, então a ideia de liberalismo político deixaria de expressar a devida tolerância por maneiras aceitáveis (se existirem, como presumo) de ordenar a sociedade. Reconhecemos que uma sociedade liberal deve respeitar as doutrinas abrangentes dos seus cidadãos – religiosas, filosóficas e morais – contanto que essas doutrinas sejam seguidas de maneiras compatíveis com uma concepção política razoável da justiça e da sua razão pública. De modo similar, dizemos que, contanto que as instituições básicas de

Para finalizar, explicitemos nossa posição acerca de um último aspecto: a moralidade rawlsiana é uma moralidade universalista. Conforme esclarece Gisele Cittadino, quando John Rawls "propõe os seus princípios de justiça e configura aquilo que designa por concepção política de justiça, ele supõe que os cidadãos razoáveis podem integrá-los às suas concepções acerca do bem, sem que isso interfira ou altere a veracidade dos juízos morais de suas visões de mundo".[538] Nesse sentido, acrescenta Gisele Cittadino, a concepção política de justiça configura uma perspectiva moral mínima, sendo exatamente o caráter mínimo desta moralidade o que garante a construção da ideia de imparcialidade e, consequentemente, a universalidade da proposta rawlsiana.[539]

Em um artigo de 1989, intitulado "The Domain of the Political and Overlapping Consensus" ("O Campo do Político e o Consenso por Justaposição", na tradução constante da coletânea *Justiça e Democracia*), John Rawls afirma, de maneira inequívoca, seu universalismo. De acordo com Rawls, o fato de a concepção política (que, diga-se de passagem, aplica-se amplamente ao mundo moderno) não poder ser aplicada a todas as sociedades, em todas as épocas e em todos os lugares, não a torna historicista ou relativista; isso porque ela nos fornece os meios para que possamos julgar as instituições básicas e as políticas de ação social de diferentes sociedades.[540] Sendo assim, conclui

---

uma sociedade não-liberal cumpram certas condições específicas de direito, política e justiça, e levem seu povo a honrar um Direito razoável e justo para a Sociedade dos Povos, um povo liberal deve tolerar e aceitar essa sociedade. Na ausência de um nome melhor, às sociedades que satisfazem essas condições chamo povos decentes [...]". John Rawls, *O Direito dos Povos*, tradução de Luís Carlos Borges, São Paulo, Martins Fontes, 2001, p. 77. Para o objetivo de *O Direito dos Povos*, ver p. XVIII. Para a tipologia das sociedades nacionais, ver p. 4 e 5.

[538] Gisele Cittadino, *Pluralismo, Direito e Justiça Distributiva*, op. cit., p. 118.
[539] Cf. Gisele Cittadino, *Pluralismo, Direito e Justiça Distributiva*, op. cit., p. 118.
[540] Cf. John Rawls, "O Campo do Político e o Consenso por Justaposição", in *Justiça e Democracia*, op. cit., p. 365. Para testar a universalidade de uma concepção, acrescenta o autor, é necessário "ver se é possível estendê-la ou desenvolvê-la no sentido de uma concepção razoável da justiça para uma sociedade internacional de Estados-nações".

Rawls, a concepção política da teoria da justiça como imparcialidade "é universal num sentido satisfatório, e não relativista ou historicista, apesar de não se aplicar a todas as sociedades, em todos os lugares e para sempre".[541]

---

[541] John Rawls, "O Campo do Político e o Consenso por Justaposição", in *Justiça e Democracia*, op. cit., p. 367.

# Conclusão

Em *Spheres of Justice*, Michael Walzer aborda o problema da justiça distributiva, categoria relacionada com a distribuição dos bens entre as pessoas, visto que, como assinala Robert Dahl[542], a vida comunitária torna possível distribuir uma variedade de bens (segurança; bem-estar; dinheiro; mercadorias; trabalho; ócio; educação; poder político; etc.) entre os membros da comunidade.

De acordo com a síntese que Robert Dahl nos fornece[543], a teoria da justiça de Michael Walzer, em primeiro lugar, afirma que bens como a segurança, o dinheiro, o cargo, a educação, o reconhecimento, o poder político, entre outros, constituem diversas esferas de justiça distributiva. Sendo assim, os critérios apropriados para a distribuição de determinado bem social no âmbito de uma das esferas podem ser inapropriados em outra esfera. Por isso, não faz sentido falar de princípios gerais de distribuição válidos para todas as esferas. Em segundo lugar, os critérios e procedimentos distributivos são inerentes ao bem social, e não ao bem em si, abstratamente considerado. Na ótica de Walzer, uma distribuição é justa ou injusta em função dos significados sociais dos bens que estão em jogo. Consequentemente, não se pode apelar a uma forma superior de justificação (razão, contrato social, natureza, lei natural, ...) para os princípios distributivos.

---

[542] Cf. Robert Dahl, *La Democracia y sus Críticos*, tradução de Leonardo Wolfson, Buenos Aires, Paidós, 1991, p. 365.

[543] Vide Robert Dahl, *La Democracia y sus Críticos*, op. cit., p. 365 e 366.

O significado social é a única corte de apelação. Em terceiro lugar, pode-se afirmar que a justiça é culturalmente relativa: *"No sólo es específica de una esfera particular, como la del dinero o el poder, sino también propia de la época, lugar, experiencia histórica y cultura de un grupo particular de seres humanos"*.[544] Na perspectiva walzeriana, acrescenta Dahl, até o sistema de castas hindu pode ser considerado justo, se as compreensões que regem a vida aldeã forem efetivamente compartilhadas. Em quarto lugar, seguindo ainda a síntese de Robert Dahl, Walzer entende que é na comunidade política que encontramos as compreensões sociais que definem a justiça.

A teoria da justiça de Michael Walzer é objeto de uma crítica contundente por parte de Ronald Dworkin, exposta no ensaio reveladoramente intitulado "O que a justiça não é".[545] Cesar Augusto Ramos nos lembra que a relatividade da justiça distributiva, para Walzer, decorre "do fato de que a distribuição dos bens sociais deve ser relativa ao significado que eles possuem na vida das pessoas para as quais a distribuição se destina. Toda distribuição é justa ou injusta relativamente ao significado social dos bens que estão em jogo".[546] Essa perspectiva relativista da justiça é o principal alvo da crítica desferida por Dworkin.

Como se sabe, relativismo e absolutismo cultural se contrapõem, constituindo dois extremos do raciocínio ético. O absolutismo cultural, na lição de Jacques Thiroux, é a concepção segundo a qual os princípios morais fundamentais não variam de cultura para cultura. Não se trata de afirmar que todas as culturas tenham as mesmas regras e padrões morais, mas sim que os princípios fundamentais (*the ultimate principles*), subjacentes às várias regras e padrões morais, são os mesmos. Aqueles que defendem o absolutismo cultural, acrescenta Jacques Thiroux, citam os seguintes "fatos" para justificar sua teoria:

---

[544] Robert Dahl, *La Democracia y sus Críticos*, op. cit., p. 366.
[545] Esse ensaio constitui o capítulo dez do livro *Uma Questão de Princípio*. Foi originalmente publicado em *The New York Review of Books*, edição de 14 de abril de 1983.
[546] Cesar Augusto Ramos, "A Crítica Comunitarista de Walzer à Teoria da Justiça de John Rawls", op. cit., p. 240.

*1. Similar moral principles exist in all societies, such as those concerning the preservation of human life, governing sexual behavior, prohibiting lying, and establishing reciprocal obligations between parents and children.*

*2. People in all cultures have similar needs, such as the need to survive, to eat and drink, and to have sex.*

*3. There are a great many similarities in situations and relationships in all cultures, such as having two parents of opposite sexes, competing with brothers and sisters, and participating in the arts, languages, religion, and family.*

*4. There are a great many intercultural similarities in the areas of sentiment, emotion, and attitude, as with jealousy, love, and the need for respect.*[547]

Para o relativismo cultural, o correto é aquilo socialmente aprovado em determinada cultura. Sendo assim, observa Harry Gensler[548], nossos princípios morais descrevem meras convenções sociais, e se baseiam nas normas de nossa sociedade. De uma maneira geral, aqueles que acreditam no relativismo cultural citam, de acordo com Jacques Thiroux, os seguintes "fatos" empíricos para justificar sua posição:

*1. Studies of both primitive and modern cultures reveal an extreme variation in customs, manners, taboos, religions, moralities, daily habits, and attitudes from culture to culture.*

*2. The moral beliefs and attitudes of human beings are absorbed essentially from their cultural environments, and people tend to internalize – at least a great deal of the time – what is socially accepted or sanctioned in their cultures.*

*3. People in different cultures tend to believe not merely that there is only one true morality, but also that that one true morality is the one they hold to.*[549]

Para evitar qualquer equívoco, é necessário frisar que a crítica de Ronald Dworkin (exposta no ensaio intitulado "O que a justiça não é", de 1983) se dirige ao "primeiro" Walzer, ou seja, ao Walzer de *Spheres of Justice*, marcado por um acentuado relativismo. Posterior-

---

[547] Jacques Thiroux, *Ethics: Theory and Practice*, 6ª ed., New Jersey, Prentice Hall, 1998, p. 86. Ver também p. 85.
[548] Cf. Harry Gensler, *Ethics. A Contemporary Introduction*, op. cit., p.11
[549] Jacques Thiroux, Ethics: *Theory and Practice*, op. cit., p. 85.

mente, como vimos, esse relativismo viria a ser amenizado, com a publicação, em 1994, do livro *Thick and Thin. Moral Argument at Home and Abroad*, no qual o autor propõe

> [...] um minimalismo moral que aplicado à justiça serve como um conjunto de exigências mínimas válidas transculturalmente. Essas exigências soam como um mínimo, racionalmente evidentes e que servem para uma análise crítica fora do contexto comunitário. O minimalismo – conjunto de umas poucas regras consubstanciando a justiça – tem um duplo sentido: [...] possibilitar a crítica e [...] permitir a solidariedade. Através delas podemos julgar as práticas de outras culturas e realizar intervenções humanitárias em outros lugares.[550]

Feita essa menção ao "segundo" Walzer, defensor de certo tipo de universalismo, voltemos ao Walzer de *Spheres of Justice*, cuja concepção relativista da justiça distributiva foi alvo da crítica penetrante desferida por Dworkin.

A teoria da igualdade complexa[551] compreende duas ideias. Em primeiro lugar, afirma que cada tipo de recurso deve ser distribuído respeitando-se o princípio adequado para a sua esfera, visto que as convenções sociais não tratam todos os bens como se estivessem sujeitos aos mesmos princípios de distribuição. Seguindo essa lógica, a medicina deve ser distribuída conforme a carência; as honras, conforme o merecimento dos indivíduos; a educação superior, conforme o talento; a riqueza, conforme a habilidade e a sorte no mercado; e assim sucessivamente. Em segundo lugar, a teoria da igualdade complexa estabelece que o êxito no âmbito de uma esfera não produz um excedente que possa ser aproveitado nos limites de outra esfera, ou seja, não se pode permitir, por exemplo, que alguém se valha de sua riqueza, fruto do sucesso no âmbito do mercado, para comprar votos, de modo a controlar a esfera da política.

---

[550] Cesar Augusto Ramos, "A Crítica Comunitarista de Walzer à Teoria da Justiça de John Rawls", op. cit., p. 241 (nota nº 21).
[551] Cf. Ronald Dworkin, *Uma Questão de Princípio*, São Paulo, Martins Fontes, 2000, p. 319 e 320.

De acordo com a teoria da igualdade complexa, comenta Dworkin, se mantivermos intactas as fronteiras entre as esferas, não necessitaremos fazer nenhuma comparação geral dos indivíduos através das esferas, nem precisaremos nos preocupar com o fato de algumas pessoas possuírem iates, enquanto outras não têm sequer um barco a remo; assim como não deveremos nos importar se algumas pessoas conquistarem prêmios e amor, ao mesmo tempo em que outras carecem de ambos. Para Dworkin:

> Essa é uma visão moderada e agradável da justiça social: promete uma sociedade em paz com suas tradições, sem as constantes tensões, comparações, ciúmes e arregimentação da igualdade "simples". Os cidadãos vivem juntos, em harmonia, apesar de nenhum ter exatamente a mesma riqueza, educação ou oportunidade que qualquer outro, pois cada um compreende que recebeu o que a justiça exige em cada esfera e não acha que seu auto-respeito ou posição na comunidade dependa de alguma comparação de sua situação geral com a dos outros. Infelizmente, Walzer não oferece nenhuma definição abrangente de como seria a vida em tal sociedade, de quem teria qual parcela dos diferentes tipos de recursos que ele discute. Em vez disso, ele oferece exemplos anedóticos e históricos de como diferentes sociedades, inclusive a nossa, desenvolveram princípios distintos para a distribuição em diferentes esferas.[552]

Ronald Dworkin[553] assinala que a intenção de Walzer, ao recorrer a variados exemplos históricos, é romper com o estilo formal que domina a filosofia política anglo-americana. Os filósofos, em regra, buscam uma fórmula abrangente, capaz de aferir a justiça social em qualquer sociedade, fórmula esta que funciona mais como um critério de avaliação do que como um modo de aperfeiçoamento dos arranjos sociais convencionais. John Rawls, os utilitaristas, os igua-

---

[552] Ronald Dworkin, *Uma Questão de Princípio*, op. cit., p. 320. É preciso lembrar que, ao contrário da igualdade complexa defendida por Walzer, a igualdade simples exige que todos tenham a mesma parcela de tudo, isto é: "A igualdade simples é um estado distributivo simples de acordo com o qual, se eu tiver catorze chapéus e você tiver catorze chapéus, somos iguais". Michael Walzer, *As Esferas da Justiça*, op. cit., p. 34.
[553] Cf. Ronald Dworkin, *Uma Questão de Princípio*, op. cit., p. 320 e 321.

litários "simples" e os libertários enquadram-se nessa perspectiva. O primeiro argumenta, entre outras coisas, que nenhuma desigualdade se justifica, a não ser que contribua para melhorar a posição da classe menos favorecida. Os utilitaristas, por sua vez, sustentam que qualquer arranjo social apto a produzir maior felicidade para o maior número de pessoas é justo. Os igualitários "simples" entendem que a justiça se realiza quando todos têm os mesmos recursos. Os libertários, por fim, afirmam que a justiça consiste em permitir que os indivíduos comprem tudo aquilo que possuidores legítimos queiram vender, independentemente de se tratar de cereais, trabalho ou sexo.

Essas teorias, segundo Michael Walzer, desconhecem os significados sociais dos bens a serem distribuídos, o que as torna áridas, a-históricas e abstratas. Em contrapartida, Walzer propõe uma análise política concreta e bastante diferente do usual. Como observa Dworkin:

> Seus exemplos históricos são muitas vezes fascinantes, e isso, juntamente com sua prosa clara, faz da leitura de seu livro [*Spheres of Justice*] um prazer. Os exemplos são bem escolhidos para ilustrar os traços característicos de cada uma das suas esferas de justiça e a persistência de certos temas nos significados sociais que as pessoas dão à sua experiência. [...] A amplitude de Walzer é admirável: ele nos leva a examinar as meritocracias da China sob as dinastias, uma empresa cooperativa de coleta de lixo em San Francisco, a prática Kula de troca de presentes entre os habitantes da ilha Trobriand e a educação entre os astecas.[554]

Para Ronald Dworkin, contudo, o argumento central de Walzer fracassa, uma vez que o ideal de igualdade complexa que este último defende não é praticável nem coerente. *Spheres of Justice*, consequentemente, contém muito pouco que possa ser útil para refletirmos acerca das questões efetivas da justiça:

> O livro nos diz para olhar as convenções sociais a fim de descobrir os princípios adequados da distribuição de bens específicos, mas o próprio fato de debatermos quanto ao que a justiça requer em casos particulares

---

[554] Ronald Dworkin, *Uma Questão de Princípio*, op. cit., p. 321.

demonstra que não temos nenhuma convenção do tipo necessário. Nos Estados Unidos patrocinamos a pesquisa médica com impostos e, depois de longas lutas políticas, oferecemos Medicare aos idosos e Medicaid aos pobres, embora este ainda seja muito controvertido. Walzer acha que esses programas revelam que nossa comunidade consigna o cuidado médico a uma esfera determinada, a esfera das necessidades que o Estado deve satisfazer. Mas o fato cruel é que não oferecemos aos pobres nada semelhante ao que as classes médias conseguem oferecer a si próprias, e, com certeza, isso também conta ao decidir qual é o "significado social" da medicina para nossa sociedade. Mesmo os que acreditam que algum cuidado médico deve ser oferecido a todos, discordam quanto aos limites. Faz parte do significado social da medicina que a cirurgia eletiva seja gratuita? Que as pessoas "necessitem" de transplantes de coração?[555]

Ronald Dworkin entende que as discussões políticas que travamos não começam pelo entendimento compartilhado dos princípios de distribuição pertinentes. Sendo assim, as questões importantes implicam uma competição entre modelos rivais. Além disso, não acreditamos que tudo aquilo que consideramos valioso deva se sujeitar totalmente a uma lógica simples de distribuição, ou seja, se por um lado reconhecemos esferas de justiça, por outro, reconhecemos também a necessidade de interação entre elas. Para Dworkin, a maneira "mais importante pela qual a riqueza influencia a política, por exemplo, é pela compra de tempo na televisão, não de votos. Os que são favoráveis à restrição de gastos de campanha dizem que o dinheiro não deve comprar cargos. Seus oponentes, porém, respondem dizendo que tais restrições violariam os direitos de propriedade, assim como a livre expressão, de modo que a questão não pertence a nenhuma esfera definida de justiça, sendo, antes, matéria de negociação e conciliação sobre a qual se debate interminavelmente".[556]

De acordo com Dworkin[557], a teoria da justiça walzeriana é insuficiente, em função de seu relativismo profundo. A afirmação de

---

[555] Ronald Dworkin, *Uma Questão de Princípio*, op. cit., p. 322.
[556] Ronald Dworkin, *Uma Questão de Princípio*, op. cit., p. 323.
[557] Cf. Ronald Dworkin, *Uma Questão de Princípio*, op. cit., p. 323.

Walzer, segundo a qual uma sociedade é justa quando sua vida substantiva é vivida respeitando as opiniões compartilhadas por seus membros, revela esse acentuado relativismo, objeto principal da crítica de Dworkin. Em *Spheres of Justice*, afinal, lê-se:

> Determinada sociedade é justa se a sua vida real for vivida de certo modo, ou seja, de um modo conforme às concepções comuns dos seus membros. (Sempre que as pessoas não estão de acordo quanto ao significado dos bens sociais e sempre que as suas concepções são controvertidas, a justiça exige que a sociedade atenda a esses desacordos, proporcionando os canais institucionais para a sua expressão e para os mecanismos da sua resolução e distribuições alternativas.)[558]

Nas palavras de Walzer, em uma sociedade na qual os significados sociais sejam integrados e hierárquicos, a justiça ratificará a desigualdade. Obedecendo a essa lógica, conclui-se que um sistema de castas (o hindu, por exemplo) é justo quando aceito pelas tradições da sociedade na qual vigora. Seria injusto, ao contrário, distribuir igualmente os bens dentro de tal sociedade.[559]

Ronald Dworkin chama a atenção para o fato de que as observações de Walzer acerca daquilo que a justiça requer em uma sociedade cujos membros divergem sobre seu significado são obscuras. Se a justiça é apenas uma questão de seguir opiniões compartilhadas, pergunta Dworkin, o que fazer quando não existe nenhuma opinião compartilhada? Em uma situação como essa, responde o próprio Dworkin, provavelmente nenhuma solução será justa, de acordo com a descrição relativista walzeriana. Dworkin observa que Walzer "não levou a termo o pensamento sobre as conseqüências de seu relativismo para uma sociedade como a nossa, na qual questões de justiça são contestadas e debatidas"[560], e acrescenta que a teoria da igualdade complexa é irrelevante em tal sociedade.

---

[558] Michael Walzer, *As Esferas da Justiça*, op. cit., p. 296.
[559] Cf. Michael Walzer, *As Esferas da Justiça*, op. cit., p. 298 e 299; e Ronald Dworkin, *Uma Questão de Princípio*, op. cit., p. 323.
[560] Ronald Dworkin, *Uma Questão de Princípio*, op. cit., p. 324.

Segundo Ronald Dworkin, Walzer se utiliza de uma premissa oculta e mística (no sentido de que uma comunidade deve aceitar uma esfera preestabelecida sobre uma base de tudo ou nada), que evidencia a falácia de seus argumentos. Em seu modo de ver:

> Walzer supõe tacitamente que existe apenas um número limitado de esferas de justiça, cujos princípios essenciais foram estabelecidos de antemão e devem, portanto, permanecer os mesmos para todas as sociedades. Também supõe que, embora nenhuma comunidade seja livre para escolher se atribui ou não algum tipo de recurso a uma ou outra dessas esferas fixas, desenvolvendo as convenções adequadas, deve fazê-lo numa base de tudo ou nada. Não pode construir novos padrões de distribuição que tenham elementos retirados de esferas diferentes. Assim, se uma comunidade reconhece a medicina como algo de que as pessoas necessitam, se estabelece cargos políticos, se desenvolve instituições de educação superior especializadas ou reconhece algum grupo de pessoas como cidadãos está, com isso, comprometida com todas as características das esferas de assistência social, mérito, educação ou cidadania, tal como as compreende Walzer. Um sistema de castas não é injusto em si, mas, se desenvolve uma burocracia oficial de funcionários públicos, não pode reservar os cargos dessa burocracia às castas superiores, pois o conceito de burocracia pertence, segundo Walzer, à sua própria esfera, a do mérito. Uma sociedade capitalista, argumenta ele, pode, com perfeita justiça, atribuir a assistência médica inteiramente ao mercado. Ou pode (talvez) atribuir apenas um nível mínimo, determinado, de assistência à esfera da necessidade. Mas, "desde que os recursos públicos sejam gastos... para financiar a pesquisa, construir hospitais e pagar as contas de médicos na prática privada, os serviços que essas despesas asseguram devem ser acessíveis a todos os cidadãos" e, então, não há "nenhuma razão para respeitar a liberdade de mercado do médico".[561]

Enquanto Walzer entende que a justiça exige um serviço nacional de saúde completo, Dworkin, ao contrário, assinala que não podemos de antemão descartar a possibilidade de a justiça, na verdade, não exigir que se ofereça aos pobres a mesma assistência médica que os ricos têm condições de comprar. A tese de Walzer (de que a justiça

---

[561] Ronald Dworkin, *Uma Questão de Princípio*, op. cit., p. 324.

implica um serviço nacional de saúde completo) pode ser atraente; contudo, requer uma argumentação favorável, não bastando simplesmente construir uma esfera ideal e chamá-la de esfera da necessidade.[562] No que concerne a esse debate, a lição de Georgia Warnke é esclarecedora:

> [...] Dworkin argues that the issue of medical care offers little to justify Walzer's reliance on social meaning as a way of considering questions of justice. Certainly, the government's sponsorship of medical research as well as such programs as Medicaid and Medicare indicate some support for communally provided health care. But surely the very fact that Walzer criticizes – namely, that health care can also be privately purchased and is therefore unequally available to rich and poor – is also a fact that ought to count in reconstructing its social meaning. Why do these facts not show that Americans have different and even contradictory ideas about medical care? When they debate the issue of national health insurance are they not trying to determine just how medical care ought to be understood? How can Walzer assume that medical care already possesses a shared social meaning constituting it as part of the sphere of needs? Dworkin claims that even those Americans "who agree that some medical care must be provided for everyone, disagree about its limits".[563]

Ronald Dworkin aprofunda sua crítica à ideia de igualdade complexa, afirmando que a teoria de Walzer, além de inútil, é também incoerente, em função de ignorar o significado social de uma relevante tradição, no sentido de que a justiça deve ser concebida como um instrumento de crítica às nossas práticas sociais, e não como mera forma de reprodução destas práticas. Segundo Dworkin, portanto, a concepção walzeriana perde sua coerência a partir do momento em que:

> Ignora o "significado social" de uma tradição muito mais fundamental que as tradições isoladas que nos pede para respeitar. Isso porque faz parte de nossa vida política comum que a justiça seja nossa crítica, não nosso espelho; que qualquer decisão sobre a distribuição de qualquer bem – riqueza, assistência social, honras, educação, reconhecimento, profissão

---

[562] Cf. Ronald Dworkin, *Uma Questão de Princípio*, op. cit., p. 325 e 326.
[563] Georgia Warnke, *Justice and Interpretation*, op. cit., p. 17.

– seja reaberta, não importa quão firmes sejam as tradições então contestadas, que possamos sempre perguntar se é justo algum esquema institucional estabelecido. O relativismo de Walzer é infiel à nossa prática social mais importante: a prática de nos preocupar com o que é realmente a justiça.[564]

No entendimento de Ronald Dworkin, uma concepção como a de Michael Walzer, a qual vincula a justiça às convenções, mesmo que disponível, não pode ser aceita. A teoria política, acrescenta Dworkin, não pode oferecer

> [...] nenhuma contribuição para o modo como nos governamos, exceto lutando, contra todos os impulsos que nos arrastam de volta à nossa cultura, rumo à generalidade e a alguma base reflexiva para determinar quais de nossas distinções e discriminações tradicionais são genuínas e quais são espúrias, quais contribuem para o florescimento dos ideais que, após reflexão, queremos abraçar e quais servem apenas para nos proteger dos custos pessoais desse exigente processo.[565]

A justiça, conclui Dworkin, não pode ficar à mercê da convenção e do anedótico.[566]

As críticas de Ronald Dworkin que acabamos de examinar são irrefutáveis. A publicação de *Thick and Thin. Moral Argument at Home and Abroad*, ao contrário do que à primeira vista se poderia pensar, não as invalida, mesmo porque Michael Walzer em momento algum renuncia ao seu entendimento de que a justiça distributiva é uma questão de moralidade densa ou maximalista, estando submetida, portanto, aos particularismos da história e da cultura. A moralidade tênue ou minimalista, de caráter universalista (de certo tipo de universalismo que, a rigor, não passa de um relativismo atenuado), pouco ou nada tem a dizer a respeito das questões distributivas, que se configuram alheias a ela. Essa moralidade – com sua proibição do genocídio, da escravidão e do tratamento cruel, em que pese a impor-

---

[564] Ronald Dworkin, *Uma Questão de Princípio*, op. cit., p. 326.
[565] Ronald Dworkin, *Uma Questão de Princípio*, op. cit., p. 327.
[566] Cf. Ronald Dworkin, *Uma Questão de Princípio*, op.cit., p. 328.

tância de tais interdições – não enfrenta o crucial problema da justiça social, revelando-se inócua nessa área.

Após ratificar todas as críticas endereçadas por Dworkin a Walzer, somaríamos a elas outra objeção (talvez implícita nas considerações do autor de *A Matter of Principle*): a teoria da igualdade complexa, conjecturamos, incorre na falácia naturalista, o que explica, ao menos em parte, o fracasso de sua intenção crítica. Para esclarecer tal ponto, é necessário remontar a uma famosa passagem do *Tratado da Natureza Humana*, na qual David Hume escreve:

> Em todo sistema de moral que até hoje encontrei, sempre notei que o autor segue durante algum tempo o modo comum de raciocinar, estabelecendo a existência de Deus, ou fazendo observações a respeito dos assuntos humanos, quando, de repente, surpreendo-me ao ver que, em vez das cópulas proposicionais usuais, como *é* e *não é*, não encontro uma só proposição que não esteja conectada a outra por um *deve* ou *não deve*. Essa mudança é imperceptível, porém da maior importância. Pois, como esse *deve* ou *não deve* expressa uma nova relação ou afirmação, esta precisaria ser notada e explicada; ao mesmo tempo, seria preciso que se desse uma razão para algo que parece inteiramente inconcebível, ou seja, como essa nova relação pode ser deduzida de outras inteiramente diferentes. Mas já que os autores não costumam usar essa precaução, tomarei a liberdade de recomendá-la aos leitores; estou persuadido de que essa pequena atenção seria suficiente para subverter todos os sistemas correntes de moralidade, e nos faria ver que a distinção entre vício e virtude não está fundada meramente nas relações dos objetos, nem é percebida pela razão.[567]

---

[567] David Hume, *Tratado da Natureza Humana*, tradução de Déborah Danowski, São Paulo, Unesp, 2001, p. 509. Acerca da intenção de Hume ao escrever esse trecho, situado no último parágrafo da seção I, parte I, do livro III do *Tratado*, José Martínez de Pisón nos ensina: "*Según una interpretación, que ha llegado a ser canónica entre los críticos, Hume pretendía defender en este pasaje la tesis de que en todos los sistemas de moralidad por él conocidos se da un injustificado paso entre el 'es' y el 'debe', que este paso tienen el carácter de una 'deducción' y que le resulta realmente inconcebible que se admita como argumento fidedigno en la filosofía moral. Intuicionistas, emotivistas y prescriptivas* [sic] *interpretaron este párrafo en el sentido de que no puede deducirse de premisas no morales una conclusión moral – estableciéndose así un 'abismo' infranqueable al cual hay que buscar un 'puente' siempre posible –. Para ello, consideran que el término 'deducción' significa deducción lógica en lenguaje silogístico y que lo con-*

A passagem de algo que *é* para algo que *deve ser*, ou seja, de um juízo de fato para um juízo de valor (expressões que não se encontram em Hume), configura aquilo que George Edward Moore, em sua obra *Principia Ethica* (1903), denomina falácia naturalista.[568] Michael Walzer comete a falácia naturalista ao deduzir princípios de justiça distributiva (valores/plano do dever ser) a partir de opiniões socialmente compartilhadas (fatos/plano do ser). Consequen-

---

*trario es una razón de peso para rechazar ese sistema moral*". José Martínez de Pisón, *Justicia y Orden Político en Hume*, Madrid, Centro de Estudios Constitucionales, 1992, p. 365. Em sua *Ética*, Adolfo Sánchez Vázquez assinala que o argumento humeano "é considerado tão demolidor que Max Black o chama de 'a guilhotina de Hume'. Tudo aquilo que pretende passar de um *é* a um *deve ser*, como se passa de uma premissa para uma conclusão, terá necessariamente que cair sob esta guilhotina". Adolfo Sánchez Vázquez, *Ética*, op. cit., p. 250.

[568] Adolfo Sánchez Vázquez observa que, transcorridos quase dois séculos, Moore "vem reforçar o argumento de Hume com a sua famosa 'falácia naturalista', segundo a qual não se pode definir uma propriedade não natural, como o 'bom', por meio de propriedades naturais; quer dizer, não se pode passar logicamente do natural (o não ético) ao não natural (o ético)". Adolfo Sánchez Vázquez, *Ética*, op. cit., p. 250. Ao comentar a conexão existente entre a passagem de Hume e o conceito de falácia naturalista desenvolvido por Moore, José Martínez de Pisón nos ensina: "*El relieve que ha tenido, y tiene todavía, el texto de Hume se ha debido principalmente a su conexión con la falacia naturalista, que ha sido caballo de batalla durante décadas de la polémica entre las posiciones no-naturalistas y las naturalistas en ética, en el sentido de que quien cometiera dicha falacia caería en tal error que desacreditaba automáticamente su teoría. Como es sabido, quien esgrimiera por vez primera el argumento de la falacia naturalista fue G. E. Moore en su Principia Ethica, y la bosquejó en contra de la filosofía moral de J. S. Mill y otros autores de corte empirista con el fin de mostrar que el significado del concepto 'bueno' no es definible en términos de cualidades naturales o del placer, sino que las nociones básicas de la ética son indefinibles. La verdad es que ni Moore ni tampoco alguno de sus colegas de posición se refieren en su argumentación al párrafo de Hume al tratar la cuestión. Pero, sus sucesores intuicionistas y emotivistas lo mencionan ya en apoyo de sus tesis hasta que Hare lo cita explícitamente para justificar su prescriptivismo ético, obteniendo de esta forma el título de Hume's Law [...]*". José Martínez de Pisón, *Justicia y Orden Político en Hume*, op. cit., p. 362. Para um exame da formulação original do conceito de falácia naturalista, consultar George Edward Moore, *Principia Ethica*, op. cit., parágrafos 10 a 14. Por fim, cabe dizer que não desconhecemos os argumentos de Javier Sádaba, para quem os partidários mais aguerridos da separação entre *ser* e *dever ser* são deontologistas e têm uma concepção da ética mais absolutista do que relativista. Cf. Javier Sádaba, "Ética Analítica", in *Historia de la Ética*, v.3, op. cit., p. 213.

temente, entendemos que a teoria da igualdade complexa, na realidade, não traz em si o caráter crítico apregoado por seu autor em diversos momentos: no capítulo XIII (ao que parece) de *Spheres of Justice*; em uma obra de 1988, intitulada *The Company of Critics, Social Criticism and Political Commitment in the Twentieth Century*, dedicada ao exame da crítica social no século XX, a partir de uma perspectiva imanente; e, principalmente, no terceiro capítulo de *Thick and Thin*, no qual Walzer descreve como funciona a crítica a partir do interior de uma teoria maximalista de justiça distributiva. Em síntese, podemos afirmar que, se para Walzer a igualdade complexa é ao mesmo tempo uma moralidade descritiva e prescritiva[569], para nós, diferentemente, a complexidade fracassa como modelo prescritivo.

Joshua Cohen nos oferece um argumento final para demonstrar que a teoria da igualdade complexa deve ser rejeitada. O professor do M.I.T., ao questionar o seu poder para nos municiar de uma perspectiva crítica, afirma que a teoria da igualdade complexa conduz a uma aporia. De acordo com a lógica walzeriana, escreve Joshua Cohen, as crenças (ou valores) de uma comunidade política são identificadas por intermédio de suas práticas, o que significa dizer, prossegue, que as práticas existentes funcionam como o único meio de revelação das crenças coletivas. Sendo assim, conclui Cohen, o teórico que apela para os valores comunitários compartilhados (ou crenças) como perspectiva crítica enfrenta um dilema, uma vez que se "*los valores de una comunidad se identifican a través de sus prácticas distributivas corrientes, entonces las normas distributivas que son subsiguientemente 'derivadas' de esos no servirán como parámetro crítico de las prácticas existentes*".[570]

Nossa crítica à teoria da igualdade complexa tem como contrapartida a defesa do modelo universalista rawlsiano. Concordamos com Adela Cortina quando esta afirma que da "diversidade de conteúdos morais no tempo e no espaço não cabe extrair como conseqüên-

---

[569] Para confirmar o ponto de vista walzeriano de que a igualdade complexa é uma moralidade descritiva e prescritiva, ver *Thick and Thin*, op. cit., p. 38 e 39.

[570] Joshua Cohen, "El Comunitarismo y el Punto de Vista Universalista", tradução de Sebastián Abad, in *Agora*, nº 4, verão de 1996, p. 79. A respeito dessa crítica, ver também Gisele Cittadino, *Pluralismo, Direito e Justiça Distributiva*, op. cit., p. 127.

cia a validade do particularismo e do relativismo".[571] Por outro lado, é preciso ressaltar que o universalismo aqui defendido, além de não ser etnocêntrico[572], não mantém qualquer vínculo com a noção de absolutos morais.[573] O trajeto percorrido, assim pensamos, nos permite afirmar, em primeiro lugar, que a teoria da igualdade complexa fracassa em seu intento crítico, na medida em que confunde os planos descritivo e prescritivo; e, em segundo lugar, que a teoria da justiça como imparcialidade, além de equacionar de forma satisfatória o binômio liberdade-igualdade, nos fornece um impecável padrão para a empresa da crítica social.

---

[571] Adela Cortina, *O Fazer Ético*, op. cit., p. 86.
[572] Devemos a Seyla Benhabib a ideia de que o universalismo não é etnocêntrico. A esse respeito, ver Seyla Benhabib, *The Claims of Culture*, Princeton, Princeton University Press, 2002, p. 24 a 48.
[573] Demetrio Neri nos ensina que "o panorama contemporâneo é composto em geral de éticas que, embora rejeitando o relativismo, não admitem a existência de absolutos". Demetrio Neri, *Filosofia Moral. Manual Introdutivo*, op. cit., p. 98. Para o exame de uma ética de absolutos morais, ver John Finnis, *Absolutos Morales. Tradición, Revisión y Verdad*, tradução de Juan José García Norro, Barcelona, EUNSA, 1992.

cia a validade do particularismo e do relativismo."⁸¹ Por outro lado, é preciso ressaltar que o universalismo aqui defendido, além de não ser etnocêntrico,⁸², não mantém qualquer vínculo com a noção de absolutos morais.⁸³ O trajeto percorrido, assim pensamos, nos permite afirmar, em primeiro lugar, que a teoria da igualdade complexa fracassa em seu intento crítico, na medida em que confunde os planos descritivo e prescritivo; e, em segundo lugar, que a teoria da justiça como imparcialidade, além de equacionar de forma satisfatória o binômio liberdade-igualdade, nos fornece um impecável padrão para a empresa da crítica social.

---

⁸¹ Adela Cortina, *O fazer ético*, cit., p. 56.

⁸² Devemos a Seyla Benhabib a ideia de que o universalismo não é etnocêntrico. A esse respeito, ver Seyla Benhabib, *The Claims of Culture*, Princeton, Princeton University Press, 2002, p. 24 e ss.

⁸³ Defende Neil dos Santos Leão, e concordamos inteiramente com o comportamento em geral de eticistas que, embora repudiando o relativismo, não admitem a existência de absolutos. Demetrio Neri, *Filosofia Moral: Manual Introdutório*, cit., p. 90. Ver a esse exame de uma ética de absolutos morais, ver Fried, Charles, Alvo de Moral, Nova York, Random House, tradução de Juan José Utrilla, México, Fondo de Cultura Económica, 1982.

# REFERÊNCIAS

ABBAGNANO, Nicola. *Dicionário de Filosofia*, 2ª ed., São Paulo, Martins Fontes, 1988.

ÁGUILA, Rafael del. "Estudio Introductorio", in *Moralidad en el Ámbito Local e Internacional*, Michael Walzer, Madrid, Alianza, 1996.

APEL, Karl-Otto. *Transformação da Filosofia*, v. II, tradução de Paulo Soethe, São Paulo, Loyola, 2000.

ARAÚJO, Luiz Bernardo Leite. "A Ética Comunicativa, segundo Habermas", in *Ética*, Leda Miranda Hühne (Org.), Rio de Janeiro, UAPÊ, 1997.

ARISTÓTELES. *Ética a Nicômaco*, tradução de Leonel Vallandro e Gerd Bornheim da versão inglesa de W. D. Ross, São Paulo, Abril Cultural (Coleção Os Pensadores, nº IV), 1973.

–. *A Política*, 15ª ed., tradução de Nestor Silveira Chaves, Rio de Janeiro, Ediouro, 1988.

–. *Ética a Nicômacos*, 4ª ed., tradução de Mário da Gama Kury, Brasília, Universidade de Brasília, 2001.

AUDARD, Catherine. "Justice", in *Dictionnaire d'Éthique et de Philosophie Morale*, Monique Canto-Sperber (Org.), Paris, PUF, 1996.

–. "Glossário", in John Rawls, *Justiça e Democracia*, Catherine Audard (Org.), tradução de Irene Paternot, São Paulo, Martins Fontes, 2000.

AYER, A. J. *Language, Truth and Logic*, New York, Dover, 1952.

–. "El Positivismo Lógico y su Legado. Diálogo con A. J. Ayer", in *Los Hombres Detrás de las Ideas*, Bryan Magee, México, Fondo de Cultura Económica, 1982.

–. "Introducción del Compilador", in *El Positivismo Lógico*, A. J. Ayer (Org.), tradução de L. Aldama et al., Madrid, Fondo de Cultura Económica (sucursal para España), 1993.

BARRET-DUCROCQ, Françoise. "Conclusion", in *L'intolérance*, Françoise Barret-Ducrocq (Org.), Paris, Bernard Grasset, 1998.

BARRY, Brian. *Culture and Equality*, Cambridge Mass., Harvard University Press, 2001.

BENHABIB, Seyla. *The Claims of Culture*, Princeton, Princeton University Press, 2002.

BENTHAM, Jeremy. *Uma Introdução aos Princípios da Moral e da Legislação*, 2ª ed., São Paulo, Abril Cultural (Coleção Os Pensadores), 1979.

BERTEN, André; SILVEIRA, Pablo da; POURTOIS, Hervé. "Introduction Générale", in *Liberaux et Communautariens*, André Berten, Pablo da Silveira e Hervé Pourtois (Orgs.), Paris, PUF, 1997.

BERTI, Enrico. *Aristóteles no Século XX*, tradução de Dion Davi Macedo, São Paulo, Loyola, 1997.

BLACKBURN, Simon. *Dicionário Oxford de Filosofia*, tradução de Desidério Murcho et al., Rio de Janeiro, Jorge Zahar, 1997.

BOLONHA, Carlos Alberto Pereira das Neves. *Introdução ao Estudo de A Theory of Justice de John Rawls*, 1994, Dissertação de Mestrado em Teoria do Estado e Direito Constitucional – Departamento de Direito da PUC-Rio, 1994.

BONELLA, Alcino Eduardo. "Concepção de Justiça Política em Rawls", in *Justiça como Eqüidade*, Sônia T. Felipe (Org.), Florianópolis, Insular, 1988.

BORGES, Maria de Lourdes Alves. "Hegel e Rawls: Uma Interlocução Polêmica", in *Justiça como Eqüidade*, Sônia T. Felipe (Org.), Florianópolis, Insular, 1988.

BORGES, Maria de Lourdes; DALL'AGNOL, Darlei; DUTRA, Delamar Volpato. *Ética*, Rio de Janeiro, DP&A, 2003.

BRANDT, Richard. *Teoría Ética*, tradução de Esperanza Guisán, Madrid, Alianza, 1982.

BRINK, David O. "Realismo Moral", tradução de Paulo Neves, in *Dicionário de Ética e Filosofia Moral*, v.2, Monique Canto-Sperber (Org.), São Leopoldo, UNISINOS, 2003.

CAMPS, Victoria. "Introducción", in John Rawls, *Sobre las Libertades*, Barcelona, Paidós, 1996.

CANTO-SPERBER, Monique (Org.). *La Philosophie Morale Britannique*, Paris, PUF, 1994.

–. (Org.). *Dictionnaire d'Ethique et de Philosophie Morale*, Paris, PUF, 1996.

–. "Tolérance, neutralité et pluralisme dans la tradition libérale", in *L'intolérance*, Françoise Barret-Ducrocq (Org.), Paris, Bernard Grasset, 1998.

–. (Org.). *Dicionário de Ética e Filosofia Moral*, 2 V., São Leopoldo, Unisinos, 2003.

CARVALHO, Maria Cecília M. de. "John Stuart Mill acerca das relações entre justiça e utilidade", in *Justiça como Eqüidade*, Sônia Felipe (Org.), Florianópolis, Insular, 1997.

CAYGILL, Howard. *Dicionário Kant*, tradução de Álvaro Cabral, Rio de Janeiro, Jorge Zahar, 2000.

CHACON, Vamireh. "Uma Filosofia Liberal do Direito. Introdução para a Edição Brasileira de Uma Teoria da Justiça de John Rawls", in *Uma Teoria da Justiça*, John Rawls, Brasília, Editora Universidade de Brasília, 1981.

CITTADINO, Gisele. "Multiculturalismo e Tolerância" (Resenha), in *Direito, Estado e Sociedade*, Pontifícia Universidade Católica do Rio de Janeiro, nº 11, agosto-dezembro de 1997.

–. *Pluralismo, Direito e Justiça Distributiva*, Rio de Janeiro, Lumen Juris, 1999.

COHEN, Joshua. "El Comunitarismo y el Punto de Vista Universalista", tradução de Sebastián Abade, in *Ágora*, nº 4, verão de 1996.

COMTE-SPONVILLE, André. *Pequeno Tratado das Grandes Virtudes*, São Paulo, Martins Fontes, 1995.

CORTINA, Adela. *Ética Mínima*, 7ª ed., Madrid, Tecnos, 2001.

–. *O Fazer Ético: Guia para a Educação Moral*, tradução de Cristina Antunes, São Paulo, Moderna, 2003.

CORTINA, Adela; MARTÍNEZ, Emilio. *Ética*, Madrid, Akal, 1996.

COSTA, Sérgio; WERLE, Denilson Luís. "Universalismo e Contextualismo: Rawls e os Comunitaristas", in *Justiça como Eqüidade*, Sonia Felipe (Org.), Florianópolis, Insular, 1998.

CRANE, Tim. "Meaning", in *The Oxford Companion to Philosophy*, Ted Honderich (Org.), Oxford, Oxford University Press, 1995.

DAHL, Robert. *La Democracia y sus Críticos*, tradução de Leonardo Wolfson, Buenos Aires, Paidós, 1991.

DANIELS, Norman (Org.). *Reading Rawls*, Stanford, Stanford University Press, 1989.

DEL VECCHIO, Giorgio. *A Justiça*, tradução de António Pinto de Carvalho, São Paulo, Saraiva, 1960.

DIAZ, Elías. *Sociología y Filosofía del Derecho*, 1ª ed. (2ª reimpressão), Madrid, Taurus, 1976.

DUPUY, Jean-Pierre. *Ética e Filosofia da Acção*, tradução de Ana Rabaça, Lisboa, Instituto Piaget, 2001.

DUSSEL, Enrique. *Ética da Libertação*, tradução de Ephraim Ferreira Alves, Jaime Clasen e Lúcia Orth, Petrópolis, Vozes, 2002.

DWORKIN, Ronald. *Los Derechos en Serio*, Barcelona, Ariel, 1984.

–. "Filosofía y Política. Diálogo con Ronald Dworkin", in *Los Hombres Detrás de las Ideas*, tradução de José A. Robles García, México, Fondo de Cultura Económica, 1993.

–. *Uma Questão de Princípio*, tradução de Luis Carlos Borges, São Paulo, Martins Fontes, 2000.

FAGOT-LARGEAULT, Anne. "Os Problemas do Relativismo Moral", in *Uma Ética para Quantos?*, Jean-Pierre Changeux (Org.), tradução de Maria Dolores Prades Vianna e Waldo Mermelstein, Bauru, EDUSC, 1999.

FARAGO, France. *A Justiça*, tradução de Maria Pontieri, Barueri, Manole, 2004.

FARIA, José Eduardo. "Prefácio", in Gisele Cittadino, *Pluralismo, Direito e Justiça Distributiva*, Rio de Janeiro, Lumen Juris, 1999.

FERRATER MORA, José. *A Filosofia Analítica. Mudança de Sentido em Filosofia*, tradução de Fernando Leorne, Porto, Rés, 1982.

–. *Dicionário de Filosofia*, tradução de Roberto Leal Ferreira e Álvaro Cabral, São Paulo, Martins Fontes, 1994.

FINNIS, John. *Absolutos Morales. Tradición, Revisión y Verdad*, tradução de Juan José García Norro, Barcelona, EUNSA, 1992.

FRANKENA, William. *Ética*, 2ª ed., tradução de Leonidas Hegenberg e Octanny da Mota, Rio de Janeiro, Zahar, 1975.

FREEMAN, Samuel. "Introduction: John Rawls – An Overview", in *The Cambridge Companion to Rawls*, Samuel Freeman (Org.), Cambridge, Cambridge University Press, 2002.

–. "Contratualismo", tradução de Paulo Neves, in *Dicionário de Ética e Filosofia Moral*, v.1, Monique Canto-Sperber (Org.), São Leopoldo, Unisinos, 2003.

GENSLER, Harry. *Ethics: a contemporary introduction*, London, Routledge, 1998.

GODINHO, Marcello dos Santos. *Reflexões acerca da Justiça Social na Sociedade Capitalista*, Dissertação de Mestrado, Departamento de Direito da PUC-Rio, 1993.

GOROVITZ, Samuel. "John Rawls. Uma teoria da justiça", in *Filosofia política contemporânea*, Anthony de Crespigny e Kenneth Minogue (Orgs.), Brasília, Universidade de Brasília, 1979.

GRIFFIN, James. "Metaética", tradução de Ana Maria Ribeiro-Althoff, in *Dicionário de Ética e Filosofia Moral*, v.2, Monique Canto-Sperber (Org.), São Leopoldo, UNISINOS, 2003.

GRONDONA, Mariano. *Os Pensadores da Liberdade*, tradução de Ubiratan de Macedo, São Paulo, Mandarim, 2000.

GUISÁN, Esperanza. *Introducción a la Ética*, Madrid, Cátedra, 1995.

HALL, Kermit (Org.). *The Oxford Companion to the Supreme Court of the United States*, New York, Oxford University Press, 1992.

HABERMAS, Jürgen. *A Inclusão do Outro*, tradução de George Sperber e Paulo Astor Soethe, São Paulo, Loyola, 2002.

HARE, Richard Mervyn. *Freedom and Reason*, London, Oxford University Press, 1967.

–. "Filosofia Moral. Diálogo con R.M. Hare", in *Los Hombres Detrás de las Ideas*, Bryan Magee (Org.), tradução de José Robles García, México, Fondo de Cultura Económica, 1993.

–. *A Linguagem da Moral*, tradução de Eduardo Pereira, São Paulo, Martins Fontes, 1996.

HARRISON, Ross. "Sidgwick, Henry", in *The Oxford Companion to Philosophy*, Ted Honderich (Org.), Oxford, Oxford University Press, 1995.

HAYEK, Friedrich. *Direito, Legislação e Liberdade*, v. II, A Miragem da Justiça Social, tradução de Maria Luísa Borges, São Paulo, Visão, 1985.

HÉRITIER, Françoise. "O eu, o outro e a tolerância", in *Uma ética para quantos?*, Jean-Pierre Changeux (Org.), Bauru, EDUSC, 1999.

HÖFFE, Otfried et. al. *Petit Dictionnaire d'Éthique*, tradução de Lukas Sosoe, Paris, Cerf, 1993.

–. "Justice", tradução de Jean-Christophe Merle, in *Dictionnaire de Philosophie Politique*, Philippe Raynaud e Stéphane Rials (Orgs.), Paris, PUF, 1996.

HOLMES, Stephen. "La estructura permanente del pensamiento antiliberal", in *El Liberalismo y la Vida Moral*, Nancy Rosenblum (Org.), tradução de Horácio Pons, Buenos Aires, Ediciones Nueva Visión, 1993.

HONDERICH, Ted (Org.). *The Oxford Companion to Philosophy*, New York, Oxford University Press, 1995.

HUDSON, William Donald. *A Century of Moral Philosophy*, London, Lutterworth Press, 1980.

–. "Hare", tradução de Magda Lopes, in *Dicionário de Ética e Filosofia Moral*, Monique Canto-Sperber (Org), São Leopoldo, Unisinos, 2003.

HUME, David. *Investigação sobre o Entendimento Humano*, tradução de Artur Morão, Lisboa, Edições 70, 1998.

–. *Tratado da Natureza Humana*, tradução de Déborah Danowski, São Paulo, Unesp, 2001.

HURKA, Thomas. "Perfeccionismo", tradução de Magda Lopes, in *Dicionário de Ética e Filosofia Moral*, v. 2, Monique Canto-Sperber (Org.), São Leopoldo, Unisinos, 2003.

INCIARTE, Fernando. *Liberalismo y Republicanismo. Ensayos de Filosofía Política*, Pamplona, EUNSA, 2001.

JAPIASSÚ, Hilton; MARCONDES, Danilo. *Dicionário Básico de Filosofia*, Rio de Janeiro, Jorge Zahar, 1990.

KELSEN, Hans. *O Problema da Justiça*, tradução de João Batista Macedo, São Paulo, Martins Fontes, 1993.

KORTE, Gustavo. *Iniciação à Ética*, São Paulo, Juarez de Oliveira, 1999.

KUKATHAS, Chandran; PETTIT, Philip. *Rawls: "Uma Teoria da Justiça" e os seus críticos*, tradução de Maria Carvalho, Lisboa, Gradiva, 1995.

KUKATHAS, Chandran. "John Rawls", in *Dictionnaire d'Éthique et de Philosophie Morale*, Monique Canto-Sperber (Org.), Paris, PUF, 1996.

KYMLICKA, Will. «Walzer, Michael», in *The Oxford Companion to Philosophy*, Ted Honderich (Org.), New York, Oxford University Press, 1995.

–. "Liberalism", in *The Oxford Companion to Philosophy*, Ted Honderich (Org.), Oxford, Oxford University Press, 1995.

–. "Comunitarismo", in *Dicionário de Ética e Filosofia Moral*, v.1, Monique Canto-Sperber (Org.), São Leopoldo, Unisinos, 2003.

LABROUSSE, Élisabeth. "Tolérance", in *Dictionnaire de Philosophie Politique*, Philippe Raynaud e Stéphane Rials (Orgs.), Paris, PUF, 1996.

LACROIX, Justine. *Communautarisme versus Libéralisme*, Bruxelles, Editions de L'Université de Bruxelles, 2002.

LALANDE, André. *Vocabulário Técnico e Crítico da Filosofia*, São Paulo, Martins Fontes, 1993.

LARMORE, Charles. *The Morals of Modernity*, Cambridge, Cambridge University Press, 1996.

LOCKE, John. *Carta acerca da Tolerância*, São Paulo, Abril Cultural (Coleção Os Pensadores), 1973.

LUMIA, Giuseppe. *Elementos de Teoria e Ideologia do Direito*, tradução de Denise Agostinetti, São Paulo, Martins Fontes, 2003.

MACEDO, Ubiratan Borges de. *Liberalismo e Justiça Social*, São Paulo, IBRASA, 1995.

–. "A Ética do Futuro", in *A Presença da Moral na Cultura Brasileira. Ensaios de Ética e História das Idéias no Brasil*, Londrina, UEL, 2001.

–. "Liberalismo X Comunitarismo na Universalidade Ética: a Crítica de Walzer a J. Rawls", in *Democracia e Direitos Humanos. Ensaios de Filosofia Prática (Política e Jurídica)*, Londrina, UEL, 2003.

–. "O Retorno da Filosofia Política e sua Defesa Face ao Neo-Positivismo", in *Democracia e Direitos Humanos. Ensaios de Filosofia Prática (Política e Jurídica)*, Londrina, UEL, 2003.

MACINTYRE, Alasdair. *Depois da Virtude*, tradução de Jussara Simões, Bauru, EDUSC, 2001.

MAGALHÃES, Theresa Calvet de. "A idéia de Liberalismo Político em J. Rawls", in *Filosofia Política Contemporânea*, Manfredo Oliveira; Odílio Alves Aguiar; Luiz Felipe Netto de Andrade e Silva Sahd (Orgs.), Petrópolis, Vozes, 2003.

MAGEE, Bryan. *Los Hombres Detrás de las Ideas. Algunos Creadores de la Filosofía Contemporánea*, México, Fondo de Cultura Económica, 1993.

MAIA, Antonio Carlos Cavalcanti. *A Genealogia de Foucault e a Teoria Crítica da Sociedade*, Tese de Doutorado, Departamento de Filosofia da PUC-Rio, 1999.

MARTÍNEZ DE PISÓN, José. *Justicia y Orden Político en Hume*, Madrid, Centro de Estudios Constitucionales, 1992.

MARTÍNEZ GARCÍA, Jesús. *La Teoría de la Justicia en John Rawls*, Madrid, Centro de Estudios Constitucionales, 1985.

MARTINS, António Manuel. "Liberalismo político e consenso constitucional", in *Revista Filosófica de Coimbra*, v. III, nº 6, Coimbra, outubro de 1994.

MATTEUCCI, Nicola. "Contratualismo", in *Dicionário de Política*, Norberto Bobbio et al. (Orgs.), Brasília, Universidade de Brasília, 1986.

MELE, Alfred. "Theoretical Reason", in *The Cambridge Dictionary of Philosophy*, Robert Audi (Org.), New York, Cambridge University Press, 1997.

MENDUS, Suzan. "Tolérance", in *Dictionnaire d'Éthique et de Philosophie Morale*, Monique Canto-Sperber (Org.), Paris, 1996.

MERQUIOR, José Guilherme. *O Liberalismo Antigo e Moderno*, tradução de Henrique de Araújo Mesquita, Rio de Janeiro, Nova Fronteira, 1991.

MILL, John Stuart. *O Utilitarismo*, tradução de Alexandre Massella, São Paulo, Iluminuras, 2000.

MILLER, David. "Introduction", in *Pluralism, Justice and Equality*, David Miller e Michael Walzer (Orgs.), New York, Oxford University Press, 1995.

MONTORO, André Franco. "Retorno à Ética na Virada do Século", in *Ética na Virada do Século: busca do sentido da vida*, Maria Luísa Marcílio e Ernesto Lopes Ramos (Coords.), São Paulo, LTr, 1997.

MOORE, George Edward. *Principia Ethica*, tradução de Márcio Pugliesi e Divaldo Roque de Meira, São Paulo, Ícone, 1998.

MORAES, Paulo Elias Martins de. *O Liberalismo Político de John Rawls e a Posição Originária*, Monografia, Departamento de Direito da PUC-Rio, 1995.

MOUFFE, Chantal. *O Regresso do Político*, Lisboa, Gradiva, 1996.

MULHALL, Stephen; SWIFT, Adam. *Liberals and Communitarians*, 2ª ed., Oxford, Blackwell, 1997.

NAGEL, Thomas. "Rawls on Justice", in *What is Justice?*, Robert Solomon e Mark Murphy (Eds.), Oxford, Oxford University Press, 1990.

–. *Que Quer Dizer Tudo Isto? Uma Iniciação à Filosofia*, tradução de Teresa Marques, Lisboa, Gradiva, 1995.

–. *Igualdad y parcialidad*, Barcelona, Paidós, 1996.

–. "Rawls and Liberalism", in *The Cambridge Companion to Rawls*, Samuel Freeman (Org.), Cambridge, Cambridge University Press, 2002.

NEDEL, José. *A Teoria Ético-Política de John Rawls: Uma Tentativa de Integração de Liberdade e Igualdade*, Porto Alegre, EDIPUCRS, 2000.

NERI, Demetrio. *Filosofia Moral. Manual Introdutivo*, tradução de Orlando Moreira, São Paulo, Loyola, 2004.

NINO, Carlos Santiago. *El Constructivismo Ético*, Madrid, Centro de Estudios Constitucionales, 1989.

–. *Ética y Derechos Humanos*, Barcelona, Ariel, 1989.

–. *Introducción al Análisis del Derecho*, 2ª ed. (7ª reimpressão), Buenos Aires, Editorial Astrea, 1995.

NOZICK, Robert. *Anarquia, Estado e Utopia*, reimpressão, Rio de Janeiro, Jorge Zahar, 1994.

OLIVEIRA, Nythamar Fernandes de. "Kant, Rawls e a Fundamentação de uma Teoria da Justiça", in *Justiça como Eqüidade*, Sônia Felipe (Org.), Florianópolis, Insular, 1988.

–. *Tractatus Ethico-Politicus*, Porto Alegre, EDIPUCRS, 1999.

–. *Rawls*, Rio de Janeiro, Jorge Zahar, 2003.

O'NEILL, Onora. "Practical Reason and Ethics", in *Concise Routledge Encyclopedia of Philosophy*, London, Routledge, 2000.

–. "Constructivism in Rawls and Kant", in *The Cambridge Companion to Rawls*, Samuel Freeman (Org.), Cambridge, Cambridge University Press, 2003.

OPPENHEIM, Felix. "Justiça", in *Dicionário de Política*, Norberto Bobbio, Nicola Matteucci e Gianfranco Pasquino (Orgs.), tradução de João Ferreira, Carmem Varriale e outros, Brasília, Editora Universidade de Brasília, 1986.

PAIM, Antonio. *Tratado de Ética*, Londrina, Humanidades, 2003.

PASCAL, Blaise. *Pensamentos*, tradução de Sérgio Milliet, Rio de Janeiro, Ediouro, s.d.

PECES-BARBA MARTÍNEZ, Gregorio. *Derecho y Derechos Fundamentales*, Madrid, Centro de Estudios Constitucionales, 1993.

PEGORARO, Olinto. *Ética é Justiça*, Petrópolis, Vozes, 1995.

–. "Ética na Contemporaneidade", in *Fundamentos da Bioética*, Léo Pessini e Christian Barchifontaine (Orgs.), São Paulo, Paulus, 1996.

–. "Ética e seus Paradigmas", in *Ética*, Leda Miranda Hühne (Org.), Rio de Janeiro, Uapê, 1997.

PENNA, Antônio Gomes. *Introdução à Filosofia da Moral*, Rio de Janeiro, Imago, 1999.

PERELMAN, Chaïm. *Ética e Direito*, tradução de Maria Ermentina Galvão Pereira, São Paulo, Martins Fontes, 1996.

PERROT, Michelle. "L'intolérable", in *L'intolérance*, Françoise Barret-Ducrocq (Org), Paris, Bernard Grasset, 1998.

PLATÃO. *Diálogos*, tradução de Márcio Pugliesi e Edson Bini, São Paulo, Hemus, 1977.

POGREBINSCHI, Thamy. *Contratualismo e Justiça. Um Estudo sobre John Rawls*, Monografia, Departamento de Direito da PUC-Rio, 2000.

PONTARA, Giuliano. "Utilitarismo", in *Dicionário de Política*, Norberto Bobbio et al., Brasília, Universidade de Brasília, 1986.

PUTNAM, Hilary. *Reason, Truth and History*, Cambridge, Cambridge University Press, 1981.

QUINE, W. O. "Dois Dogmas do Empirismo", tradução de Marcelo Lima, in *De Um Ponto de Vista Lógico*, São Paulo, Abril Cultural (Coleção Os Pensadores, LII), 1975.

RAMOS, Cesar Augusto. "A crítica comunitarista de Walzer à Teoria da Justiça de Rawls", in *Justiça como Eqüidade. Fundamentação e Interlocuções Polêmicas (Kant, Rawls, Habermas)*, Sônia Felipe (Org.), Florianópolis, Insular, 1998.

RAWLS, John. *Justicia como Equidad. Materiales para una Teoría de la Justicia*, tradução de Miguel Ángel Rodilla, Madrid, Editorial Tecnos, 1986.

–. "La Independencia de la Teoría Moral", in John Rawls, *Justicia como Equidad. Materiales para una Teoria de la Justicia*, Miguel Ángel Rodilla (Org.), Madrid, Tecnos, 1986.

–. *Uma Teoria da Justiça*, tradução de Carlos Pinto Correia, Lisboa, Editorial Presença, 1993.

–. *Libéralisme Politique*, tradução de Catherine Audard, Paris, PUF, 1995.

–. *El Liberalismo Político*, tradução de Sergio Báez, México, Fondo de Cultura Económica, 1996.

–. *A Theory of Justice*, Cambridge, The Belknap Press of Harvard University Press, 1997.

–. *Collected Papers*, Samuel Freeman (Org.), Cambridge, Harvard University Press, 1999.

–. "Commonweal Interview with John Rawls", in John Rawls, *Collected Papers*, Samuel Freeman (Org.), Cambridge, Harvard University Press, 1999.

–. "Justice as Fairness: Political not Metaphysical", in John Rawls, *Collected Papers*, Samuel Freeman (Org.), Cambridge, Harvard University Press, 1999.

–. "The Independence of Moral Theory", in John Rawls, *Collected Papers*, Samuel Freeman (Org.), Cambridge, Harvard University Press, 1999.

–. "Themes in Kant's Moral Philosophy", in *Collected Papers*, Samuel Freeman (Org.), Cambridge, Harvard University Press, 1999.

–. *Uma Teoria da Justiça*, tradução de Almiro Pisetta e Lenita Esteves, São Paulo, Martins Fontes, 2000.

–. *O Liberalismo Político*, tradução de Dinah de Abreu Azevedo, São Paulo, Ática, 2000.

–. *Justiça e Democracia*, Catherine Audard (Org.), tradução de Irene Paternot, São Paulo, Martins Fontes, 2000.

–. "O Construtivismo Kantiano na Teoria Moral", in *Justiça e Democracia*, Catherine Audard (Org.), tradução de Irene Paternot, São Paulo, Martins Fontes, 2000.

–. "A Teoria da Justiça como Eqüidade: Uma Teoria Política, e Não Metafísica", in *Justiça e Democracia*, Catherine Audard (Org.), tradução de Irene Paternot, São Paulo, Martins Fontes, 2000.

–. "O Campo do Político e o Consenso por Justaposição", in *Justiça e Democracia*, Catherine Audard (Org.), tradução de Irene Paternot, São Paulo, Martins Fontes, 2000.

–. *O Direito dos Povos*, tradução de Luis Carlos Borges, São Paulo, Martins Fontes, 2001.

–. *Lecciones sobre la Historia de la Filosofía Moral*, tradução de Andrés de Francisco, Barcelona, Paidós, 2001.

–. *Justiça como Eqüidade. Uma Reformulação*, Erin Kelly (Org.), tradução de Claudia Berliner, São Paulo, Martins Fontes, 2003.

REALE, Miguel. *Nova Fase do Direito Moderno*, São Paulo, Saraiva, 1990.

RICŒUR, Paul. "Etat actuel de la réflexion sur l'intolérance", in *L'intolérance*, Françoise Barret-Ducrocq (Org.), Paris, Bernard Grasset, 1998.

–. *O Justo ou a Essência da Justiça*, tradução de Vasco Casimiro, Lisboa, Instituto Piaget, s.d.

RODILLA, Miguel Ángel. "Presentación", in John Rawls, *Justicia como Equidad. Materiales para una Teoría de la Justicia*, Madrid, Tecnos, 1986.

ROSS, Alf. *Direito e Justiça*, tradução de Edson Bini, São Paulo, Bauru, Edipro, 2000.

ROUANET, Luiz Paulo. *Rawls e o Enigma da Justiça*, São Paulo, Unimarco, 2002.

–. "Igualdade complexa e igualdade de renda no Brasil", in *Direito e Legitimidade*, Jean-Christophe Merle e Luiz Moreira (Orgs.), São Paulo, Landy, 2003.

ROUCAUTE, Yves. "*Rawls en France*", in *L'Évolution de la Philosophie du Droit en Allemagne et en France depuis la Fin de la Seconde Guerre Mondiale*, Guy Planty-Bonjour e Raymond Legeais (Direção), Paris, PUF, 1991.

RUBIO CARRACEDO, José. *Ética Constructiva y Autonomía Personal*, Madrid, Tecnos, 1992.

RUSS, Jacqueline. *Dicionário de Filosofia*, São Paulo, Scipione, 1994.

–. *Pensamento Ético Contemporâneo*, 2ª ed., tradução de Constança Marcondes Cesar, São Paulo, Paulus, 1999.

SÁDABA, Javier. "Ética Analítica", in *Historia de la Ética*, v.3, Victoria Camps (Org.), Barcelona, Crítica, 1989.

SÁNCHEZ VÁZQUEZ, Adolfo. *Ética*, 21ª ed., tradução de João Dell'Anna, Rio de Janeiro, Civilização Brasileira, 1992.

SANDEL, Michael. "La république procédurale et le moi désengagé", tradução de D.Verpoorten, in *Liberaux et Communautariens*, André Berten, Pablo da Silveira e Hervé Pourtois (Orgs.), Paris, PUF, 1997.

–. *El Liberalismo y los Límites de la Justicia*, tradução de María Luz Melon, Barcelona, Gedisa, 2000.

SANKOWSKI, Edward. "Justice", in *The Oxford Companion to Philosophy*, Ted Honderich (Org.), New York, Oxford University Press, 1995.

SHKLAR, Judith. *Political Thought and Political Thinkers*, Stanley Hoffmann (Org.), Chicago, The University of Chicago Press, 1998.

STEVENSON, Charles. *Ética y Lenguaje*, tradução de Eduardo Rabossi, Buenos Aires, Paidós, 1971.

TAYLOR, Charles. *Argumentos Filosóficos*, tradução de Adail Ubirajara Sobral, São Paulo, Loyola, 2000.
TERESTCHENKO, Michel. *Philosophie Politique*, (v.1. Individu et société), Paris, Hachette, 1994.
THIROUX, Jacques. *Ethics: Theory and Practice*, New Jersey, Prentice Hall, 1998.
TRUYOL Y SERRA, Antonio. *Historia de la Filosofía del Derecho y del Estado*, (2. Del Renacimiento a Kant), 4ª ed., Madrid, Alianza, 1995.
TUGENDHAT, Ernst. *Problemas de la Ética*, tradução de Jorge Vigil, Barcelona, Crítica, 1988.
–. *Lições sobre Ética*, Petrópolis, Vozes, 1997.
URMSON, J. O. "Stevenson", in *The Concise Encyclopedia of Western Philosophy and Philosophers*, 2ª ed., J. O. Urmson e Jonathan Rée (Orgs.), London, Routledge, 2000.
VALLESPÍN, Fernando. "El Neocontractualismo: John Rawls", in *Historia de la Ética*, v. 3, Victoria Camps (Org.), Barcelona, Crítica, 1989.
–. "Introducción. Una Disputa de Familia: el Debate Rawls-Habermas", in *Debate sobre el Liberalismo Político*, Jürgen Habermas/John Rawls, Barcelona, Paidós, 1998.
VALLS, Álvaro. *O que é ética*, 1ª ed. (9ª reimpressão), São Paulo, Brasiliense, 1996.
VITA, Álvaro de. *Justiça Liberal*, São Paulo, Paz e Terra, 1993.
WALZER, Michael. *Interpretation and Social Criticism*, Cambridge Mass., Harvard University Press, 1987.
–. *Las Esferas de la Justicia. Una Defensa del Pluralismo y la Igualdad*, México, Fondo de Cultura Económica, 1993.
–. *Thick and Thin. Moral Argument at Home and Abroad*, Notre Dame, University of Notre Dame Press, 1994.
–. "Response", in *Pluralism, Justice and Equality*, David Miller e Michael Walzer (Orgs.), Oxford, Oxford University Press, 1995.
–. *Moralidad en el Ámbito Local e Internacional*, tradução de Rafael del Águila, Madrid, Alianza, 1996.
–. *La Critique Sociale au XX$^e$ Siècle*, tradução de Sebastian McEvoy, Paris, Métailié, 1996.
–. "La critique communautarienne du libéralisme", tradução de P. Destrée, in *Libéraux et Communautariens*, André Berten, Pablo da Silveira e Hervé Pourtois (Orgs.), Paris, PUF, 1997.
–. *Da Tolerância*, tradução de Almiro Pisetta, São Paulo, Martins Fontes, 1999.
–. *As Esferas da Justiça. Em Defesa do Pluralismo e da Igualdade*, tradução de Nuno Valadas, Lisboa, Presença, 1999.
WARNKE, Georgia. *Justice and Interpretation*, Cambridge, The MIT Press, 1993.
WARNOCK, Geoffrey. *Contemporary Moral Philosoply*, London, Lutterworth Press, 1980.
WARNOCK, Mary. *Ethics Since 1900*, London, Oxford University Press, 1960.

WEBER, Max. *Ciência e Política: Duas Vocações*, 10ª ed., tradução de Leonidas Hegenberg e Octany Silveira da Mota, São Paulo, Cultrix, 2000.

WILLIAMS, Bernard. *Introducción a la Ética*, tradução de Manuel Jiménez Redondo, Madrid, Cátedra, 1987.

WONG, David B. "Relativisme Moral", in *Dictionnaire d'Éthique et de Philosophie Morale*, Monique Canto-Sperber (Org.), Paris, PUF, 1996.

ZANONE, Valerio. "Tolerância", in *Dicionário de Política*, Norberto Bobbio et al., Brasília, Universidade de Brasília, 1986.

# ÍNDICE

| | |
|---|---|
| AGRADECIMENTOS | 7 |
| PREFÁCIO | 9 |
| SUMÁRIO | 13 |

## INTRODUÇÃO                                           15

1. EMPIRISMO E RACIONALISMO:
   METODOLOGIAS EM CONFRONTO                            25

2. PRINCÍPIOS DE JUSTIÇA DISTRIBUTIVA                  109

3. MORALIDADE E TOLERÂNCIA                             195

| | |
|---|---|
| CONCLUSÃO | 239 |
| REFERÊNCIAS | 255 |
| ÍNDICE | 267 |

ÍNDICE

| | |
|---|---|
| AGRADECIMENTOS | 7 |
| PREFÁCIO | 9 |
| SUMÁRIO | 13 |
| INTRODUÇÃO | 15 |
| 1. EMPIRISMO E RACIONALISMO: METODOLOGIAS EM CONFRONTO | 25 |
| 2. PRINCÍPIOS DE JUSTIÇA DISTRIBUTIVA | 109 |
| 3. MORALIDADE E TOLERÂNCIA | 195 |
| CONCLUSÃO | 239 |
| REFERÊNCIAS | 255 |
| ÍNDICE | 267 |